Jura Studienbuch

Jura

Juristische Ausbildung

W DE G

Studienbuch

herausgegeben von
Prof. Dr. Dagmar Coester-Waltjen, München
Prof. Dr. Hans-Uwe Erichsen, Münster
Prof. Dr. Klaus Geppert, Berlin
Prof. Dr. Philip Kunig, Berlin
Prof. Dr. Dr. h. c. Harro Otto, Bayreuth
Prof. Dr. Klaus Schreiber, Bochum

Walter de Gruyter · Berlin · New York

Juristische Methodik

von
Joachim Vogel

W
DE
G

Walter de Gruyter · Berlin · New York · 1998

Dr. iur. *Joachim Vogel*,
wiss. Assistent am Institut für Kriminologie und Wirtschaftsstrafrecht
der Universität Freiburg

♾ Gedruckt auf säurefreiem Papier,
das die US-ANSI-Norm über Haltbarkeit erfüllt.

Die Deutsche Bibliothek — CIP-Einheitsaufnahme

Vogel, Joachim:
Juristische Methodik / von Joachim Vogel. — Berlin ;
New York : de Gruyter, 1998
  (Jura : Studienbuch)
  ISBN 3-11-015727-6

Vorwort

Nach § 5 a Abs. 2 Satz 2 Deutsches Richtergesetz gehören „die rechtswissenschaftlichen Methoden" zu den Pflichtfächern des Rechtsstudiums, und Landesrechte stellen die „Fähigkeit zu methodischem Arbeiten" in den Vordergrund von Aufgabenstellung und Leistungsbewertung in der Ersten juristischen Staatsprüfung[1]. Doch fristet Methodenlehre in der Studienpraxis ein Randdasein, und spätestens im Referendariat wird Methodenreflexion seltene Ausnahme. Denn verbreiteter Ansicht zufolge sichern vor allem detaillierte Rechtskenntnis und (klausur- und berufs-) praktische Erfahrung den Studien-, Examens- und Berufserfolg.

Ich halte das für einen gravierenden Irrtum, und meiner Erfahrung nach ist *die Fähigkeit zu methodischem Arbeiten unverzichtbare und maßgebliche Voraussetzung für Studien-, Examens- und Berufserfolg.* Weiterhin meine ich, *daß es einen für die Rechtspraxis gesicherten, im Kern verbindlichen Bestand an juristischen Methoden gibt, der für Studium, Examen und Praxis beherrscht werden muß.* Ihn dem Leser oder der Leserin[2] nahezubringen, ist Anliegen dieses Buches, das eine Lücke schließen soll, die meinem Eindruck nach zwischen den großen, zuweilen theorielastigen Methodenlehrbüchern und bloßen Anleitungen zur Fallösungstechnik besteht.

Das Buch wendet sich vor allem an Studenten der Rechtswissenschaft, in erster Linie an Studienanfänger, aber auch an höhere Semester, die Methoden wiederholen und üben wollen. Es sollte zudem für Rechtsreferendare nützlich sein, da die Tatsachenebene (§§ 1, 2), das Richterrecht (§§ 6, 10) und rechtliche Gestaltung sowie Rechtsetzung (§§ 12, 13) mitbehandelt werden.

Die Lektüre setzt keine besonderen Rechtskenntnisse, wohl aber voraus, daß dem Leser Grundgesetz, Bürgerliches Gesetzbuch und Strafgesetzbuch[3] vorliegen und er im Text zitierte Normen *nachliest.*

---

[1] Siehe etwa § 4 Abs. 3 Satz 3 baden-württembergische Verordnung über die Ausbildung und Prüfung der Juristen, GBl. 1993 S. 314 ff.

[2] Um eines flüssigen Stils willen verwende ich im folgenden nur mehr die männliche Form von Personenbezeichnungen, meine aber stets beide Geschlechter.

[3] Dessen Neufassung durch das am 1.4.1998 in Kraft tretende Sechste Gesetz zur Reform des Strafrechts vom 26.1.1998 (BGBl. 1998 I S. 164 ff.) konnte noch in

Idealleser versuchen, die zur Anschauung und um des Praxisbezugs willen eingefügten Fallbeispiele nach Lektüre des Sachtexts *selbständig zu bearbeiten*; auch Realleser sollten die Fallbesprechungen immerhin (nicht nur durchlesen, sondern) *durcharbeiten*.

Besonderer Dank gilt meinem verehrten akademischen Lehrer, Herrn Professor Dr. Dr. h.c. mult. KLAUS TIEDEMANN (Freiburg), dessen vielfältige Methodenüberlegungen[4] Anregung und Ausgangspunkt für dieses Buch gewesen sind; den Herren Rechtsanwälten Professor Dr. ACHIM KRÄMER und Dr. MATTHIAS SIEGMANN (Karlsruhe/Freiburg), die für mich, dessen wissenschaftliche Heimat das (Wirtschafts-) Strafrecht ist, äußerst hilfreiche Anregungen aus Sicht der wissenschaftlichen und methodenbewußten Zivilrechtspraxis beim Bundesgerichtshof gegeben haben; Frau Dr. DOROTHEE WALTHER (Berlin) für die freundliche verlegerische Betreuung; den Freiburger Studenten, die das hier vorgelegte Konzept erprobt und - insbesondere Frau stud. jur. EVA KRAUSE - zu seiner Ausarbeitung beigetragen haben; und schließlich Frau Rechtsreferendarin GUNDULA SCHÄFER, M.Sc. (Freiburg), die vor allen anderen an der Entstehung dieses Buches kritischen Anteil genommen hat und der es deshalb gewidmet ist!

Freiburg, im Januar 1998   Joachim Vogel

---

die Druckfahnen eingearbeitet werden. *Achtung:* Dieses Gesetz hat teils auch die Paragraphenzählung des Strafgesetzbuchs verändert. Beispielsweise ist die gefährliche Körperverletzung, § 223 a alter Fassung, nunmehr in § 224 geregelt, der bisher die schwere Körperverletzung enthielt. Im *Text* wird bereits die *neue* Zählung verwendet; demgegenüber liegt den *Nachweisen* (insbesondere den Kommentarzitaten) naturgemäß noch die *alte* Zählung zugrunde.

4 Siehe etwa KLAUS TIEDEMANN: Tatbestandsfunktionen im Nebenstrafrecht, 1969, S. 54 ff.; DERS.: Die Anfängerübung im Strafrecht, 3. Aufl. 1997, S. 76 ff.

Inhaltsverzeichnis

Allgemeine Literatur[*]

KLAUS ADOMEIT: Rechtstheorie für Studenten, 3. Aufl. 1990

ROBERT ALEXY: Theorie der juristischen Argumentation, 2. Aufl. 1991

FRANZ BYDLINSKI: Juristische Methodenlehre und Rechtsbegriff, 2. Aufl. 1991

HELMUT COING: Juristische Methodenlehre, 1972

KARL ENGISCH: Einführung in das juristische Denken, 9. Aufl. 1997 (hrsg. von THOMAS WÜRTENBERGER und DIRK OTTO)

WOLFGANG FIKENTSCHER: Methoden des Rechts in vergleichender Darstellung, Bd. I-IV, 1975-1977

MAXIMILIAN HERBERGER/DIETER SIMON: Wissenschaftstheorie für Juristen, 1980

ERNST HÖHN: Praktische Methodik der Gesetzesauslegung, 1993

HANS KELSEN: Reine Rechtslehre, 2. Aufl. 1960

ULRICH KLUG: Juristische Logik, 4. Aufl. 1982

HANS-JOACHIM KOCH/HELMUT RÜßMANN: Juristische Begründungslehre, 1982

KARL LARENZ: Methodenlehre der Rechtswissenschaft, 6. Aufl. 1991

DERS./CLAUS-WILHELM CANARIS: Methodenlehre der Rechtswissenschaft (Studienausgabe), 3. Aufl. 1995

FRIEDRICH MÜLLER: Juristische Methodik, 7. Aufl. 1997

HANS-MARTIN PAWLOWSKI: Methodenlehre für Juristen, 2. Aufl. 1991

PETER RAISCH: Juristische Methoden: vom antiken Rom bis zur Gegenwart, 1995

DIETER SCHMALZ: Methodenlehre für das juristische Studium, 3. Aufl. 1992

REINHOLD ZIPPELIUS: Juristische Methodenlehre, 6. Aufl. 1994

---

[*] Die aufgeführten Titel - eine Kurzauswahl neuerer Lern-, Lehr- und Handbücher zur juristischen Methodik - werden im folgenden nur mit Autorennamen zitiert. Weitere Literatur ist in den Fußnoten zum Text nachgewiesen.

Einführung: Juristische Methodik

I. Gegenstand, Grundansätze und Grenzen dieses Buchs

1. *Juristische Methodik* behandelt den Inbegriff der juristischen Methoden, das heißt der nicht willkürlich, sondern folgerichtig und zielstrebig angewendeten Verfahrensweisen für Denkprozesse oder Handlungsabläufe[1], welche Juristen beim Umgang mit dem Recht haben. Sie bringt gleichsam die alltägliche Arbeit von Juristen auf den Begriff. Beispielsweise besteht ein bedeutsamer Teil juristischer Arbeit darin, die Bedeutung unklarer Gesetzesbegriffe - etwa: „Beleidigung" (lies § 185 StGB) - zu klären; dies geschieht nach klassischer methodischer Analyse im Wege der Auslegung; und deshalb ist die Auslegungslehre ein klassischer Teil der juristischen Methodenlehre (unten § 8).

2. Juristische Methodik betrifft die Rechtspraxis und stellt eine Art *„Theorie der Praxis"* dar[2].

a) Dies bedeutet freilich *nicht*, daß Gegenstand juristischer Methodik die von Juristen *faktisch* angewendeten (oder auch nicht angewendeten[3]!) Methoden sind, die im Forschungsbereich der Rechtssoziologie liegen. Vielmehr geht es um das *normative* Problem „richtiger" Methoden beim Umfang mit dem Recht. Beispielsweise zählt es zu den klassischen Fragen der Auslegungslehre, ob es rich-

---

[1] FRIEDRICH RAPP, in: (Hrsg.) HERMANN KRINGS/HANS BAUMGARTNER/ CHRISTOPH WILD, Handbuch philosophischer Grundbegriffe, Bd. IV, 1973, S. 913 (ff. - Stichwort „Methode").

[2] Zum Problem einer „Theorie der Praxis" JOSEF ESSER: Vorverständnis und Methodenwahl in der Rechtsfindung, 2. Aufl. 1972, S. 7 ff.; FRIEDRICH MÜLLER, in: Archiv des öffentlichen Rechts 95 (1970), 154 ff.

[3] Hierzu ESSER (Fn. 2), S. 7: „Die Judikatur ... zeigte Fälle von systematischer und objektiver Interpretation wie auch von historischer Interpretation, die durch nichts erkennen ließen, warum man gerade diese und keine anderen Auslegungsgesichtspunkte herangezogen hatte. ... So erschien schließlich das vereinzelt anzutreffende undogmatische Argumentieren aus der 'Vernünftigkeit', der Rückgriff auf unmittelbar evidente Notwendigkeiten 'aus der Natur der Sache' oder aus allgemein einsichtigen Unzuträglichkeiten einer gegenteiligen Lösung in seiner Aufrichtigkeit durchaus legitim, trotz der Hinwegsetzung über jede Schulmethode."

tig sei, sich über den Willen des historischen Gesetzgebers hinweg-
zusetzen; oder es wird darüber gestritten, ob unklare Gesetzesbegriffe richtigerweise durch Auslegung oder nicht vielmehr durch
Konkretisierung oder Argumentation aufgeklärt werden.

b) Diese Normativierung liegt in der Natur der Sache. Denn
wenn das Gegenteil von Methode Willkür ist und eine Willkür
keine Rechtsordnung sein kann, dann sind Methodenstandards in
den Rechtsbegriff eingeschrieben[4]. Mit der neueren philosophischen Pragmatik kann dies auch dahingehend formuliert werden,
daß normative Richtigkeit oder Gerechtigkeit nicht an Inhalten,
sondern nur an (richtigen) Verfahren gemessen werden kann[5].

c) Gleichwohl bleibt juristische Methodik *pragmatisch* und unterscheidet sich so von Rechtstheorie und -philosophie: Es geht
darum, die Praxis in ihr methodisches Recht zu setzen. Freilich
greift Methodenliteratur nicht selten weit in den Bereich der
Rechtstheorie und -philosophie über und wird dann (vielbeklagter-
weise) in der Praxis nicht mehr rezipiert[6]. Demgegenüber ist es die
bewußte Entscheidung des Verfassers und ein Grundansatz dieses
Buchs, *Rechtstheorie und -philosophie so weit wie irgend möglich auszu-
klammern und stattdessen den für die Rechtspraxis gesicherten, im Kern
verbindlichen Bestand juristischer Methoden zu vermitteln.*

Darin liegt freilich eine wesentliche Grenze dieses Buchs: Die
klassischen Methoden*theorien* - die „Begriffsjurisprudenz" des vori-
gen, die „Interessenjurisprudenz" dieses Jahrhunderts und ihre
Weiterentwicklung zur derzeit die Praxis beherrschenden
„Wertungsjurisprudenz" - werden *als solche* nicht dargestellt[7]. Auch
neuere *Theorie*konzeptionen - Topik, phänomenologische, (post-)

---

[4] Dies ist der bedeutende Grundgedanke des Buchs von BYDLINSKI, passim. -
Auch wer annimmt, Recht könne willkürliche (insbesondere auch ungerechte)
Inhalte haben (so insbesondere KELSEN, S. 50 f.), kann nicht gut willkürliche
Methoden zulassen, derer auch das Recht der Räuberbande bedarf, etwa in Gestalt
der Regel, daß der Wille des Führers höchstes Gesetz sei.

[5] Grundlegend JÜRGEN HABERMAS: Theorie des kommunikativen Handelns, 1981
(vor allem Band 1, Kapitel 3).

[6] Vergleiche etwa das harte (und nicht gerechte) Urteil von KLAUS ADOMEIT, in:
Jura 1983, 220: „Die 'Theorie der juristischen Argumentation' von *Robert Alexy*
... ist garantiert unanwendbar auf jede denkbare Praxis ...".

[7] Hierzu der historisch-kritische Teil bei LARENZ, S. 11 ff.

hermeneutische und diskurstheoretische Konzepte - werden nur ausschnitthaft und nur zu bestimmten Methodenfragen erwähnt; dies gilt erst recht für derzeit Diskutiertes und Ungesichertes wie das ökonomische Paradigma, die feministische Rechtskritik oder die Methode der Dekonstruktion.

Aber andererseits eröffnet der pragmatische Ansatz Perspektiven, die in der Methodenliteratur nicht selten vernachlässigt werden. Juristische Praxis wird hier umfassend - unter Einschluß der Tatsachenproblematik (unten §§ 1, 2) sowie der juristischen Funktionen der rechtlichen Gestaltung und der Rechtsetzung (unten §§ 12, 13) - verstanden. Der maßstäblichen Bedeutung der Rechtsprechung für die Rechtspraxis wird hier - jenseits des Theoriestreits um ihren *Status* - durch eine Methodik des *Umganges* mit ihr Rechnung getragen (unten §§ 6, 10). Wenn Rechtspraxis im Normalfall von unhinterfragt Hingenommenem und im Zweifels- und Streitfall von Autoritäten („herrschender Meinung") beherrscht wird, dann können Evidenz und Autorität nicht als methodische Randphänomene abgetan werden (unten § 7). Und nicht zuletzt muß sich Methodik am Fall bewähren (deshalb die durchweg eingefügten Fallbeispiele).

3. Der Vorwurf theorielosen Pragmatismus' liegt auf der Hand. Ihm sei nicht nur der Gegenvorwurf pragmatisch fruchtloser Theorie entgegengehalten: Wenn beispielsweise in einem *ersten* Schritt das klassische methodische Leitbild der Gesetzesanwendung mitsamt der traditionellen Auslegungsmethodik zugunsten neuer Theoriekonzepte - etwa topischen Problemdenkens, hermeneutischer Konkretisierung oder diskursiver Argumentation - verworfen wird; wenn dann aber in einem *zweiten* Schritt die traditionellen Auslegungsmethoden (nach Wortlaut, Geschichte, System und Zweck) sachlich unverändert - und nur theoretisch, etwa als Topoi, Konkretisierungselemente[8] oder Argumentformen[9], umetikettiert - wieder eingeführt werden: *Was ist gewonnen?* Vielmehr beruhen die folgenden Ausführungen auf einem bestimmten (freilich *nicht* rechtstheoretischen, sondern rechtsdogmatischen) Grundansatz:

---

8 Vergleiche MÜLLER, Rdn. 304 ff., 350 ff., 375 f.
9 Vergleiche ALEXY, S. 288 ff.

*Das Recht selbst bestimmt die Methode des Umganges mit sich, und Metho-
denregeln gehören weithin zum positiven Recht, insbesondere zum Verfassungsrecht*[10].

a) Juristische Methodik ist hiernach (weithin) Lehre vom Methodenrecht, und Methodenfehler sind hiernach (weithin) Rechtsfehler. Wendet beispielsweise ein Gericht eine Rechtsnorm analog
an, obwohl die Voraussetzungen hierfür nicht vorliegen[11], so ist
dies ein Rechtsfehler; das Revisionsgericht wird das Urteil auf-
heben, weil „eine Rechtsnorm ... nicht richtig angewendet" (§§ 550
ZPO, 337 Abs. 2 StPO) worden ist; und es ist Verfassungsrecht
berührt, weil Gesetzesbindung und Gewaltenteilungsprinzip (Art.
20 Abs. 3 GG) in Frage stehen[12]. Zugespitzt formuliert: Was in
diesem Buch behandelt wird, müssen Juristen von Rechts wegen
kennen und beachten!

b) Diese Idee einer *positivistischen* juristischen Methodik ist freilich
alles andere als anerkannt[13]. Vielmehr werden Methoden- vielfach
als *außer*rechtliche „Kunstregeln" mit „Hilfsfunktion" abgetan[14].
Dies ist nicht nur der praktischen Wirkung der Methodik wenig
förderlich, sondern überzeugt auch in der Sache nicht:

Daß das Recht aus logischen Gründen nicht die Methode des
Umganges mit sich festlegen könne, ist unrichtig, wenn und soweit

---

[10] Diese *dogmatische* Aussage kann und will nicht die *erkenntnis- und wissenschaftstheoretische* Frage suspendieren, welches die Bedingungen für Rechtserkenntnis oder
-findung sind. Diese Frage ist legitimer Gegenstand der Rechtstheorie oder
-philosophie; sie treibt die neuere wissenschaftliche Methodendiskussion um;
und sie kann nur von einem wissenschaftlichen - und das heißt:: *nicht positiv-
rechtlichen* - Standpunkt aus beantwortet werden. Umgekehrt trägt aber Erkenntnistheorie positiv-rechtlich nichts aus. Denn das positive Recht ist eine autonome Ordnung oder (rechtssoziologisch gesprochen) ein autopoietisches System.
- Siehe noch unten Fn. 16.

[11] Näher hierzu unten § 8.

[12] Näher BVerfGE 82, 6 (11 ff.).

[13] Kritisch BYDLINKSI, S. 78 ff.; wie hier aber eine (bezeichnenderweise im öffentlichen Recht) vordringende Auffassung: ALBERT BLECKMANN, in: JZ 1995,
685 ff.; ALFONS GERN, in: Verwaltungsarchiv 80 (1989), 415 ff.; LOTHAR
MICHAEL: Der allgemeinen Gleichheitssatz als Methodennorm komparativer
Systeme, 1997, S. 39 ff.; grundlegend RALPH CHRISTENSEN: Was heißt Gesetzesbindung?, 1989.

[14] Nachweise bei BYDLINSKI, S. 79.

(logisch oder rechtliche) Metaebenen eingeführt werden[15]. Beispielsweise kann eine Auslegungsregel die Auslegung ihr (logisch oder rechtlich) untergeordneter Normen steuern; und für die Auslegung von Auslegungsregeln kann auf höherrangiges Recht zurückgegriffen werden[16]. Und daß mit Blick auf Methoden ein Freiraum für die „Anpassung an neuere und (hoffentlich) bessere Einsicht"[17] besteht, ist, wie jeder Rechtsprechungswechsel zu einer Gesetzesnorm zeigt, kein Einwand gegen die Rechtsqualität der Methodenregeln[18].

Richtig ist allerdings, daß das positive deutsche Recht kein *ausdrücklich kodifiziertes* Methodenrecht kennt[19]. Aber auch dies zwingt nicht dazu, Methodenregeln in apokryphen Rechtsquellen wie der Tradition, vorpositiven oder obersten Rechtsprinzipien oder der Rechtsidee als solcher zu gründen. Vielmehr liegt die Verfassungsrechtsrelevanz der wesentlichen traditionellen Methodenfragen (Auslegung, Rechtsfortbildung usf.) mit Blick auf Art. 3 Abs. 1 und 20 Abs. 3 GG auf der Hand[20], und neuere Methoden - wie etwa die verfassungskonforme Auslegung - sind überhaupt vom Verfas-

---

[15] Näher MICHAEL (Fn. 13), S. 41 f.

[16] Hier droht ein infiniter Regreß. Aber er wird durch die Positivität des Rechts selbst - bildlich: die Grundnorm - abgeschnitten. Überhaupt ist es die Eigenart des Rechts, daß das berühmte Begründungstrilemma - infiniter Regreß; logischer Zirkel; willkürliche Setzung - im zuletztgenannten Sinne aufgelöst wird. Deshalb kann aus Sicht des positiven Rechts nicht beliebig über Methoden oder Erkenntnistheorie räsonniert werden. - Siehe bereits oben Fn. 10.

[17] BYDLINSKI, S. 79.

[18] Im übrigen (und im Gegenteil) zeigt die aus dem Rückwirkungsverbot folgende Rechtsprechung, wonach DDR-Richtern grundsätzlich nicht angelastet wird, daß sie DDR-Recht nach DDR-Methoden ausgelegt haben (BGHSt 40, 30 [40f.]), *daß* Methodenregeln bindendes Recht sind und nicht ohne weiteres aufgegeben werden können.

[19] Rechtsgeschichte und Rechtsvergleichung zeigen, daß positiv-rechtliche Methodennormen wie etwa Auslegungsregeln keineswegs selten sind. Neben Schreckgespensten wie den berühmten Auslegungs- oder Kommentierungsverboten im römischen oder im preußischen Allgemeinen Landrecht gibt es eine Fülle derartiger Normen, die sich bewährt haben, etwa § 1 schweizerisches Zivilgesetzbuch, §§ 6 ff. österreichisches Allgemeines Bürgerliches Gesetzbuch. - Siehe auch PETER HÄBERLE, in: Archiv für Rechts- und Sozialphilosophie, Beiheft 62, 1995, S. 127 ff.

[20] Näher MICHAEL (Fn. 13), S. 46 ff.

sungsrecht her bestimmt. Wie vieles Verfassungsrecht haben freilich auch die Methodenregeln nicht selten rechtsgrundsätzlichen
Charakter; beispielsweise besteht eine starre Rangfolge der Auslegungskanones - etwa eine Regel des Inhalts, daß die teleologische
Auslegung die historische schlägt - nicht. Aber fehlende Regelhaf-
tigkeit ist geradezu typisch für (Verfassungs-) Rechtsgrundsätze
und gleichfalls kein Einwand gegen deren Rechtsqualität.

c) Eine positivistische juristische Methodik bezieht sich notwendig auf rechtlich Anerkanntes (etwa die reichhaltige Rechtsprechung des Bundesverfassungsgerichts zu Methodenfragen). In
dieser Beschränkung auf „Bekanntes und Bewährtes" liegt zuge-
gebenermaßen ein gewisser Methodenkonservativismus: Theorie-
brillanz oder gar -avantgardismus darf nicht erwartet werden!

Aber andererseits nimmt eine positivistische Methodik das *gesamte*
positive Recht - vor allem auch Verfassungs- und öffentliches
Recht - in den Blick. Darin liegt eine perspektivische Erweiterung
gegenüber der traditionell aus der Sicht des Zivilrechts betriebenen
Methodenlehre[21]. Beispielsweise ist die Lehre von den Rechtsprinzipien (unten § 5) oder von Abwägung und Ermessensausübung
(unten § 9) maßgeblich aus der Sicht des Verfassungs- und öffentlichen Rechts entwickelt worden, und wichtige neuere Methoden-
ansätze entstammen der Verfassungsrechtsmethodik[22].

II. Nutzen und Grenzen der juristischen Methodik

1. Der *Nutzen* juristischer Methodik liegt auf der Hand, wenn und
soweit Methoden- zugleich Rechtsregeln sind: Ohne sie kann das
Recht nicht richtig angewendet (lies erneut §§ 550 ZPO, 337 Abs. 2
StPO!) werden, und zumindest dramatischer Methodenverfall führt
regelmäßig zu Rechtsfehlern[23].

---

[21] Näher hierzu HÄBERLE (Fn. 19), S. 128.
[22] ROBERT ALEXY: Theorie der Grundrechte, 1985; MARTIN KRIELE: Theorie der
Rechtsgewinnung, entwickelt am Problem der Verfassungsinterpretation,
2. Aufl. 1976; FRIEDRICH MÜLLER: Normstruktur und Normativität, 1966. -
Vergleiche auch BERNHARD SCHLINK, in: Der Staat 19 (1980), 75 ff.
[23] Dies läßt sich am Beispiel des Anwaltsschriftsatzes im Zivilprozeß zeigen:
Vielfach wird empfohlen (und ist gängige Übung), ihn in die beiden Teile des
Tatsachenvortrages und der rechtlichen Würdigung zu gliedern (statt aller

Aber auch im übrigen gilt einem Diktum des berühmten Rechts-
vergleichers ERNST RABEL zufolge[24], daß gute Juristen Methode
haben. Sie ist insbesondere zur Bewältigung des „neuen" Falles, der
noch nicht in Rechtsprechung und Literatur erörtert oder gelöst ist,
erforderlich. Derartige „neue" Fälle treten gehäuft auf, wenn Recht
geändert und/oder neues Recht gesetzt wird, was im modernen
Gesetzgebungsstaat immer rascher geschieht: Bereits ab dem Tage
des Inkrafttretens eines neuen Gesetzes (oder in der kautelarjuristischen Praxis sogar im Vorgriff hierauf!) *müssen* (zumindest:
Neu-) Fälle hiernach beurteilt werden, ohne daß sich gesicherte
Rechtsprechung oder Lehre dazu entwickelt haben *kann*, und dann
hilft *nur mehr* Methode[25]. Im übrigen stehen Juristen (etwa Rechtsanwälte) nicht selten vor der Notwendigkeit, (etwa zugunsten eines
Mandanten) *gegen* eine gesicherte Rechtsprechung und/oder Lehre
argumentieren müssen; auch dies setzt Beherrschung der Methode
(etwa zum Nachweis methodischer Fehler in der Rechtsprechung
und/oder Lehre) voraus.

NORBERT PANTLE: Die Praxis des Zivilprozesses, 2. Aufl. 1992, Rdn. 89 f.).
Gemäß der methodischen Einsicht, daß der Blick des Rechtsanwenders zwischen Tatsachen und Recht hin- und herwandert (unten § 1), ist dagegen nichts
einzuwenden, wenn der Tatsachenvortrag vollständig auf die vollständige rechtliche Würdigung abgestimmt ist (treffend PANTLE aaO Rdn. 89: „möglichst so,
daß sich dem Richter die gewünschte Subsumtion geradezu aufdrängt").
Demgegenüber besteht die traurige Rechtswirklichkeit nicht selten darin, daß ein
ungeordneter Tatsachenwust (der gelegentlich seine Entstehung dem ad-hoc-
Diktat des Mandantenberichts verdankt) voller unerheblicher Tatsachen vorgebracht wird und eine rechtliche Würdigung nicht vorhanden ist oder jeder Beschreibung spottet. Diese „Methode" überläßt es dem Zufall, ob *sämtliche* dem
Mandanten günstige - oder ob gar ihm *ungünstige* - Tatsachen vorgetragen sind,
führt also zu möglicherweise vermeidbarer Klagabweisung; auch kann der
Mandant in rechtlich aussichtslose Prozesse getrieben werden.
Derartige Anwaltsfehler werden freilich rechtlich durch die Schadensersatzhaftung des Rechtsanwalts sanktioniert. Die Rechtsprechung zur Anwaltshaftung
(Nachweise bei HELMUT HEINRICHS, in: PALANDT, Bürgerliches Gesetzbuch,
56. Aufl. 1997, § 276 Rdn. 39 ff.) stellt ein Kompendium methodischer Mindeststandards für die Rechtsanwendung dar. Da es sich zugleich um *Rechts*standards
handelt, bestätigt sich erneut die These, daß juristische Methodik im Kern
Methoden*recht* ist!

[24] Berichtet von FIKENTSCHER, Bd. I, S. 10.
[25] Eindrucksvoll HÖHN, S. XXV.

2. Allerdings hat das Diktum RABELs noch einen Nachsatz: daß Juristen nicht über Methode reden. Daran trifft zu, daß *übermäßige Methodenreflexion* weder in der Praxis noch in der Wissenschaft angezeigt ist. Praktiker wenden anerkannte Methoden an; deren Reflexion bedarf es nur, wenn die Methoden- als Rechtsfrage problematisch ist (beispielsweise wenn umstritten ist, ob die ehegattenschützende Vorschrift des § 569 a Abs. 1 Satz 1 BGB [lesen!] auf nichteheliche Lebensgefährten analog angewendet werden darf). Und zwar ist Methodenreflexion eine der vornehmsten Aufgaben der Rechtswissenschaft; aber wenn sie so intensiv betrieben wird wie seit 1945[26], kann durchaus von Anzeichen einer „Krise" und von „Gewißheitsverlusten" die Rede sein[27].

3. Und so wichtig Methodik sein mag, müssen doch ihre *Grenzen* bedacht werden:

a) Juristische Methodik kann *keine eindeutigen Ergebnisse* gewährleisten. Ein derartiger „juristischer Determinismus" wäre rechtstheoretisch zweifelhaft und widerspricht der praktischen Erfahrung, wonach in schwierigen Fällen einander zuwiderlaufende Ergebnisse methodisch einwandfrei hergeleitet und begründet werden können. Diese Einsicht zwingt freilich nicht zu rechtstheoretisch überspitzten Gegenpositionen, etwa einem „juristischen Irrationalismus" oder „Dezisionismus", wonach alles begründbar und Recht letztlich subjektive Willkür sei. Vielmehr steckt juristische Methodik einen Bereich „vertretbarer" Entscheidungen ab, der einmal weiter, einmal enger (bis hin zur - dann zwingend - *einen* Entscheidung) sein kann[28]. Ein derartiger „gemäßigter Indeterminismus" oder „weicher Determinismus" wird freilich hinfällig, wenn in der Praxis die Methode beliebig gewählt wird, um ein kraft Vorverständnisses für gerecht gehaltenes Ergebnis zu begründen[29].

b) Auch ist *Gerechtigkeit* nicht schon durch Methode garantiert. Die Erfahrung mit totalitärer Justiz zeigt, daß einerseits auch unge-

---

[26] MÜLLER, S. 376 ff., führt in seiner *auswählenden* wissenschaftlichen Bibliographie überschlägig rund *750* nach diesem Zeitpunkt erschienene Titel an!

[27] LARENZ/CANARIS, S. 7; PAWLOWSKI, S. IX.

[28] Näher ULFRIED NEUMANN: Juristische Argumentationslehre, 1986, S. 2 f. mit Nachweisen.

[29] So die berühmte (aber empirisch mager belegte) These von ESSER (Fn. 2).

rechtes Recht (mit unmenschlicher Sachlichkeit, aber) ohne Methodenfehler angewendet werden kann und daß andererseits gerade methodenbewußte Juristen für willfährige Methodenanpassung anfällig sein können, so daß an sich unverdächtiges, ja geradezu gerechtes Recht in, methodisch eingelenkt, ungerechter Weise zur Anwendung kommt[30].

c) Weiterhin zeichnen den guten Juristen nicht *nur* die Beherrschung der Methode, sondern *zudem* Intuition und Spezialrechtskenntnis aus. *Intuition* (auch: Judiz, Rechtsgefühl), der unmittelbare Zugang zum Rechtmäßigen, ist maßgeblich in religiösen Rechten und solchen, die auf der Autorität eines Gelehrten- oder Richterspruchs beruhen[31], spielt aber bis heute für Autorität eine Rolle (unten § 7). Mit der Ausdifferenzierung des modernen Rechts ist *Rechtskenntnis* (Rechtsgelehrsamkeit[32]) in den Vordergrund getreten, die nur mehr als Spezialistentum möglich ist, seit wegen der Binnendifferenzierung des Rechts sowie der Verrechtlichung als Erweiterung der Außengrenzen des Rechts die Zeiten, in denen *ein* Jurist *das* Recht im Detail kennen und in den Strukturen und Prinzipien verstehen konnte, unwiderruflich vergangen sind.

4. Die wichtigste Relativierung der Bedeutung juristischer Methodik ergibt sich freilich daraus, daß die Tätigkeit von Juristen zunehmend *entrechtlicht (entformalisiert)* wird und juristische Aufgaben dann nicht mehr rechtsmaßstäblich erledigt werden. So werden Zivilrechtsstreitigkeiten außergerichtlich oder gerichtlich verglichen; Strafverfahren werden durch informelle Absprachen erledigt; und Staat und Verwaltung handeln konsensual oder sonst informell[33]. Bei diesen Formen der „Mediation" kommt das Recht

---

30 Grundlegend BERND RÜTHERS: Die unbegrenzte Auslegung, 4. Aufl. 1991; Ideologie und Recht im Systemwechsel, 1992. - Zu „Macht und Ohnmacht der Methode" siehe auch KLAUS LUIG, in: NJW 1992, 2536 ff.

31 Zur Intuition als Methode des römischen Rechts FIKENTSCHER, Bd. I, S. 355 ff.; MAX KASER: Zur Methode der römischen Rechtsfindung, 1962; vgl. auch FRANZ HORAK: Rationes decidendi, 1969.

32 Einen Überblick zur Geschichte des „gelehrten" Fachjuristen gibt THEO MAYER-MALY: Rechtswissenschaft, 5. Aufl. 1991, S. 9 ff.

33 Einführungen mit zahlreichen weiterführenden Hinweisen geben OTHMAR JAUERNIG: Zivilprozeßrecht, 24. Aufl. 1993, S. 178; HARTMUT MAURER: Allgemeines Verwaltungsrecht, 11. Auf. 1997, § 15 Rdn. 13 ff.; CLAUS ROXIN: Straf-

nur mehr als Handlungsschranke (etwa wenn der Staatsanwalt die Strafbarkeit wegen Strafvereitelung im Amt, § 258 a StGB, bedenken muß) oder als Verhandlungsgegenstand (etwa wenn mit einer Widerklage gedroht wird, die das Prozeß- und Kostenrisiko vervielfacht) in Betracht und ist eine Art Hintergrundordnung, über die - methodisch gesprochen - nichts Bestimmtes ausgesagt wird und auch nicht ausgesagt werden soll[34], sondern die in den Kategorien von Rechtswahrscheinlichkeiten bzw. -risiken einschließlich Wahrscheinlichkeiten bzw. Risiken der Rechtsverwirklichung erfaßt wird. Dann aber bedarf es nur mehr einer eingeschränkten *juristischen*, im übrigen einer *anderen* Methodik der Interessenwahrung, -durchsetzung und des Interessenausgleichs. Hier schlägt die wahre Stunde der (juristischen) *Rhetorik*[35].

5. Schließlich sei klargestellt, daß juristische Methodik *nicht Anleitung zur Fallösungstechnik* ist[36]. Diese behandelt das „Aufbauproblem" und dient allenfalls noch dazu, das „Sachproblem" zu identifizieren, verhilft aber nicht dazu, das „Sachproblem" einer methodisch einwandfreien Lösung zuzuführen. Hierzu bedarf es einer „Tiefengrammatik" oder „Feinstruktur" des Umganges mit dem Recht, die von der Methodik bereitgestellt wird. Gerade an deren Fehlen scheitern viele Studenten, und gerade hierzu will dieses Buch Hilfestellung geben!

---

verfahrensrecht, 24. Aufl. 1995, § 15 Rdn. 4 ff. und § 19 Rdn. 73 f. - Nachdem der Gütegedanke im Zivilprozeßrecht gesetzlich verankert worden ist (§ 279 ZPO), ist das Interesse an Alternativen zur streng rechtsmaßstäblichen richterlichen Streitentscheidung („Schlichten statt Richten") stetig gewachsen; näher und mit umfassenden Nachweisen DIETER LEIPOLD in: STEIN/JONAS, Zivilprozeßordnung, 21. Aufl. 1993 ff., § 279 Rdn. 3 ff. (Stand 1996).

[34] Sogar in an sich rechtsmaßstäblich geführten Verfahren halten sich viele Anwälte mit Rechtsausführungen zurück und begründen dies mit verfahrenspsychologischen und taktischen Erwägungen. Insbesondere solle der Eindruck vermieden werden, man traue den Rechtskenntnissen des Gerichts nicht, und es solle dem Gegner nicht in die Hände gespielt werden, indem Schwachstellen der eigenen (oder gegnerischen) Rechtsposition aufgedeckt werden und der Gegner darauf hin seinen Angriff (oder seine Verteidigung) verbessern könne.

[35] Hierzu FRITJOF HAFT: Juristische Rhetorik, 5. Aufl. 1991; WOLFGANG GAST: Juristische Rhetorik, 2. Aufl. 1992.

[36] Vertiefend MÜLLER, Rdn. 458 ff.

1. Kapitel: Tatsachen und Recht

In der Rechtspraxis geht es keineswegs nur um das Recht, sondern auch, vielfach vorrangig, um die Tatsachen. Beispielsweise mag im Vordergrund eines Strafprozesses die Frage stehen, ob der Angeklagte diejenige maskierte und bewaffnete Person ist, welche das Opfer überfallen und zur Übergabe von Geld und Wertsachen gezwungen hat; nur am Rande mag die Frage eine Rolle spielen, ob ein derartiges Verhalten rechtlich als schwerer Raub (lies §§ 249, 250 Abs. 1 Nr. 1 StGB), schwere räuberische Erpressung (lies §§ 253, 255, 250 Abs. 1 Nr. 1 StGB) oder (auch) als erpresserischer Menschenraub (lies § 239 a Abs. 1 StGB)[1] zu beurteilen ist.

Aber ist es für eine *juristische* Methodik erforderlich, den Umgang mit den Tatsachen näher zu reflektieren? Die Welt der Tatsachen besteht jenseits und unabhängig von der des Rechts, und die Vorstellung einer spezifisch *juristischen* Tatsachenwahrnehmung ist befremdlich[2]. Daher bedarf es für die Wahrnehmung alltäglicher Tatsachen keiner Juristen[3], und bei Tatsachen, deren Wahrnehmung das Alltagswissen überfordert, müssen auch Juristen (und zwar von Rechts wegen[4]) die Hilfe von Sachverständigen in Anspruch nehmen.

---

[1] Zum Problem BGHSt 40, 350 ff.; ALBIN ESER, in: SCHÖNKE/SCHRÖDER, Strafgesetzbuch, 25. Aufl. 1997, § 239 a Rdn. 13a.

[2] Beispielsweise wäre es zweifelhaft, Natur- und Kausalgesetze in „geisteswissenschaftlicher" statt naturwissenschaftlicher Methode festzustellen (näher ARMIN KAUFMANN, in: JZ 1971, 569 [572 ff.]); vergleiche aber auch JOHANNES WESSELS: Strafrecht Allgemeiner Teil, 27. Aufl. 1997, Rdn. 155 mit Nachw. - Näher unten § 2 III 1.

[3] Darauf beruht die Möglichkeit von Laienspruchkörpern (Geschworenengerichten, „juries"). Allerdings soll der rechtsunkundige Laie gegen sachfremde Einflußnahmen weniger gefeit sein als der durch seine Ausbildung und lange Erfahrung zur Objektivität erzogene Berufsrichter (CLAUS ROXIN: Strafverfahrensrecht, 24. Aufl. 1995, § 7 Rdn. 15). Dem ist entgegenzuhalten, daß auch die Sachverhaltswahrnehmung von Berufsrichtern durch deren nicht repräsentative Herkunft, Sozialisation und Einstellung beeinflußt sein kann; vergleiche WOLFGANG KAUPEN: Die Hüter von Recht und Ordnung, 1969; KLAUS RÖHL: Rechtssoziologie, 1987, S. 355 ff. mit Nachweisen.

[4] Näher REINHARD GREGER, in: ZÖLLER, Zivilprozeßordnung, 20. Aufl. 1997, § 402 Rdn. 6a, 7 (Zivilprozeß); ROXIN (Fn. 3), § 27 Rdn. 9 (Strafprozeß).

Gleichwohl ist die Frage nach den Tatsachen und ihrer Feststellung ein traditioneller und legitimer Teil der juristischen Methodik, und zwar aus zwei Gründen:

- Zum einen sind Rechts- mit Tatfragen theoretisch wie praktisch eng verschränkt (unten § 1).
- Zum anderen gibt es eine (erfahrungswissenschaftliche und) juristische Methodik der Tatsachenfeststellung (unten § 2).

§ 1. Tat- und Rechtsfragen

Fall 1: Mandant M trägt Rechtsanwalt Dr. R vor: „Vor nicht langer Zeit erstand ich günstig einen gebrauchten, als 'prima' inserierten Opel Manta. Der Wagen blieb vorige Woche mit einem 'Kolbenfresser' auf der Autobahn liegen. Die Werkstatt hat einen Total-Motorschaden festgestellt und auch, daß die Ölwanne des Motors einen Riß aufweist und der hierdurch bedingte Ölverlust zu dem 'Kolbenfresser' führte. Ich fühle mich betrogen und möchte wissen, ob mein Verkäufer mir einen ordentlichen gebrauchten Motor einbauen oder das dafür erforderliche Geld bezahlen muß." Welche Tatfragen muß Dr. R noch stellen, bevor er die Rechtsfrage des M beantworten kann? Beziehen Sie sich insbesondere auf §§ 459, 463, 476, 477 BGB!

I. Gegenstand und Abgrenzung von Tat- und Rechtsfragen

1. *Tatfragen* haben rechtsrelevante *Tatsachen* zum Gegenstand: Was war, ist oder wird[1] der Fall sein?

a) Positiv-rechtlich relevant sind nicht nur „*äußere*", sondern auch „*innere*" Tatsachen des Wissens und Wollens, beispielsweise Irrtümer (lies §§ 119 BGB, 16, 17 StGB) oder Vorsätze (lies §§ 826 BGB, 15 StGB) aller Art[2].

b) Neben „*deskriptiven*" (natürlichen) Tatsachen - Schulbeispiel ist etwa das Alter eines Menschen (lies etwa Art. 38 Abs. 2 GG, §§ 104 Nr. 1 BGB, 19 StGB) - sind positiv-rechtlich eine Fülle von „*normativen*" (konventionalen) Tatsachen[3] relevant.

---

1 Es besteht keinerlei Grund, den methodischen Tatsachenbegriff auf vergangene oder gegenwärtige Tatsachen zu beschränken (wie dies dogmatisch, etwa im Rahmen der §§ 123 BGB, 263 StGB, der Fall ist). In die Zukunft gerichtete Tat-, sog. *Prognosefragen*, spielen für rechtliche Gestaltung und Rechtsetzung, aber auch für bestimmte Rechtsanwendungen (unten c) eine immer wichtiger werdende Rolle (siehe auch § 2 III 2).

2 Insofern hängt das Recht dem wissenschaftstheoretisch überholten „Geist-in-der-Maschine-Denken" an; näher GILBERT RYLE: Der Begriff des Geistes, 1969.

3 Die herkömmliche Methodenlehre spricht von „Werturteilen" oder den „zur Bildung des Sachverhalts erforderlichen Beurteilungen" (siehe nur LARENZ/CANARIS, S. 104 ff.). Vielfach wird die Fragestellung auch in die Begriffslehre verwiesen (siehe nur HERBERGER/SIMON, S. 290 ff.).

Die Besonderheit normativer Tatsachen ist (nicht, daß sie nicht „unmittelbar wahrnehmbar" sind, sondern), daß sie nur mithilfe von Normen festgestellt werden können[4]. Solche Normen können *Rechts*normen sein (*rechtsnormative* Tatsachen[5]). Beispielsweise beruht die Tatsache, daß eine Sache einer Person gehört, auf den Eigentumsnormen der §§ 903 ff. BGB. Aber auch außerrechtliche Normen (Konventionen) werden vom Recht in bezug genommen (*schlichtnormative* Tatsachen). Schulbeispiele sind der Handelsbrauch (§ 346 HGB) oder die Eigenschaft einer Schrift, „pornographisch" zu sein (§ 184 StGB), nämlich nicht mehr „im Einklang mit von allgemeinen gesellschaftlichen Wertvorstellungen gezogenen Grenzen des sexuellen Anstandes"[6] zu stehen. In der Regel unterwirft das Recht solche Konventionen allerdings einer eigenen, rechtlichen Beurteilung. Die Tatsache, daß ein Verhalten fahrlässig ist, impliziert nicht einen Verstoß gegen die im Verkehr faktisch übliche, sondern gegen die rechtlich „erforderliche" Sorgfalt (§ 276 Abs. 1 Satz 2 BGB); oder bei § 138 Abs. 1 BGB sind die aus Sicht des Rechts „guten" Sitten maßgeblich usf.

c) Insbesondere im öffentlichen Recht, das klassischerweise Recht der Gefahrenabwehr ist, spielt die Tatsache, daß eine Person, ein Verhalten, ein Zustand usf. „gefährlich" ist, oder umgekehrt, daß eine Person, eine Maßnahme usf. zur Gefahrenverhütung „geeignet" ist, eine bedeutende Rolle[7]. Derartige Tatsachen haben ein *prognostisches* (Wahrscheinlichkeits-) Element und können auch *„dispositionelle"* Tatsachen genannt werden, weil sie eine Disposition, nämlich die Hypothese implizieren, daß unter bestimmten Bedingungen bestimmte Ereignisse eintreten werden.

---

[4] Streitig; die folgenden Ausführungen stützen sich auf Urs Kindhäuser, in: Jura 1984, 465 (470 ff.); Manfred Rehbinder: Rechtssoziologie, 2. Aufl. 1989, S. 14; vgl. auch Klaus Tiedemann: Tatbestandsfunktionen im Nebenstrafrecht, 1969, S. 90 f.; alle mit weiteren Nachweisen.

[5] (Einfache) Rechtsverhältnisse sind also (zugleich) Tatsachen. Sie können deshalb im Zivilprozeß unstreitig sein. Im Strafrecht kann der Irrtum über Rechtsverhältnisse (etwa die Fremdheit einer Sache) den Vorsatz ausschließen, da er sich auf einen zum Tatbestand gehörenden „Umstand" bezieht (§ 16 Abs. 1 StGB).

[6] Bundestags-Drucksache VI/3521 S. 60.

[7] Auch im Strafrecht sind Gefährdungsdelikte im Vordringen (lies etwa §§ 315 b, c StGB), und an Gefährlichkeit knüpfen auch die Maßregeln der Besserung und Sicherung an (lies etwa §§ 63, 64 StGB).

2. Demgegenüber haben *Rechtsfragen das Recht* zum Gegenstand: Was gilt als Recht (oder soll als Recht gelten[8])?

a) Als Paradigma der Rechtsfrage gilt die *einzelfallbezogene Rechtsfolgenfrage*, zivilrechtlich: Wer kann was von wem aus welchem Rechtsgrund beanspruchen?, strafrechtlich: Wer ist für welches Verhalten aus welchem Strafgesetz zu bestrafen? in allgemeiner Form: Wie ist die Rechtslage[9]?

b) Hinter derartigen einzelfallbezogenen und singulären Rechts-(folgen)fragen stehen jedoch zwingend abstrakte und nichtsinguläre Rechts(voraussetzungs)fragen, die auf das *rechtlich allgemein Geltende* und *Regelhafte* zielen[10]. Schüttet A dem B absichtlich Salzsäure über den Arm, so lautet die hinter der konkreten Strafbarkeits- stehende Rechtsfrage, ob Salzsäure eine „Waffe" im Sinne von § 224 Abs. 1 Nr. 2 StGB ist[11]; ist im schriftlichen Kaufvertrag eine Partie „Haakjöringsköd", ein norwegischer Ausdruck für Haifischfleisch, verkauft und gingen die Vertragsparteien irrig davon aus, Haakjöringsköd bedeute (höherwertiges) Walfischfleisch, so lautet die hinter der konkreten Anspruchs- stehende Rechtsfrage, ob für den Vertragsinhalt das schriftlich Niedergelegte oder der übereinstimmende wirkliche Wille der Vertragsparteien maßgeblich ist[12].

c) Es zeigt sich, daß Rechtsfragen auf unterschiedlichen *Abstraktionsstufen* gestellt werden können (bis hin zu hochabstrak-

---

8 Es besteht kein Grund, die im Rahmen von rechtlicher Gestaltung und Rechtsetzung aufgeworfene Frage, wie die Rechtslage sein soll (und wie eine allfällige Änderung rechtlich wirksam bewerkstelligt werden kann), nicht als Rechtsfrage im methodischen Sinne anzusehen.

9 Strenggenommen zwingt die Frage nach der Rechtslage zur Prüfung *aller* Rechtsfolgen (mögen sie eingreifen oder nicht) aus *allen* Rechtsnormen (mögen sie anwendbar sein oder nicht). Sowohl in der Rechts- als auch in der universitären Prüfungspraxis ist sie kontextuell viel enger zu verstehen. Weitergehenden Umfang hat sie freilich in der gestaltenden und beratenden Rechtspraxis (siehe noch unten § 12). Wer beispielsweise einen Unternehmenskauf gestaltend und beratend zu begleiten hat, muß neben Rechtsfragen des Kauf- und Sachenrechts solche des Gesellschafts-, Wettbewerbs- und Kartell-, Arbeits-, Steuer-, Markenrechts (usf.) bedenken.

10 Vertiefend ULFRIED NEUMANN, in: Goltdammer's Archiv für Strafrecht 1988, 387 (393 ff.).

11 BGHSt 1, 1 ff. (zu § 223 a StGB alter Fassung).

12 Lies §§ 133, 157 BGB und RGZ 99, 147 ff.

ten, letzlich rechtsphilosophischen oder -theoretischen Fragen wie
„Gilt das Grundgesetz?"). Ein theoretisch richtiges Abstraktions-
niveau gibt es nicht, nur ein pragmatisch angemessenes.

Bei der Rechtsanwendung wird das angemessene Abstraktions-
niveau durch den Einzelfall und durch das Kriterium der
„Entscheidungserheblichkeit" begrenzt: Die Rechtsfrage darf von
konkreten Merkmalen des Einzelfalles abstrahieren, wenn diese
wertungsmäßig eindeutig unerheblich sind; doch darf die Abstraktion nicht so weit gehen, daß Konstellationen, die wertungsmäßig
möglicherweise anders liegen, von der Fragestellung miterfaßt werden. Beispielsweise braucht die im „Haakjöringsköd-Fall" aufgeworfene Rechtsfrage nicht auf Falschbezeichnungen gerade von
Walfischfleisch gerade als Haakjöringsköd verengt zu werden;
jedoch wäre die Rechtsfrage, ob im Zivilrechtsverkehr das Erklärte
oder das Gewollte gilt, zu abstrakt, weil sie - beispielsweise - Konstellationen mit nur einseitiger Fehlvorstellung oder außerhalb von
Vertragsverhältnissen miterfaßt.

Freilich müssen konkrete Rechtsfragen nicht selten auf abstrakte
zurückgeführt und mit ihrer Hilfe beantwortet werden. Beispielsweise führt die Frage, ob Salzsäure „Waffe" im Sinne von § 224
Abs. 1 Nr. 2 StGB ist, zu den immer abstrakter werdenden Fragen,
ob die Waffe Unterfall des gefährlichen Werkzeugs ist, ob der Sinn
des § 224 StGB als eines Qualifikationstatbestandes in der (abstrakt
oder konkret?) größeren Gefährlichkeit der Handlungsweise liegt,
wie sich der straf- zum waffenrechtlichen Waffenbegriff verhält,
wie diese Frage von Art. 103 Abs. 2 GG beeinflußt wird (usf.).

3. In der Regel können Tat- und Rechtsfragen eindeutig voneinander abgegrenzt werden. Beispielsweise ist es Tatfrage, aus welchem Motiv heraus der Täter seine Ehefrau getötet hat; Rechtsfrage ist, wie das Motiv (etwa Eifersucht) rechtlich (etwa als niedriger
Beweggrund, § 211 Abs. 2 StGB) zu bewerten ist. Gleichwohl ist
die Frage, ob und wie Tat- und Rechtsfragen *„logisch" voneinander
abgegrenzt* werden können, in der Methodenlehre hochumstritten.
Aus Sicht einer positivistischen Methodik ist zu bemerken:

a) Im positiven Recht kommt es vielfach auf die Abgrenzung
zwischen Tatsachen und Recht, Tat- und Rechtsfragen an. So
müssen sich materiell-rechtlich Täuschungen in der Regel auf Tatsachen beziehen (lies §§ 123 Abs. 1, 263 StGB). Vor allem ist die

Abgrenzung im Prozeßrecht bedeutsam: Rechtliches Gehör (Art. 103 Abs. 1 GG) muß nur in bezug auf Tatsachen gewährt werden, ein Anspruch auf ein Rechtsgespräch besteht nicht; dem Beweise zugänglich und bedürftig sind grundsätzlich nur Tatsachen, während das Recht dem Gericht bekannt ist („iura novit curia"); und wer ein Urteil mit dem Rechtsmittel der Revision angreift, kann sich nur darauf stützen, daß das Recht verletzt sei (lies §§ 549 Abs. 1 ZPO, 337 Abs. 1 StPO, 137 Abs. 1 VwGO), weshalb die Revisionsgerichte - vornehmlich die obersten Gerichtshöfe des Bundes[13] - im Grundsatz nur mehr über Rechts-, nicht mehr über Tatfragen befinden[14].

b) Jedoch trägt die Methodenlehre für die Handhabung der genannten Vorschriften nichts aus. Wie die den Beweis (unter anderem) ausländischen Rechts betreffende Vorschrift des § 293 ZPO zeigt, *kann* Recht dem (Sachverständigen-) Beweis zugänglich sein und überhaupt als normative Tatsache verstanden werden; Rechtsfragen sind dann stets Tatfragen. Zur Revisionsproblematik *kann* argumentiert werden, bei unrichtiger Tatsachenfeststellung sei durchaus das Gesetz „verletzt", da sich die gesetzliche Geltungsanordnung nur auf wirkliche Tatsachen beziehe[15]; dann sind Tatfragen stets Rechtsfragen. Für dogmatische Zwecke können Tat- und Rechtsfragen also nur pragmatisch und teleologisch - etwa nach Funktion, Aufgabe und Möglichkeiten der Revision - unterschieden werden[16]. Wie überall im Recht sind eindeutige Ergebnisse nicht gewährleistet. Legt beispielsweise ein Untergericht eine zivilrechtliche Willenserklärung aus, so kann dies als nicht revisible Tatfrage der Ermittlung des wirklichen Willens (lies § 133 BGB)

---

[13] Nämlich: Bundesgerichtshof (für Zivil- und Strafrecht); Bundesverwaltungsgericht (für Verwaltungsrecht); Bundesarbeitsgericht (für Arbeitsrecht); Bundessozialgericht (für Sozialrecht) und Bundesfinanzhof (für Steuerrecht).

[14] Mit anderen Worten kann der Revisionsführer in bezug auf Tatsachen nicht rügen, sie seien anders als vom Untergericht festgestellt, sondern nur, bei ihrer Feststellung sei das Verfahrensrecht verletzt (beispielsweise ein Zeuge rechtswidrigerweise nicht vernommen) worden, sog. *Verfahrensrüge* (lies §§ 554 Abs. 3 Nr. 3 lit. b ZPO, 344 Abs. 2 StPO, 137 Abs. 3 VwGO).

[15] So KARL PETERS: Strafprozeß, 4. Aufl. 1985, S. 565 f.

[16] Herrschende Auffassung; statt aller LARENZ/CANARIS, S. 130 f.

oder als revisible Rechtsfrage nach Treu und Glauben (lies § 157 BGB) angesehen werden[17].

c) Der Methodenstreit verbleibt also im Bereich der hier nicht interessierenden Rechtstheorie[18].

II. Verschränkung von Tat- und Rechtsfragen

1. Im Grundsatz sind Tat- und Rechtsfragen voneinander unabhängig. Beispielsweise kann das, was zwischen Angeklagtem und Opfer am Tattag und -ort vorgefallen ist, unabhängig davon, ob es rechtlich als schwerer Raub, schwere räuberische Erpressung oder

---

[17] Einen vernünftigen Mittelweg geht die Rechtsprechung: Revisible Rechtsfrage ist, ob das Tatgericht zutreffende Auslegungsgrundsätze (vor allem aus §§ 133, 157 BGB) zugrundegelegt hat; nicht revisibel sind die Tatfrage nach den Auslegungsgrundlagen und im Grundsatz die Auslegung selbst (Beurteilungsspielraum des sachnäheren Tatgerichts). Näher PETER GUMMER, in: ZÖLLNER, Zivilprozeßordnung, 20. Aufl. 1997, § 550 Rdn. 10 mit Nachweisen.

[18] Hier ist die Welt der Tatsachen (des Seins) von der des Rechts (des verbindlichen, aus Rechtsquellen herrührenden Sollens) zu trennen. Dies wird freilich (nicht nur rechtsphilosophisch und -theoretisch, sondern auch) methodisch in Frage gestellt (grundlegend KARL ENGISCH: Logische Studien zur Gesetzesanwendung, 3. Aufl. 1963, S. 82 ff.; vergleiche zum Streit auch LARENZ/CANARIS, S. 128 ff.; ZIPPELIUS, S. 85, 93; je mit Nachweisen): Eine „logische" Trennung von Tat- und Rechtsfragen sei unmöglich, insbesondere bei normativen Tatbestandsmerkmalen („Wertbegriffen"); beispielsweise fielen bei der Bewertung einer Sache als „geringwertig" (§ 243 Abs. 2 StGB), einer Entstellung als „erheblich" (§ 224 Abs. 1 StGB), einer Schrift als „pornographisch" (§ 184 StGB) oder eines Verhaltens als „fahrlässig" (§ 276 Abs. 1 Satz 2 BGB) Tatsachenfeststellung und rechtliche Beurteilung zusammen. Aber das ist nicht richtig. In den Beispielen sind ersichtlich (und unbestritten!) die Fragen nach den wertbildenden Eigenschaften und dem Wert der Sache, nach der Erscheinungsform der Entstellung, nach dem textlichen Inhalt der Schrift oder nach den Modalitäten des Verhaltens Tatfragen; ebenso ersichtlich (und unbestritten!) ist Rechtsfrage, was „geringwertig", „erheblich", „pornographisch" oder „fahrlässig" bedeutet. Das Problem der Beispiele liegt allein in der jeweiligen Verweisung auf außerrechtliche Normen (näher oben 1. b). Existenz und Inhalt der außerrechtlichen Norm ist methodisch Frage nach einer (wenn auch normativen, aber nicht dem Recht angehörigen) Tatsache. Behält sich das Recht freilich noch eine Bewertung vor - wie im Falle der „erforderlichen" Sorgfalt oder der „guten" Sitten -, so liegt methodisch eine Rechtsfrage vor.

erpresserischer Menschenraub zu beurteilen ist, ermittelt und festgestellt werden.

2. Gleichwohl besteht theoretisch eine Verschränkung zwischen
Tat- und Rechtsfragen, die mit dem berühmten Bild vom „Hin- und
Herwandern des Blickes" sprichwörtlich geworden ist.

a) KARL ENGISCH[19], auf den das Bild zurückgeht, bezog es auf
die Praxis der Rechtsanwendung: „Für den Obersatz ist wesentlich,
was auf den konkreten Fall Bezug hat, am konkreten Fall ist
wesentlich, was auf den Obersatz Bezug hat". Beispielsweise wird
der Strafrichter bei einer vorsätzlichen Tötung seinen Blick (nicht
nur auf § 212, sondern vor allem) auf § 211 StGB richten und Art
und Weise der Tatbegehung oder Motive des Angeklagte näher
untersuchen; bestimmte Tatsachen (etwa daß der Angeklagte, ein
Sizilianer, Blutrache üben wollte) lenken den Blick auf bestimmte
Tatbestandsmerkmale (etwa niedrige Beweggründe) zurück, deren
rechtlicher Inhalt wiederum zur näheren Tatsachenermittlung (etwa
nach dem Anlaß der Blutrache) führen.

b) Unter dem Einfluß der philosophischen Hermeneutik[20] ist die
rechtstheoretische Bedeutung des Bildes aber erweitert worden.
Das für alles Verstehen, auch des Rechts, erforderliche „Vorverständnis" ist nicht nur durch Sprache und Überlieferungs-
zusammenhang, sondern auch und maßgeblich von bisherigen
Anwendungsfällen geprägt[21]. Deshalb wird der „neue" Anwendungsfall (auch) im Lichte der bisherigen und „typischen" Anwendungsfälle, des bisherigen Vorverständnisses von der Rechtsnorm,
interpretiert. Andererseits kann der „neue" Fall wiederum das
herkömmliche Normverständnis beeinflussen („hermeneutischer
Zirkel", „hermeneutische Spirale"). Auf derartiges Fall- und Typus-
denken wird zurückzukommen sein (unten § 9 I).

Noch inniger wird die Verschränkung zwischen Tat- und Rechtsfragen, wenn das Recht phänomenologisch in der „Natur der

---

19 Logische Studien zur Gesetzesanwendung, 3. Aufl. 1963, S. 15.
20 Näher HANS-GEORG GADAMER, in: (Hrsg.) JEAN GRODIN: Gadamer Lesebuch,
    1997, S. 32 ff.
21 Insofern zeigt Jurisprudenz exemplarisch, daß Anwendung (Applikation) ein allem
    Verstehen innewohnendes Moment, ein integrierender Bestandteil des herme-
    neutischen Vorganges ist; HANS-GEORG GADAMER: Wahrheit und Methode,
    5. Aufl. 1986, S. 313 f., 330.

Sache" verankert wird. Wenn Norm und Sachverhalt einander nie gleich, sondern die in der Norm geregelten Sachverhalte und der zu beurteilende Lebenssachverhalt nur ihrer „Natur" nach ähnlich sind[22], werden Rechtsfragen zu generalisierten, die „Natur" der Lebenssachverhalte betreffenden Tatfragen. Ähnliche generalisierte Tatfragen stellen sich, wenn entscheidend für das Normverstehen die Analyse des „Normbereichs" sein soll, des Zusammenhanges von Strukturelementen, die in der auswählenden und wertenden Perspektive des Normprogramms aus der sozialen Realität herausgehoben werden[23]. Was beispielsweise unter „Kunst" im Sinne von Art. 5 Abs. 3 GG zu verstehen ist, kann kaum anders als durch Analyse dessen ermittelt werden, was in der Wirklichkeit als Kunst vorkommt, insbesondere der künstlerischen Gattungstypen[24].

3. In der Theorie (nicht aber für die juristische Kunst!) weniger anspruchsvoll ist die *praktische* Verschränkung von Tat- und Rechtsfragen.

a) Der praktisch tätige Jurist, vor allem der Rechtsanwalt, hat es zu Beginn seiner Arbeit in aller Regel mit einem „Rohsachverhalt" zu tun, der rechtlich Irrelevantes und nicht alles rechtlich Relevante enthält. Immerhin enthält der „Rohsachverhalt" den Kern von Tatbestand und Rechtsfolge: eine Interessenkollision, die nicht mehr sozial regelbar erscheint; ein Interesse, das nach Alltagskenntnis und Rechtsgefühl rechtlicher Durchsetzung fähig erscheint. Der Jurist mißt den Rohsachverhalt nun hypothetisch und probeweise an „einschlägigen" Rechtsnormen, um - wie in ENGISCHs Bild vom „Hin- und Herwandern des Blickes" - das Irrelevante auszusondern und das Relevante zu ermitteln. „Einschlägige" Normen[25] werden häufig anhand der Erfahrung mit typologisch vergleichbaren Sachverhalten ermittelt. Wer sich etwa mit der zivilrechtlichen Bewältigung von Straßenverkehrsunfällen

---

[22] Grundlegend ARTHUR KAUFMANN: Analogie und Natur der Sache, 2. Aufl. 1982.

[23] MÜLLER, Rdn. 235 ff.

[24] MÜLLER, Rdn. 42. - Im problematischen und rechtlich interessierenden Fall des „neuen", noch nicht als Kunst anerkannten Gattungstyps hilft dies freilich nicht ohne weiteres weiter.

[25] Hierzu vertiefend ZIPPELIUS, S. 80 ff.; vgl. auch EDWARD OTT: Die Methode der Rechtsanwendung, 1979, S. 80 f., 98 f., 106 ff.

befaßt hat, weiß, daß § 823 Abs. 1 BGB praktische Bedeutung nur mehr für das Schmerzensgeld (§ 847 BGB) hat, im übrigen aber (unter Berücksichtigung von §§ 116, 117 Sozialgesetzbuch Zehntes Buch) §§ 7 ff. Straßenverkehrsgesetz und § 3 Pflichtversicherungsgesetz anzuwenden sind. Hilfsweise muß auf systematische Kenntnis des Rechts zurückgegriffen werden, wobei der Blick zwischen der Rechtsfolge - etwa: Schadensersatz - und systematischen Tatbestandsgruppen - etwa: Vertrag oder Delikt - hin- und herwandert.

b) Ein bekanntes heuristisches Verfahren zur Sonderung des rechtlich Relevanten vom Irrelevanten ist die sog. *Relationstechnik* des Zivilrichters[26]. Sie macht sich den Umstand zunutze, daß im Zivilprozeß die Darlegung und der Beweis von Tatsachen den Parteien obliegt (sog. Beibringungsgrundsatz). In einem ersten Schritt, der „Klägerstation", werden die (unstreitigen sowie) vom Kläger vorgetragenen Tatsachen rechtlich gewürdigt; nur wenn die Klage hiernach begründet ist, ist sie „schlüssig". Keineswegs selten wird an rechtlich entscheidenden Punkten zu wenig vorgetragen; wer beispielsweise Werklohn einklagt, muß auch dartun, daß der Besteller das Werk abgenommen, also als im wesentlichen vertragsgemäß gebilligt (oder die Abnahme grundlos endgültig verweigert) hat, andernfalls die Klage ohne weiteres abgewiesen wird: § 641 BGB! In der zweiten „Beklagtenstation" werden die vom Beklagten vorgetragenen Tatsachen dahingehend rechtlich gewürdigt, ob sie die Klage zu Fall bringen; nur dann ist die Verteidigung des Beklagten „erheblich". Auch hier wird nicht selten zu wenig vorgetragen; wer beispielsweise, auf Herausgabe einer Sache verklagt, (nur) einwendet, er habe die Sache an einen Dritten weiterveräußert, wird ohne weiteres zur Herausgabe verurteilt, weil (und soweit) nicht dargetan ist, daß er die Sache nicht zurückerwerben kann (siehe §§ 275, 280, 283 BGB). (Erst) schlüssige Klage und erhebliche Verteidigung vorausgesetzt, werden die von der beweisbelasteten Partei angebotenen Beweise - auch hieran mangelt es nicht selten - erhoben und gewürdigt („Beweisstation").

---

[26] Statt aller NORBERT PANTLE: Die Praxis des Zivilprozesses, 2. Aufl. 1987/92, Rdn. 41 ff.

III. Fall 1 - Tatfragen bei Kaufgewährleistung

1. Der „Rohsachverhalt" in Verbindung mit der (unrealistisch präzise gefaßten[27]) Rechtsfolgenfrage des M wird Dr. R veranlassen, sich „einschlägige" zivilrechtliche Grundlagen für Nachbesserungs- und Schadensersatzansprüche beim Kauf mangelhafter Sachen zu vergegenwärtigen. Hieraus werden sich zahlreiche Tatfragen an M ergeben:

2. Nach dem Rechtsgrundsatz „Vertrag vor Gesetz" - auch vor dem gesetzlichen, aber „dispositiven" Kaufgewährleistungsrecht der §§ 459 ff. BGB! - wird Dr. R vorab Ansprüche und Anspruchsgrenzen aus dem zwischen M und dem Verkäufer geschlossenen Kaufvertrag in Betracht ziehen. Deshalb wird seine erste Tatfrage dem *schriftlich und/oder mündlich*[28] *Vereinbarten* mit folgenden Unterfragen gelten:

a) Beim Kauf gebrauchter Sachen ist es möglich, jede Haftung für Mängel bis zur Grenze der Arglist (§ 476 BGB) auszuschließen[29]. Deshalb fragt sich, ob der Verkäufer mit M einen derartigen, im Gebrauchtwagenhandel üblichen („gekauft wie besichtigt unter

---

[27] In Wirklichkeit wissen Mandanten nicht immer, was sie wollen. Vorliegend müßten auf der Hand liegende weitere Schadensposten (Abschleppkosten, Untersuchungskosten, Nutzungsausfall) geklärt werden. Weiterhin müßte, sofern die hohen Hürden für Schadensersatzansprüche nicht genommen werden können, geklärt werden, ob M auch mit Rückgängigmachung des Vertrages (insbesondere durch „Wandelung", lies §§ 462, 467 BGB, aber auch durch Anfechtung) oder Herabsetzung des Kaufpreises (durch „Minderung", lies §§ 462, 472 BGB) einverstanden ist. Schließlich könnte M, der sich „betrogen" fühlt, an einer Strafverfolgung des Verkäufers wegen Betrugs (§ 263 StGB) interessiert sein. Auch aus zivilrechtlicher Sicht dürfen Strafanzeige oder Privat- oder Nebenklage nicht von vorn herein außer Betracht bleiben, weil durch sie Druck auf den Verkäufer ausgeübt werden kann und Tatsachen für den Zivilprozeß ermittelt werden können. Aber nicht nur aus Rechtsgründen (§ 152 Abs. 2 StPO) sollte dieser Weg allenfalls dann beschritten werden, wenn zureichende tatsächliche Anhaltspunkte für Arglist des Verkäufers vorliegen.

[28] Bei mündlichem Vertragsschluß spielt natürlich auch die Frage der Beweisbarkeit (Zeugen?) eine entscheidende Rolle.

[29] Näher HANS PUTZO, in: PALANDT, Bürgerliches Gesetzbuch, 56. Aufl. 1997, Vorbem v § 459 Rdn. 27 mit Nachweisen. - Beim Kauf *neuer* Sachen begrenzt § 11 Nr. 11 AGBG den Gewährleistungsausschluß durch Allgemeine Geschäftsbedingungen.

Ausschluß jeder Gewährleistung') *Gewährleistungsausschluß* vereinbart hat.

b) Andererseits fragt sich, ob der Verkäufer, was gleichfalls möglich ist (§ 305 BGB), irgendwelche *Garantien* zugunsten von M
abgegeben hat. Für M besonders günstig wäre eine sog. Haltbar-
keitsgarantie, die dem Käufer ein Nachbesserungsrecht gibt, ohne
daß er beweisen muß, daß der Fehler bzw. seine Ursache bereits
zum Zeitpunkt des Kaufs bzw. Gefahrüberganges vorlag[30].

c) Schließlich ist zu bedenken, daß ein genereller Gewährleistungsausschluß (nicht nur bei Arglist des Verkäufers, sondern
auch) bei spezieller Zusicherung bestimmter Eigenschaften nachrangig ist (§ 242 BGB)[31]. Deshalb fragt sich, ob *(auch: mündliche)
Zusicherungen des Verkäufers in bezug auf die Dichtheit der Ölwanne*
gegeben wurden (das Inserat als „prima" genügt allerdings nicht).

3. Zum sodann in Betracht zu ziehenden gesetzlichen Kaufgewährleistungsrecht (§§ 459 ff. BGB) wird Dr. R davon ausgehen,
daß ein Riß in einer Ölwanne ein „Fehler" im Sinne von § 459 Abs.
1 BGB ist, aber Nachbesserungsrechte nur auf vertraglicher
Grundlage (§ 476 a BGB) und Schadensersatzansprüche nur
gegeben sind, wenn eine zugesicherte Eigenschaft fehlt oder der
Verkäufer arglistig handelt (§ 463 BGB). Insofern wird Dr. R
folgende Tatfragen haben:

a) § 463 BGB setzt voraus, daß die zugesicherte Eigenschaft „zur
Zeit des Kaufs" fehlte bzw. der arglistig verschwiegene Fehler zu
diesem Zeitpunkt vorlag (oder zumindest seinem Keime nach an-
gelegt war). Deshalb fragt sich, ob *der Riß (bzw. sein Keim) bereits zum
Zeitpunkt des Kaufs des Opel Manta vorlag*[32]. Für eine Arglist des Verkäufers ist weiterhin erforderlich, daß dieser *Kenntnis von dem Riß
(bzw. seinem Keim)* hatte[33].

b) Soweit ein Anspruch aus Zusicherung in Betracht kommt,
wird Dr. R weiterhin die kurze sechsmonatige Verjährung von
Kaufgewährleistungsansprüchen (§ 477 Abs. 1 Satz 1 BGB) beden-

---

[30] Vergleiche BGH NJW 1995, 516 (517).
[31] PUTZO, in: PALANDT (Fn. 29), Vorbem v § 459 Rdn. 25.
[32] Auch hier spielen maßgeblich Fragen der Beweisbarkeit (Sachverständigengutachten?) eine Rolle.
[33] Was M beweisen muß und kaum wird beweisen können.

ken müssen. Deshalb fragt sich, *wann der Opel Manta „abgeliefert"* *(übergeben) wurde.*

c) Auch kommt ein anspruchsminderndes Mitverschulden des M (§ 254 BGB) in Betracht, wenn dieser nach Vertragsschluß[34] *den Riß bzw. den Ölverlust hätte bemerken und den „Kolbenfresser" vermeiden können.* Beispielsweise fragt sich, ob M weitergefahren ist, obwohl die Öl-warnlampe aufleuchtete usf.

4. Schließlich wird Dr. R Anspruchsgrundlagen aus dem Delikts-recht durchmustern, insbesondere deshalb, weil sie den Vorteil haben, später zu verjähren (lies § 852 BGB). Neue Tatfragen er-geben sich hieraus allerdings nicht: Im Falle der Arglist sind (auch) § 823 Abs. 2 BGB mit § 263 StGB, § 826 BGB erfüllt. Ansonsten stellt sich die Rechtsfrage, ob der Kolbenfresser nach den Grund-sätzen über „weiterfressende" Fehler eine Eigentumsverletzung im Sinne von § 823 Abs. 1 BGB darstellt und ob und inwieweit ein möglicher Haftungsausschluß auch eine derartige deliktische Haftung umfaßt[35].

5. Im übrigen sind die möglichen Tatfragen so vielfältig wie die möglichen Rechtsfragen. Nicht abwegig ist beispielsweise die Tat-frage, ob der Opel Manta *im In- oder Ausland gekauft* wurde, weil hiervon das anwendbare Recht abhängen kann[36]. Oder bei einem jugendlichen Verkäufer kann sich wegen der Rechtsfrage der Geschäftsfähigkeit (§§ 107 ff. BGB) die Tatfrage nach dessen *Alter* stellen. Eine Fülle weiterer Tatfragen ergeben sich aus prozeßrecht-lichen Anforderungen, etwa die schlichte Frage nach *Namen und Anschrift* des Verkäufers, ohne die keine Klage erhoben werden kann (lies § 253 Abs. 2 Nr. 1, Abs. 4 mit § 130 Nr. 1 ZPO). Und nicht zuletzt wird Dr. R die Frage stellen, ob M rechtsschutz-versichert oder bereit und in der Lage ist, die nicht unerheblichen Vorschüsse auf Anwalts- und Gerichtskosten zu leisten ...

---

[34] Ansonsten ist § 460 BGB vorrangig; näher PUTZO, in: PALANDT (Fn. 29), § 463 Rdn. 22.

[35] Näher HEINZ THOMAS, in: PALANDT (Fn. 29), § 823 Rdn. 212 f., 218 mit Nach-weisen.

[36] Lies Art. 28 EGBGB und das am 1.1.1991 in Kraft getretene Übereinkommen über Verträge über den internationalen Warenkauf, BGBl. 1989 II S. 588 ff.

§ 2. Tatsachenfeststellung

I. Recht der Tatsachenfeststellung

1. Zwar gehört das *Recht* der Tatsachenfeststellung nicht zu deren *Methodik*. Aber diese kann nicht ohne Mindestkenntnisse von jenem erläutert werden[1].

2. Auf die philosophische Frage, was Wahrheit sei, gibt das Recht eine pragmatische Antwort: Für die Zwecke der Rechtsanwendung ist als wahr anzusehen, was ohne Verfahrensfehler zur Überzeugung des Gerichts (der Behörde) festgestellt ist (§§ 286 ZPO, 261 StPO, 108 Abs. 1 VwGO).

a) Zur Tatsachenfeststellung bedarf es also stets eines *Erkenntnisverfahrens*, das durch Verfahrensrecht - zuoberst Verfassungsrecht wie das Recht auf ein faires Verfahren (Art. 20 Abs. 3 GG) oder auf rechtliches Gehör (Art. 103 Abs. 1 GG) - geregelt ist. Innerhalb dieses Verfahrens tragen die Beteiligten Tatsachen vor, und es wird über beweisbedürftige - vor allem umstrittene - Tatsachen Beweis durch Einvernahme von Zeugen oder Sachverständigen, Verlesen von Urkunden oder Einnahme von Augenschein erhoben.

b) *Ziel* des Erkenntnisverfahrens ist nicht (oder allenfalls bei parlamentarischen Untersuchungsausschüssen, Art. 44 GG) die Erforschung der *historischen*, sondern nur einer *pragmatischen* Wahrheit für Zwecke der Rechtsanwendung. Deshalb wird Wahrheit auch nicht um jeden Preis erforscht. So wird nicht nachgeprüft, was niemand in Zweifel zieht, wenn Zweifel sich nicht aufdrängen[2].

---

[1] Deshalb ist eine Art „Verfahrensrechtstheorie" tradierter Bestandteil von Methodenlehrbüchern, siehe etwa ZIPPELIUS, S. 87 ff.

[2] Der Unterschied zwischen dem auf „formelle" Wahrheit zielenden, dem Beibringungsgrundsatz unterliegenden Zivilprozeß und dem auf „materielle" Wahrheit zielenden, dem Amtsermittlungsgrundsatz unterliegenden Strafprozeß wird übertrieben: Auch der Zivilrichter darf erkennbar Unwahres nicht berücksichtigen (REINHARD GREGER, in: ZÖLLER, Zivilprozeßordnung, 20. Aufl. 1997, § 138 Rdn. 7 mit Nachweisen); und der Strafrichter muß entscheidungserhebliche Beweismittel, nach denen niemand verlangt, nur dann benutzen, wenn konkrete, ihm erkennbare Umstände dazu drängten (WALTER GOLLWITZER, in:

Auch werden bestimmte Beweismittel nicht zugelassen, um vorrangige Rechte oder Institutionen zu schützen; beispielsweise sind durch Täuschung erlangte Geständnisse unverwertbar (§ 136 a StPO), oder das Arztgeheimnis führt auch vor Gericht zu einem Zeugnisverweigerungsrecht des Arztes (§ 53 Abs. 1 Nr. 3 StPO).

c) *Beweismaß,* also Maßstab der am Ende des Erkenntnisverfahrens stehenden Tatsachenfeststellung, ist die freie[3] richterliche Überzeugung. Hierzu heißt es vielfach, subjektive Gewißheit sei erforderlich, aber auch ausreichend[4], oder der Richter dürfe „in dubio pro reo" zwar nicht verurteilen, wenn er zweifle, wohl aber, wenn nur objektive Zweifel bestehen[5]. Das ist nicht richtig. Einerseits darf der Richter Zweifeln nicht nachgeben, die tatsächlicher Anhaltspunkte entbehren und sich lediglich auf gedankliche, abstrakt-theoretische Möglichkeiten gründen; andererseits darf die richterliche Überzeugung nicht auf bloßen Vermutungen beruhen, sondern bedarf einer tragfähigen Tatsachengrundlage und derer umfassender Würdigung nach verstandesmäßig einsichtigen Regeln, mag die Überzeugung dann auch nicht als zwingend, sondern nur als möglich erscheinen. Diese in der Rechtsprechung gesetzesgleich verfestigten Formeln weisen erneut auf den pragmatischen Charakter rechtlicher Wahrheit und darauf hin, daß rechtliche Tatsachenfeststellungen nicht mehr, aber auch nicht weniger sein müssen als *subjektiv verantwortet und intersubjektiv nachvollziehbar.*

d) Freilich ist es nicht selten, daß am Ende des Erkenntnisverfahrens weder das Vorliegen noch das Nichtvorliegen einer Tatsache festgestellt werden kann („non liquet"). Beispielsweise mag unklar sein, ob der beklagte Darlehensschuldner das Darlehen zurückbezahlte oder ob der angeklagte Jäger den erschossenen Wehrpflichtigen für ein Wildschwein hielt. Nach geltendem Recht darf in derartigen Fällen eine Sachentscheidung nicht verweigert werden. Diese richtet sich nach den sog. *Beweislastregeln,* die das Risiko der

---

LÖWE/ROSENBERG, Strafprozeßordnung, 24. Aufl. 1987, § 244 Rdn. 345 mit Nachweisen).

[3] Im Grundsatz gibt es keine für den Richter bindenden *Beweisregeln* mehr (wie: „Aus zweier Zeugen Mund wird die Wahrheit kund"). Lies aber beispielsweise §§ 415 bis 418 ZPO, 190 StGB.

[4] GREGER, in: ZÖLLER (Fn. 2), § 286 Rdn. 18 f.

[5] GOLLWITZER, in: LÖWE/ROSENBERG (Fn. 2), § 261 Rdn. 104.

Unaufklärbarkeit von Sachverhalten einem Beteiligten zuweisen (und, weil sie materiell-rechtliche Folgen haben, nach überwiegender Auffassung dem materiellen Recht angehören). Beispielsweise muß der Darlehensschuldner die ihm günstige, die Einwendung der Erfüllung begründende Tatsache der Rückzahlung des Darlehens beweisen (wird also bei einem non liquet zur - womöglich erneuten! - Rückzahlung verurteilt); oder es muß die Schuld des Straftäters erwiesen sein (so daß der Jäger nicht wegen Totschlags - gegebenenfalls aber wegen fahrlässiger Tötung! - verurteilt wird).

II. Methodik der Tatsachenfeststellung

1. Erfahrungswissenschaftliche Methodik ist juristisch von Bedeutung, weil auch von Rechts wegen Tatsachen nicht unter Verstoß gegen *Denkgesetze, Erfahrungssätze und wissenschaftliche Erkenntnisse* festgestellt werden dürfen[6] - andernfalls das Recht nicht mehr intersubjektiv nachvollziehbar wäre (oben I 2 c).

2. Nach der erfahrungswissenschaftlichen Methodenlehre[7] werden Tatsachen unmittelbar durch Eigenbeobachtung und mittelbar durch Schlüsse festgestellt.

a) Tatsachenfeststellung durch *Eigenbeobachtung* ist dem Richter freilich regelmäßig[8] verwehrt. Insbesondere ist er von der Entscheidung ausgeschlossen, wenn er als Zeuge oder Sachverständiger vernommen ist (§§ 41 Nr. 5 ZPO, 22 Nr. 5 StPO); beispielsweise muß ein Richter, der durch Zufall einen Verkehrsunfall beobachtet hat, hierüber als Zeuge vernommen werden, darf aber nicht selbst entscheiden.

b) Vielmehr gründet sich die Tatsachenfeststellung des Richters regelmäßig auf *Schlüsse*, die er aus der Eigenbeobachtung des

---

6 Vergleiche zum Zivilprozeß GREGER, in: ZÖLLER (Fn. 2), § 286 Rdn. 13 am Ende; zum Strafprozeß GOLLWITZER, in: LÖWE/ROSENBERG (Fn. 2), § 261 Rdn. 44 ff.; je mit Nachweisen.

7 Vertiefend HERBERGER/SIMON, S. 341 ff.; KOCH/RÜßMANN, S. 271 ff.

8 Lediglich der Allgemeinheit und dem Gericht offenkundige Tatsachen (§ 291 ZPO) - etwa die örtlichen Verhältnisse an einer Kreuzung, die auf dem Dienstweg des Richters liegt - können durch Eigenbeobachtung festgestellt werden. - Augenscheinseinnahme oder Verlesung einer Urkunde sind hingegen Eigenbeobachtung von Beweismitteln (sogleich b), nicht von Tatsachen.

Prozeßstoffs, insbesondere der Beweismittel, nach bestimmten Schlußregeln zieht[9]. Beispielsweise kann aus der Zeugenaussage über eine Tatsache der Schluß auf die Tatsache nur gezogen werden, wenn der Zeuge persönlich glaubwürdig und die Aussage sachlich glaubhaft ist. Die Schlußregel gibt die Bedingungen an, unter denen ein Zeuge persönlich glaubwürdig und eine Zeugenaussage sachlich glaubhaft ist. Dies zeigt, daß Schlußregeln Erfahrungssätze sind, die auf empirisch Erkenntnisse - etwa der Zeugenpsychologie - verweisen. Hierüber darf sich der Richter nicht hinwegsetzen; beispielsweise gibt es *keinen* Erfahrungssatz, daß dem Beweisführer nahestehende Personen von vorn herein als parteiisch und unzuverlässig zu gelten hätten und ihre Aussagen grundsätzlich unbrauchbar seien[10].

3. Der Schlußcharakter der Tatsachenfeststellung wird besonders deutlich beim sog. *Indizienbeweis*, bei dem nicht die eigentliche Beweistatsache - beispielsweise daß der Angeklagte das Opfer erstochen hat -, sondern nur sog. Indiztatsachen - beispielsweise daß der Angeklagte wenige Tage zuvor mit dem Opfer Streit hatte, es mit dem Tode bedrohte und ein mit Opferblut verschmierter Handschuh des Angeklagten am Tatort gefunden wurde - bewiesen sind. Auch in derartigen Fällen kann nach Erfahrungssätzen auf die Beweistatsache geschlossen werden[11].

Unproblematisch sind derartige Schlüsse bei *deterministischen (Natur-) Gesetzen*, die nicht nur zukunfts-, sondern auch vergangenheitsbezogen („retrodiktorisch") angewendet werden können: Wenn feststeht, daß A (fünf Stunden nach Trinkende und) drei Stunden, nachdem er ein Kraftfahrzeug führte, eine Blutalkoholkonzentration von 0,9 Promille hatte und wenn nach gesicherter medizinischer Erfahrung jeder Mensch stündlich mindestens 0,1 Promille Alkohol abbaut, dann steht fest, daß A zur Tatzeit mindestens 1,2 Promille hatte und sich deshalb nach § 316 StGB strafbar gemacht hat[12]. Problematisch sind die Schlüsse aber bei *statisti-*

---

[9] In diesem Sinne ist jeder Beweis Indizienbeweis, ZIPPELIUS, S. 86.
[10] BGH NJW 1988, 566 f. mit Anm. GERHARD WALTER.
[11] Nach ständiger Rechtsprechung muß dieser Schluß nur möglich, nicht aber zwingend sein, und es genügt, daß der Richter die Indiztatsachen vollständig und ohne Verletzung von Denk- und Erfahrungssätzen würdigt.
[12] Näher BGHSt 25, 250 ff.; 37, 89 ff.

schen (Wahrscheinlichkeits-) Gesetzen. Das Problem liegt nicht nur
darin, in welchem Sinne von der Wahrscheinlichkeit eines
(insbesondere vergangenen, also entweder vorliegenden oder nicht
vorliegenden) Einzelfalles gesprochen werden kann[13]. Vielmehr
sind Prognose und Retrodiktion bei statistischen Gesetzen nicht
symmetrisch[14]. Beispielsweise mögen nur 0,01 Prozent aller Menschen, die mit einem anderen im Streit liegen und ihn mit dem
Tode bedrohen, auch zur Tat schreiten. Dieses statistische Gesetz
gilt jedoch nur für Prognosesituationen, etwa wenn zu entscheiden
ist, ob der Drohende in polizeilichen Gewahrsam genommen werden darf. Wenn hingegen der Bedrohte tot ist, kommt für die
Retrodiktion ein *anderes* statistisches Gesetz ins Spiel: die Wahrscheinlichkeit, mit der sich als Täter eines Totschlags erweist, wer
mit dem Opfer im Streit lag und es wenige Tage vor der Tat mit
dem Tode bedrohte. Ein solcher Erfahrungssatz gehört der Krimi-
nalistik an, und deshalb wird mit Recht die „kriminalistische
Erfahrung" als Maßstab des Indizienbeweises herangezogen.
　　Auch im übrigen ist im Umgang mit Wahrscheinlichkeiten Vor-
sicht geboten, um Denkfehler zu vermeiden[15]. Angenommen, in
einem Vaterschaftsprozeß stehe fest, daß der Beklagte der Mutter
des Kindes in der Empfängniszeit beigewohnt habe (lies § 1600 o
Abs. 1 BGB), und es sei eine isolierte Vaterschaftswahrschein-
keit von 99,9996 Prozent ermittelt: Dann muß gleichwohl der
Frage nachgegangen werden, ob die Mutter in der fraglichen Zeit
mit einem anderen Mann verkehrt hat (sog. Mehrverkehr)[16]. Denn
ist über die relevanten Blut- und Erb(usf.)merkmale des anderen

---

[13] Objektive oder Grenzwert-Wahrscheinlichkeitstheorien beziehen sich nicht auf
Einzelereignisse, sondern Ereignisklassen. Von der Wahrscheinlichkeit eines
Einzelfalles kann freilich auf der Grundlage einer subjektiven Wahrscheinlich-
keitstheorie gesprochen werden, wonach Wahrscheinlichkeit der Grad subjektiver Überzeugung ist. Für das Recht bedarf eine subjektive Wahrscheinlichkeits-
theorie allerdings der Normativierung. - Näher KOCH/RÜßMANN, S. 289 ff.

[14] Wissenschaftstheoretisch vertiefend WOLFGANG STEGMÜLLER: Probleme und
Resultate der Wissenschaftstheorie und Analytischen Philosophie, Bd. I, 1969,
S. 153 ff.

[15] Wissenschaftstheoretische Grundlagen bei KOCH/RÜßMANN, S. 287 ff.

[16] BGH FamRZ 1988, 1037 (1038); NJW 1990, 2312 (f.); NJW 1994, 1348 (1349:
Selbst bei einer Vaterschaftswahrscheinlichkeit von 99,99999999999 % wird
gefragt, ob ernsthafte Anhaltspunkte für Mehrverkehr bestehen!).

Mannes nichts bekannt und gibt es auch nur einen *einzigen* Mann, dessen Merkmale mit denen des Beklagten übereinstimmen (was, bezogen auf große Gruppen wie etwa die männliche Bevölkerung der Bundesrepublik Deutschland, selbst bei einer Negativquote von 0,0004 Prozent ohne weiteres möglich ist), dann *könnte* dieser der Mann sein, der der Mutter gleichfalls beigewohnt hat, und *dann* wäre die Vaterschaftswahrscheinlichkeit nur 50 Prozent (!)[17].

III. *Sonderfälle: Kausalität, Prognosen, innere und normative Tatsachen*

1. Nicht selten muß der Richter die *Kausalität* zwischen Ereignissen - etwa zwischen einer Handlung und einem Schaden - feststellen. Hierzu wird üblicherweise ein hypothetisches Eliminations-verfahren (sog. condicio-sine-qua-non-Formel) angewendet: Was wäre geschehen, wird die potentielle Ursache hinweggedacht? Dabei wird freilich vorausgesetzt, was gezeigt werden soll: das Kausal-gesetz. Beispielsweise kann, wer nicht weiß, ob Contergan zu embryonalen Mißbildungen führt, nicht sagen, wie sich der Embryo entwickelt hätte, hätte die Mutter kein Contergan eingenommen[18].

Trotzdem liegt im Eliminationsverfahren ein Stück Wahrheit. Denn zur Kausalitätsfeststellung kann die Kenntnis *unvollständiger* Kausalgesetze genügen[19]. Beispielsweise entwickelt nicht jeder HIV-Infizierte AIDS, und es ist derzeit noch unbekannt, welche (positiven und negativen) Bedingungen gegeben sein müssen, damit HIV-Infektion zu AIDS führt. Gleichwohl steht fest, daß AIDS durch das HIV-Virus verursacht wird, da niemand, der nicht HIV-infiziert ist, AIDS entwickelt. Dies bringt das Eliminationsverfah-ren anschaulich zum Ausdruck: ohne HIV-Infektion kein AIDS. Da menschliches Wissen begrenzt ist, sind unvollständige Kausal-gesetze die Regel, und sie genügen für die juristische Kausalitäts-

---

[17] BGH NJW 1990, 2312 (2313) berichtet von einem Fall, in dem zwei als Väter in Betracht kommende Männer jeweils isolierte Vaterschaftswahrscheinlichkeiten von über 99,73 Prozent (!) erreichten und daher untereinander nur mit Gleich-wahrscheinlichkeit Väter waren. - Vergleiche im übrigen aus mathematischer Sicht KOCH/RÜßMANN, S. 321 und bereits 317 f.

[18] LG Aachen JZ 1971, 507 ff. mit Besprechung ARMIN KAUFMANN, aaO 569 ff.

[19] Vertiefend RUDOLF CARNAP: Einführung in die Philosophie der Naturwissen-schaften, 1986, S. 16.

feststellung. Zutreffend formuliert BGHSt 41, 206 (216): „Ein Ursachenzusammenhang ... ist nicht etwa nur dadurch nachweisbar, daß entweder die Wirkungsweise ... naturwissenschaftlich nachgewiesen oder alle anderen möglichen Ursachen ... aufgezählt und ausgeschlossen werden. Ein Ausschluß anderer Ursachen kann ... auch dadurch erfolgen, daß .... zumindest Mitverursachung ... zweifelsfrei festgestellt wird"[20]. Der Streit, ob der Richter eine naturwissenschaftlich umstrittene Kausalität feststellen dürfe, betrifft also nur den Fall, daß ein ernstzunehmender Teil der Naturwissenschaft anderweitige *Alleinursachen abstrakt* diskutiert und diese Ursachen auch *konkret* in Betracht kommen[21]; dann freilich kann der Richter die Kausalität nicht aus eigener Machtvollkommenheit feststellen[22].

2. *Prognosen* sind zukunftsbezogene[23] Schlußfolgerungen aus einer Prognosegrundlage aufgrund deterministischer oder - häufiger - statistischer Gesetze. Beispielsweise muß der Richter, der über die Strafaussetzung zur Bewährung (lies § 56 Abs. 1 StGB) zu entscheiden hat, auf der Prognosegrundlage der Persönlichkeit des Verurteilten, seines Vorlebens usf. (Satz 2) beurteilen, ob der Verurteilte sich die Verurteilung als Warnung dienen lassen und auch

---

[20] Siehe zuvor BGHSt 37, 106 (111 ff.); kritisch aber die überwiegende Strafrechtslehre, vergleiche CLAUS ROXIN: Strafrecht Allgemeiner Teil, 3. Aufl. 1997, § 11 Rdn. 16 f.

[21] Im Contergan-Fall lag es anders: Es stand fest, daß praktisch alle Mütter, die geschädigte Kinder zur Welt brachten, zu einem bestimmten Zeitpunkt der Schwangerschaft Contergan eingenommen hatten; vergleichbare Schäden ohne Conterganeinnahme kamen praktisch nie vor; die ins Spiel gebrachten anderweitigen Alleinursachen waren entweder abstrakt abwegig (spontane, aber gleichgerichtete und massenhafte Genmutationen?) oder trafen konkret (berufsbedingte Strahlenbelastung?) nur in seltenen Fällen zu.

[22] Statt aller ROXIN (Fn. 20), § 11 Rdn. 15 mit Nachweisen.

[23] Im Recht sind nicht selten „nachträgliche Prognosen" erforderlich, wenn beispielsweise eine Maßnahme bei „Verdacht" oder „Gefahr" getroffen werden kann, deren Rechtmäßigkeit nachträglich überprüft wird. Dafür kommt es in der Regel auf den Zeitpunkt der Vornahme der Maßnahme an, und es hat in der Regel keinen Einfluß, daß zum Entscheidungszeitpunkt der Verdacht sich bereits zerstreut oder verdichtet oder die Gefahr sich als unbegründet erwiesen oder realisiert haben mag (mag die Praxis hiervon auch nicht unbeeindruckt bleiben).

ohne Einwirkung des Strafvollzugs keine Straftaten mehr begehen
wird (Satz 1); hierfür zieht er jedenfalls in der Theorie statistische
Rückfallprognose- oder (differenziertere) -strukturprognosetafeln
heran[24]. In der Praxis wird die erfahrungswissenschaftliche
Methodik freilich (nicht nur bei der Strafrestaussetzung zur
Bewährung) selten genutzt; eine bekannte Ausnahme ist die
Verwechslungsgefahr im Markenrecht, die durch demoskopische
Sachverständigengutachten festgestellt wird.

3. *Innere Tatsachen* können (außer im Falle des Geständnisses) nur
durch Zuschreibung festgestellt werden, die an äußerem, aber
„sprechenden" Verhalten anknüpft[25]. Darin liegt der zutreffende
Kern der an sich überholten Lehre vom „dolus ex re" (dem in der
Sache begründeten Vorsatz): Wenn dem Täter nachgewiesen ist,
daß er in ein Haus einbrach und Wertsachen an sich nahm, so *ist*
Zueignungsabsicht festgestellt, weil (und soweit) dieses Verhalten
nicht anders erklärt werden kann; oder wer mit einem Messer auf
einen Menschen einsticht, *hat* Körperverletzungsvorsatz, sofern er
nicht mit dem Messer in der Hand ausglitt (und dergleichen).

4. Die bei *normativen Tatsachen* in bezug genommenen (außerrechtlichen) Konventionen sind an sich tatsächlicher Feststellung
zugänglich. Aber in der Praxis entscheiden Gerichte vielfach - etwa
über die „guten Sitten" (§ 138 Abs. 1 BGB) oder die
„Verkehrssitte" (§§ 157, 242 BGB) - autonom wie über Rechtsfragen. Auch dort, wo Beweis erhoben wird - beispielsweise zu
„Handelsbräuchen" (§ 346 HGB) -, werden selten Methoden em-
pirischer Sozialforschung eingesetzt, sondern - beispielsweise -
Auskünfte der Industrie- und Handelskammern eingeholt.

---

[24] Näher WALTER STREE, in: SCHÖNKE/SCHRÖDER, Strafgesetzbuch, 25. Aufl.
1997, § 56 Rdn. 15a mit Nachweisen.
[25] Zu strafrechtlichen Lehren, die eine „Objektivierung" des Vorsatzes verlangen,
vergleiche JOHANNES WESSELS: Strafrecht Allgemeiner Teil, 27. Aufl. 1997,
Rdn. 227 f. mit Nachweisen.

Anhang: Tatsachen im universitären Rechtsfall

1. Die Tatsachenschilderung des universitären Rechtsfalles, der *Sachverhalt*, ist eindeutig und „liquide" aufbereitet, ergibt sich also nicht wie in der Praxis aus Vortrag, Gegenvortrag und Beweis[1]. Diese Beschränkung ist nicht nur methodisch problematisch (soeben §§ 1, 2), sondern auch in pragmatischer Sicht ein „erschreckend einseitiges Ausbildungsideal"[2]: Es ist, als wolle die Universität nur Revisionsrichter ausbilden, die es mit verfahrensfehlerfrei getroffenen Tatsachenfeststellungen zu tun haben (lies §§ 561 Abs. 2 ZPO, 137 Abs. 2 VwGO)[3].

2. Freilich stellen sich auch beim universitären Sachverhalt nicht selten „Tatfragen". Zu ihrer Bewältigung hat sich eine Krypto-Methodik entwickelt, die (nur) Studenten kennen müssen:

a) Die Tatsachenschilderung des Sachverhalts ist *bindend*. Dies bedeutet *positiv*, daß geschilderte Tatsachen als wahr zu unterstellen sind, auch bei künstlichen oder Lehrbuch-Fällen (deren didaktischer Sinn in der Zuspitzung von Rechtsfragen liegt) und wohl auch bei Verstößen gegen Offenkundiges oder gegen Erfahrungssätze. Lautet beispielsweise der Sachverhalt, daß Wilderer A und Wilderer B den Förster unabhängig voneinander zeitgleich und je sofort tödlich in den Kopf und ins Herz schießen[4], so darf nicht über die medizinischen Frage räsonniert werden, ob der (Hirn-)

---

[1] Der Umgang mit widerstreitendem Tatsachenvortrag wird immerhin im juristischen Vorbereitungsdienst gelehrt. Freilich läuft die Prüfungspraxis der Zweiten juristischen Staatsprüfung darauf hinaus, daß der weithin eindeutige und im Grunde liquide Sachverhalt nur pro forma aktenmäßig dargestellt wird.

[2] FRANZ WIEACKER: Privatrechtsgeschichte der Neuzeit, 2. Aufl. 1967, S. 438.

[3] Treffend PAWLOWSKI (1. Aufl.), Rdn. 478. - Der häufig gezogene Vergleich zwischen der Situation des Hausarbeits- oder Klausurbearbeiters und derjenigen eines Tatrichters nach Beweisaufnahme und -würdigung (so etwa KLAUS TIEDEMANN: Die Anfängerübung im Strafrecht, 3. Aufl. 1997, S. 44) verdeckt das methodische Ineinandergreifen von Beweis- und rechtlicher Würdigung. Treffender wäre der Vergleich mit der Situation eines Zivilrichters, der über einen unbestrittenen (und nicht ersichtlich unwahren oder „ins Blaue hinein" behaupteten) Sachverhalt zu befinden hat.

[4] Vergleiche JOHANNES WESSELS: Strafrecht Allgemeiner Teil, 27. Aufl. 1997, Rdn. 168.

Tod in Wahrheit nur auf dem Kopf-, nicht auf dem Herzschuß beruht, sondern es ist die (Un-) Richtigkeit der condicio-sine-qua-non-Formel als Maßstab der Kausalitätsfeststellung zu erörtern. *Negativ* muß nicht Geschildertes als nicht geschehen unterstellt werden. Wird beispielsweise nur mitgeteilt, daß der Werkunternehmer das Werk mangelfrei hergestellt hat, so darf die für die Fälligkeit des Werklohnanspruchs erforderliche Abnahme durch den Besteller (§ 641 BGB) nicht einfach unterstellt werden. Die Grenze zur Sachverhaltslücke ist freilich fließend (siehe unten b]).

Insgesamt gilt das *Verbot*, den Sachverhalt *zu verbiegen*. Tatsachenschilderungen sollen „lebensnah" oder „im natürlichen Sinne" verstanden werden, und insbesondere sollen Rechtsprobleme nicht im Wege der „Sachverhaltsquetsche" umgangen oder in den Fall hineingeheimnist werden.

b) Regelmäßig enthält der Sachverhalt sämtliche der, aber auch nur die rechtsrelevanten Tatsachen[5]. Aber nicht selten haben Sachverhalte auch *Lücken*.

Dies ist freilich unproblematisch bei *ausdrücklich offengelassenen Tatfragen*. Verwendet der Sachverhalt Wendungen wie „es kann nicht geklärt werden, ob ..." oder „auch nach Beweisaufnahme bleibt offen, ob ...", so ist die Anwendung von *Beweislastregeln* verlangt (und im Strafrecht ist im Grundsatz „in dubio pro reo" die tätergünstigste Tatsachenvariante zugrundezulegen usf.).

Weithin unproblematisch ist auch die Konvention, daß bei Schweigen des Sachverhalts vom *Regel-, nicht Ausnahmefall* auszugehen ist. So ist im zivilrechtlichen Sachverhalt vorbehaltlich abweichender Tatsachenschilderung die Geschäfts- oder Deliktsfähigkeit, im Strafrecht die Schuldfähigkeit der Beteiligten und allgemein die Anwendbarkeit deutschen Rechts zu unterstellen. Rechtlich ist dies vertretbar, soweit ein materiell-rechtliche Regel-Ausnahme-Verhältnis mit prozessualer Darlegungs- und Beweislast besteht (wie dies bei der Geschäftsfähigkeit der Fall ist, nicht freilich bei amtswegig zu prüfenden Fragen wie der Anwendbarkeit deutschen Rechts).

---

[5] Bemerkt ein Bearbeiter, daß er mit Sachverhaltsteilen nichts anfangen kann, so legt dies dringend nahe, daß er eine fallrelevante Rechtsfrage übersehen hat!

Bloß *scheinbare Sachverhaltslücken* liegen vor, wenn die nicht mitgeteilte Tatsache nach der Lebenserfahrung zwingend feststeht. Schießt etwa A dem B absichtlich in den Kopf, so *muß* A mit (mindestens bedingtem) Tötungsvorsatz gehandelt haben, was im universitären Sachverhalt - freilich anders als später in der Rechtspraxis! - nicht unbedingt ausdrücklich festgestellt werden muß.

Manche Aufgabensteller lassen auch im übrigen *bewußte* Sachverhaltslücken und erwarten, daß sie im Wege der Auslegung „nach der Lebenserfahrung" gefüllt werden. Notorisch ist diese Praxis bei Strafrechtsfällen zur inneren Tatseite[6], wenn beispielsweise nur mitgeteilt wird, daß der Täter dem Opfer mit einem Messer in die Brust stach. Hier wird rechtlich Bedenkliches eingeübt: Würde ein Strafrichter nur anhand dieses Umstandes „lebensnah" (und unter Heranziehung der „Theorien" zum bedingten Vorsatz) über den Tötungsvorsatz spekulieren, so wäre dies rechtsfehlerhaft; vielmehr würde die Aufklärungs- und die Pflicht zu erschöpfender Beweiswürdigung (lies §§ 244 Abs. 2, 261 StPO) fordern, die Art des Messers sowie die Art und Weise des Stichs, den Bildungs- und Wissensstand sowie die Motivation des Täters, ggf. Äußerungen des Täters vor oder nach der Tat usf. zu ermitteln und zu würdigen. Prüfungstaktisch ist zu raten, Rechtsausführungen zu machen und die aus Rechtsgründen mutmaßlich gemeinte Tatsachenvariante als „lebensnah" zu unterstellen (oder notfällig ein Alternativgutachten zu erstellen).

Schließlich sind Sachverhalte nicht selten *unbewußt (planwidrig) lückenhaft*, wenn der Aufgabensteller eine fallrelevante Rechtsfrage übersehen und deshalb rechterhebliche Tatsachen nicht geschildert hat. Wird beispielsweise nicht mitgeteilt, wann der Anfechtende seinen Irrtum bemerkt und wann er angefochten hat, so kann die Frage der Unverzüglichkeit der Anfechtung (§ 121 BGB) schlichtweg nicht - auch nicht „lebensnah" - beurteilt werden. Ist Rückfrage beim Aufgabensteller nicht möglich, so muß ein Alternativgutachten erstellt werden[7].

---

6 Näher TIEDEMANN (Fn. 3).
7 Aber planwidrig lückenhafte Sachverhalte sind kunstfehlerhaft, und es kann den Bearbeitern prüfungsrechtlich nicht zum Nachteil gereichen, wie immer sie sich entscheiden.

2. Kapitel: Positives Recht

Im Mittelpunkt der juristischen Methodik steht die Methode der Beantwortung (und Entscheidung) von Rechtsfragen. Maßstab hierfür ist weder Brauch noch Sitte, Moral, Religion oder Politik, sondern allein - das Recht. Und dies wiederum ist ein (Meta-) Rechtssatz. Er spiegelt sich beispielsweise in den prozeß- und verfahrensrechtlichen Vorschriften zu Entscheidungsgründen: Die Gründe eines Zivilurteils oder eines Verwaltungsakts müssen die Erwägungen enthalten, auf denen die Entscheidung in (tatsächlicher und) *rechtlicher* - nicht aber in sittlicher, moralischer, religiöser oder politischer - Hinsicht beruht (§§ 313 Abs. 3 ZPO, 39 Abs. 1 Satz 2 VwVfG), und die Gründe eines Strafurteils müssen das *zur Anwendung gebrachte Strafgesetz* - nicht aber angewandte Sitte, Moral, Religion oder Politik - bezeichnen (§ 267 Abs. 3 Satz 1 StPO). Vor allem aber wird das Gebot der Rechtsmaßstäblichkeit durch das Rechtsstaatsprinzip im materiellen (Verfassungs-) Recht verankert: Nach Art. 20 Abs. 3 GG sind vollziehende Gewalt und Rechtsprechung an „*Gesetz und Recht*"[1] - nicht aber an Brauch, Sitte, Moral, Religion oder Politik - gebunden[2]. Kraß: Der Richter, der einen Fall statt nach geltendem Recht nach der Bibel oder nach IMMANUEL KANTS „Metaphysik der Sitten - Rechtslehre" beurteilen wollte, würde geltendes (Verfassungs-) Recht in vielfältiger Hinsicht verletzen[3].

---

[1] Näher zu dieser Wendung ROMAN HERZOG, in: MAUNZ/DÜRIG, Grundgesetz, Art. 20 Rdn. 53 (Stand: September 1980).

[2] Um nicht mißverstanden zu werden: Selbstverständlich spielen außerrechtliche (moralische, religiöse, politische usf.) Gesichtspunkte bei Rechtserzeugung und Rechtsanwendung *faktisch* eine Rolle; selbstverständlich ist das Recht frei, diesen Gesichtspunkten hierbei *normative* Bedeutung einzuräumen (§ 138 Abs. 1 BGB!); und selbstverständlich wird die *Legitimität* von Rechtserzeugung und Rechtsanwendung aufs Spiel gesetzt, wenn diese Gesichtspunkte vom Recht ausgeklammert werden. Alles dies ändert aber nichts am *Autonomieanspruch* des Rechts, den eine pragmatische und positivistische Methodik zugrundelegt.

[3] Siehe auch MÜLLER, Rdn. 120 zu denjenigen Formen der *Topik*, die (wie THEODOR VIEHWEG: Topik und Jurisprudenz, 5. Aufl. 1974) im Konfliktfall geltendes Recht als bloßen Topos zugunsten problemangemessener Fallösung nach anderen Topoi übergehen wollen.

Insofern besteht der erste Schritt zur Antwort auf und Entscheidung von Rechtsfragen darin, das maßstäbliche Recht zu benennen. Der sprichwörtliche Blick ins Gesetz erleichtert also nicht nur die Rechtsfindung, sondern ist ihre erste Voraussetzung: Wer wissen will, ob ein zivilrechtlicher Anspruch besteht, muß zuerst eine *Anspruchsgrundlage* benennen; wer nach der Strafbarkeit fragt, ein *Strafgesetz*, oder wer nach Grund bzw. Grenzen staatlicher Eingriffe in Rechte der Bürger fragt, eine *Eingriffs- oder Ermächtigungsgrundlage* bzw. ein *Grundrecht*, usw.[4]

Deshalb sind die Fragen,

- woher maßstäbliches Recht herrührt (Rechtsquellenfrage; unten § 3);
- wie unterschiedliche Rechtsmaßstäbe sich zueinander verhalten (Frage nach Stufenbau und Einheit der Rechtsordnung; unten § 4);
- welches die Struktur dieser Rechtsmaßstäbe ist (Frage nach Rechtssätzen und Rechtsgrundsätzen; unten § 5); und
- ob und in welchem Sinne es Richterrecht gibt (unten § 6),

zentraler und legitimer Gegenstand der juristischen Methodik[5].

---

4 In der Praxis finden sich nicht selten Anwaltsschriftsätze, die dies nicht tun. Sie verdienen keine andere Beurteilung als studentische Klausuren oder Hausarbeiten, die keine Anspruchs- oder Ermächtigungsgrundlage (usw.) anführen: ungenügend!

5 Ebenso PAWLOWSKI, Rdn. 3 f. - Der alte wissenschaftstheoretische Streit, ob der Gegenstand die Methode oder die Methode den Gegenstand bestimmt, entscheidet sich beim Recht dahin, daß eine dialektische Wechselwirkung besteht: Das Recht versucht, die Methode des Umgangs mit sich zu bestimmen; die Methode versucht zu bestimmen, was Recht sei.

§ 3. Rechtsquellen

Fall 2: Trotz des sog. Serbien-Embargos fuhr Busunternehmer A in der Zeit von Juni 1992 bis Januar 1993 serbische Gastarbeiter gegen Entgelt von Pforzheim nach Belgrad. Von Februar bis April 1993 organisierte A die Reisen im „gebrochenen Verkehr", nämlich so, daß er nur bis zur ungarisch-serbischen Grenze fuhr und die Gastarbeiter dort in Busse eines serbischen Busunternehmers umsteigen ließ, welchen A aus dem Entgelt, das er von den Gastarbeitern für die gesamte Reise erhoben hatte, anteilig entlohnte. Nunmehr ermittelt die Staatsanwaltschaft wegen Verstoßes gegen das Außenwirtschaftsgesetz. Wie hat sich A strafbar gemacht? Stellen Sie die einschlägigen Rechtsvorschriften und ihre Quellen zusammen!

I. Herkömmliche Rechtsquellenlehre

1. Der Entstehungsgrund von etwas als Recht wird üblicherweise als *Rechtsquelle* bezeichnet[1]. Der Begriff verdeutlicht[2], daß es nicht die (materiellen) Inhalte, sondern die (formellen) Entstehungsformen und -verfahren sind, die über die Rechtsqualität eines Satzes entscheiden. Denn inhaltlich können Rechtssätze und nichtrechtliche Sätze durchaus deckungsgleich sein: So mag es Programmsatz einer politischen Partei sein, daß der Staat die natürlichen Lebensgrundlagen schützen müsse; oder die Moral mag gebieten, daß die Teilnehmer am Straßenverkehr zu gegenseitiger Rücksicht verpflichtet sind. Daß die entsprechenden Gebote in Art. 20 a GG bzw. § 1 Abs. 1 StVO Rechtqualität haben, begründet sich allein

---

[1] LARENZ/CANARIS, S. 235. - Vertiefend und klassisch ALF ROSS: Theorie der Rechtsquellen, 1929. ROSS begreift die Rechtsquelle nicht als *Entstehungs*-, sondern als *Erkenntnis*grund für etwas als Recht (S. 292). Ähnlich faßt der berühmte englische Rechtstheoretiker H.L.A. HART: The Concept of Law, 6. Aufl. 1972, S. 97 ff. das Rechtsquellen- als *Erkenntnis*problem, nämlich als Frage nach der (Rechts-) Regel, wie Recht als Recht erkannt werden kann („rule of recognition"). Maßgebend für deren Inhalt ist nach HART die Praxis des Rechtsstabes (der mit der Schaffung, Anwendung und Durchsetzung des Rechts betrauten Personen).

[2] Kritisch aber ULRICH MEYER-CORDING: Die Rechtsnormen, 1971, S. 50: Der Begriff sei sprachwidrig, da „Quelle" des Rechts - beispielsweise - nicht das Gesetz, sondern der Akt der Gesetzgebung sei.

daraus, daß die genannten Vorschriften als (verfassungsänderndes) Gesetz bzw. als Rechtsverordnung von den zuständigen staatlichen Organen erlassen worden sind und deshalb aus einer Rechtsquelle stammen.

2. Was Rechtsquelle ist, sagt das Recht selbst. Die Rechtsquellenfrage ist also eine (Verfassungs-) Rechtsfrage, die im innerstaatlichen deutschen Recht herkömmlicherweise dahin beantwortet wird, daß es nur zwei Rechtsquellen gibt: Gesetz und Gewohnheit.

a) Mit *Gesetz* meint die Rechtsquellenlehre nicht allein das Parlamentsgesetz (beispielsweise das Strafgesetzbuch). Vielmehr soll alles hoheitlich und verbindlich festgesetzte, also positiv *gesetzte* („gesatzte") Recht erfaßt werden, welches abstrakt-generelle Regelungen über die Rechtsverhältnisse unter Bürgern (Privatrecht), zwischen Bürger und Staat (öffentliches Recht als Außenrecht) oder innerhalb des Staates (öffentliches Recht als Innenrecht) trifft. Deshalb ist auch die über dem „einfachen" Parlamentsgesetz stehende *Verfassung* - insbesondere das Grundgesetz - Rechtsquelle, ebenso wie dies für die unter den Parlamentsgesetzen stehenden *Rechtsverordnungen* oder *Satzungen* gilt (näher unten § 4).

b) *Gewohnheitsrecht* entsteht demgegenüber durch lang dauernde, ständige, gleichmäßige und allgemeine Übung im Verkehr (consuetudo - objektives Element), die von der Überzeugung der beteiligten Verkehrskreise getragen ist, hierdurch bestehendes Recht zu befolgen (opinio iuris vel necessitatis - subjektives Element)[3]. Es tritt außer Kraft, wenn eine dieser beiden Voraussetzungen wegfällt, wenn sich entgegenstehendes Gewohnheitsrecht bildet oder wenn entgegenstehendes Gesetzesrecht erlassen wird. So mag die körperliche Züchtigung von Schülern durch Lehrer noch in den fünfziger Jahren durch Gewohnheitsrecht gerechtfertigt gewesen sein; die Geltung derartigen Gewohnheitsrechts ist jedenfalls durch die Züchtigungsverbote in den Schulgesetzen der Länder beendet worden[4]. Im heutigen deutschen Recht spielt das

---

[3] BVerfGE 22, 114 (121). - Zur Frage, ob zudem die *Anerkennung* durch staatliche Organe, insbesondere Gerichte, erforderlich sei, siehe KELSEN S. 234.

[4] Näher KARL LACKNER/CHRISTIAN KÜHL: Strafgesetzbuch mit Erläuterungen, 22. Aufl. 1997, § 223 Rdn. 11 mit Nachw.

Gewohnheitsrecht freilich eine geringe - und immer geringer
werdende - Rolle:

Für das *öffentliche Recht* folgt dies aus dem Rechtsstaats- und Demokratieprinzip in Verbindung mit dem Grundsatz des Gesetzesvorbehalts: Eingriffe in Grundrechte des Bürgers bedürfen einer
das Wesentliche regelnden parlamentsgesetzlichen Grundlage, die
nur mehr durch vorkonstitutionelles Gewohnheitsrecht ersetzt
werden kann, etwa bei der Pflicht des Anwalts, vor Gericht eine
Robe zu tragen[5]. Überhaupt verboten ist die Anwendung von Gewohnheitsrechts zum Nachteil des Bürgers im *Strafrecht*: Strafen
dürfen nur auf der Grundlage eines förmlichen Parlamentsgesetzes
verhängt werden (Art. 103 Abs. 2 GG - nullum crimen, nulla poena
sine lege scripta et parlamentaria). Freilich kann im Strafrecht und
ebenso im übrigen öffentlichen Recht Gewohnheitsrecht *zugunsten*
des Bürgers zu beachten sein, beispielsweise, wenn ungeschriebene
Ansprüche der Bürger auf Entschädigung bei Aufopferung für das
gemeine Wohl anerkannt werden oder wenn zugunsten des Täters
der ungeschriebene Rechtfertigungsgrund der mutmaßlichen Einwilligung des Geschädigten in Anwendung gebracht wird. Auch
dies hat freilich Grenzen, wenn es um Drittwirkungsfälle geht: Ob
das erwähnte gewohnheitsrechtliche Züchtigungsrecht des Lehrers
über seine strafbarkeitsausschließende Wirkung hinaus auch den
hoheitlichen Eingriff in das Grundrecht des Schülers aus Art. 2
Abs. 2 GG deckte, war durchaus zweifelhaft und umstritten[6].

Somit bleibt Gewohnheitsrecht vor allem für das *Privatrecht* von
Bedeutung[7]. So werden wichtige Anspruchsgrundlagen wie die
positive Vertragsverletzung, das Verschulden beim Vertragsschluß
und die Haftung aus Rechtsschein oder wichtige Privatrechtsinsti-
tute wie die Sicherungsübereignung (§ 930 BGB) vielfach auf Ge-

---

[5] BVerfGE 28, 21 (28).

[6] Kritisch HARTMUT MAURER: Allgemeines Verwaltungsrecht, 11. Aufl. 1997, § 4
Rdn. 22: „seit langem nicht mehr haltbare Rechtsprechung".

[7] Dort hat es auch die bedeutendste Tradition: Bis zum Inkrafttreten des BGB am
1.1.1900 galt subsidiär zu den landes- und reichsrechtlichen Zivilrechtskodifika-
tionen das durch Gerichtsgebrauch rezipierte (usu receptum) römische Recht in
seiner durch Rechtsprechung und Rechtswissenschaft fortgebildeten und den
Bedürfnissen der Zeit angepaßten Gestalt als (all)„gemeines" Recht (ius com-
mune).

wohnheitsrecht gestützt. In der Tat werden die genannten Institute
- obwohl sie nicht im Gesetz enthalten sind, ihm teilweise sogar
zuwiderlaufen - seit langem von keiner Seite mehr in Frage gestellt
und haben gesetzesgleiche Geltung. Sie werden deshalb in Studium
und Praxis wie Gesetze (und mit dem in der Rechtsprechung aus-
gearbeiteten, anerkannten Inhalt) unhinterfragt angewendet. Aber
die gewohnheitsrechtliche Anerkennung darf nicht die Einsicht
verdecken, daß es (zumindest ursprünglich) um (höchst-) richterliche Rechtsfortbildung und im übrigen um Richterrecht geht
(näher unten § 6).

II. Erweiterungen

1. Rechtslagen werden nicht nur durch aus Gesetz oder Gewohnheit herrührende abstrakt-generelle Normen bestimmt. Vielmehr
können auch *konkret-individuelle Einzelakte* - im Zivilrecht insbesondere Verträge (und andere Rechtsgeschäfte), im öffentlichen Recht
insbesondere Verwaltungsakte und im Prozeßrecht Urteile und
Beschlüsse - Rechtswirkungen entfalten, und zwar sogar mit das
Gesetz verdrängender Wirkung: Das gesetzwidrige, aber rechtskräftige Urteil ist ebenso verbindlich wie der rechtswidrige, aber
bestandskräftige Verwaltungsakt; und im Bürgerlichen Recht, vor
allem im Schuldrecht, ist Gesetzesrecht weithin dispositiv und kann
durch Vertrag abbedungen werden (wobei freilich durch massen-
haft verwendete, standardisierte Vertragsbedingungen wie etwa die
Allgemeinen Geschäftsbedingungen der Banken geradezu norm-
ähnliche Rechtslagen geschaffen werden[8]). Zwar ist die rechtser-
zeugende Wirkung von Vertrag, Verwaltungsakt oder Urteil im
Grundsatz auf den Einzelfall und die Beteiligten beschränkt (sog.
inter partes-Wirkung). Mit dieser Einschränkung können Vertrag,
Verwaltungsakt und Urteil aber durchaus als Rechtsquellen begriffen werden[9], und in pragmatischen Kontexten *muß* dies sogar so
sein. Beispielsweise wäre es zumindest mißverständlich, einen *vertraglichen* Garantieanspruch eines Käufers (siehe oben Fall 1) auf

---

8 Grenzen für diese „Rechtsetzungsmacht" Privater setzt das Gesetz zur Regelung
   des Rechts der Allgemeinen Geschäftsbedingungen (AGB-Gesetz).
9 KELSEN, S. 239 ff., 261 ff.

Gesetz (§§ 241, 305 BGB?) zu stützen[10]; und eine geradezu unrichtige Rechtsauskunft gäbe, wer, nach der Rechtslage in einer Sache gefragt, über welche bestands- oder rechtskräftig entschieden worden ist, etwas anderes als den Tenor des Verwaltungsakts oder Urteils wiedergäbe[11].

2. Weiterhin wird die Rechtswirklichkeit - die Handhabung von Gesetz und Gewohnheit - maßgeblich von der *Rechtsprechung* beherrscht. Dies hat zu der seit langem umstrittenen Frage geführt, ob und inwieweit Rechtsprechung zu den Rechtsquellen zählt, insbesondere soweit sie grundsätzliche - über den Einzelfall hinaus bedeutsame - Aussagen macht und das Recht vereinheitlicht und fortbildet. Die Frage wird hier weiter unten (§ 6) behandelt. - Ebenfalls weiter unten (§ 5) behandelt wird die Frage, ob es jenseits von Gesetz und Gewohnheit noch ein Mehr an Recht gibt, das insbesondere aus den *Rechtsgrundsätzen* folgt.

3. Schließlich muß der herkömmliche Rechtsquellenkatalog infolge der zunehmende *Internationalisierung* und *Europäisierung* des deutschen Rechts erweitert, nämlich um die Rechtsquellen des Völker- und Europarechts ergänzt werden.

a) Dabei hat das *Völkerrecht* eine eigenständige Rechtsquellenlehre entwickelt[12], deren anerkannter Kern in Art. 38 Abs. 1 des Statuts des Internationalen Gerichtshofs kodifiziert ist. Hiernach sind der völkerrechtliche Vertrag („Übereinkunft", lit. a), das Völkergewohnheitsrecht (lit. b) und die allgemeinen Völkerrechtsgrundsätze (lit. c) Rechtsquellen des Völkerrechts, nicht aber Rechtsprechung und Lehre („Hilfsmittel", lit. d). Völkerrechtsnormen werden zunehmend auch durch Beschlüsse internationaler Organisationen - sozusagen durch „Völkergesetzgebung" - erzeugt (siehe noch unten IV.), und es gibt Verhaltensregelungen durch nicht völkerrechts-

---

[10] Gewiß ist ein Vertrag rechtlich bindend nur, weil und soweit er vom Gesetz anerkannt wird. Aber dies ist im Stufenbau der Rechtsordnung nichts Ungewöhnliches: Auch das Gesetz ist rechtlich bindend nur, weil und soweit es von der Verfassung anerkannt wird.

[11] In diesem Sinne hat jeder bestandskräftige Verwaltungsakt oder jedes rechtskräftige Urteil Gestaltungswirkung.

[12] Vertiefend ALFRED VERDROSS/BRUNO SIMMA: Universelles Völkerrecht, 3. Aufl. 1985, S. 321 ff.

verbindliches „soft law"[13]. Als *zwischen*staatliches Recht gehört Völkerrecht freilich nicht zum *inner*staatlichen deutschen Recht, und außer im Falle des Völkergewohnheitsrechts (Art. 25 GG) erzeugt es nicht unmittelbar Rechte und Pflichten für deutsche Bürger, sondern bedarf hierfür einer innerstaatlichen Geltungsanordnung durch Ratifikationsgesetz („Transformationstheorie"; vgl. auch Art. 59 Abs. 2 GG).

b) Anders liegt es beim *Europarecht*. Zwar sind die Europäischen Gemeinschaften (bestehend aus der Europäischen [früher: Wirtschafts-] Gemeinschaft, der Europäischen Atomgemeinschaft und der Europäischen Gemeinschaft für Kohle und Stahl [„Montanunion"]) sowie die Europäische Union durch ratifikationsbedürftige völkerrechtliche Verträge (E[W]GV, EuratomV, EGKSV, EUV) gegründet worden; diese Verträge stellen als „primäres" Europarecht das Verfassungsrecht der Gemeinschaften und der Union dar. Doch sind die Gemeinschaften ermächtigt, als „sekundäres" Europarecht und innerhalb ihrer Zuständigkeiten *Verordnungen* mit unmittelbarer Wirkung für und gegen Unionsbürger (lies Art. 189 Abs. 2 EGV; Art. 161 Abs. 2 EuratomV) und damit sozusagen europäisches Gesetzesrecht zu erlassen. Auch können gemeinschaftsrechtliche *Richtlinien*, die an sich nur die Mitgliedstaaten zur Umsetzung in innerstaatliches Recht verpflichten (lies Art. 100 ff., 189 Abs. 3 EGV; Art. 161 Abs. 3 EuratomV), unmittelbare Wirkung innerhalb eines Mitgliedstaats entfalten, wenn dieser seiner Umsetzungsverpflichtung nicht nachkommt[14]. Deshalb sind europäische Verordnungen und Richtlinien auch im deutschen Rechtsraum Rechtsquellen[15].

III. Natur, Vernunft oder Gerechtigkeit als „limitative Rechtsquellen"

1. Ob es ein von staatlicher Satzung oder Gewohnheit unabhängiges (und unverfügbares) Recht gebe, ist eine der zeitlosen und

---

13 Näher VERDROSS/SIMMA (Fn. 12), S. 419 ff.

14 Näher zu dieser „unmittelbaren Wirkung" von Richtlinien ALBERT BLECKMANN: Europarecht, 5. Aufl. 1990, Rdn. 844 ff.

15 Zu den weiteren Rechtsquellen des Europarechts, vor allem dessen allgemeinen Rechtsgrundsätzen, BLECKMANN (Fn. 14), Rdn. 237 ff.

Grund-Fragen der Rechtsphilosophie und der Rechtstheorie[16]. Wer sie bejaht, nennt als Quellen solchen *überpositiven Rechts* insbesondere Natur oder Vernunft (weshalb von Natur- oder Vernunftrecht gesprochen wird). Die Gegenposition des Rechtspositivismus („Trennungsthese") hält dafür, daß über die Frage, ob etwas als Recht gilt, das Recht autonom entscheidet und daß Natur- oder Vernunftrechtslehren die von der Geltungsfrage zu trennende (rechts-) ethische Frage nach der Gerechtigkeit geltenden Rechts stellen[17].

2. Das geltende deutsche Recht steht auf einem vermittelnden Standpunkt: Es ist im Grundsatz positivistisch, anerkennt aber in Extremfällen eine *limitative Rechtwirkung* von Natur, Vernunft oder Gerechtigkeit. Diese Lehre ist insbesondere zu den deutschen Nicht-Rechtsstaaten - dem Deutschen Reich in der Zeit von 1933 bis 1945 und der Deutschen Demokratischen Republik in der Zeit von 1949 bis 1989 - entwickelt worden und hat ihren Niederschlag in den berühmten *Radbruch'schen Formeln* gefunden, wonach positives Recht unanwendbar ist, wenn es in unerträglichem Widerspruch zur Gerechtigkeit steht, und wonach schon kein Recht vorliegt, wenn die Gleichheit, die den Kern der Gerechtigkeit ausmacht, bewußt verleugnet wird[18].

Auch hiernach wird in einem ersten - sozusagen positivistischen - Schritt das möglicherweise ungerechte oder die Gleichheit bewußt verleugnende Recht hingenommen und zur Anwendung gebracht, und es hat hierbei sein Bewenden, sofern das Ergebnis nicht anstößig ist. Beispielsweise war ein DDR-Grenzsoldat, der einen „Republikflüchtigen" erschoß, obwohl dieser den Fluchtversuch längst *abgebrochen* und sich ergeben hatte, auch nach DDR-Grenzrecht nicht gerechtfertigt; da dieses Ergebnis mit bundesdeutschen Wertmaßstäben übereinstimmt, kommt es auf die Rechtsgültigkeit

---

[16] Eine brillante Darstellung - freilich aus Sicht eines Rechtspositivisten! - findet sich bei KELSEN, S. 357 ff.

[17] Eine gute Einführung findet sich bei RALF DREIER: Recht - Moral - Ideologie, 1981, S. 180 ff.

[18] GUSTAV RADBRUCH: Rechtsphilosophie, 8. Aufl. 1973 (hrsg. v. ERIK WOLF und HANS-PETER SCHNEIDER), S. 339 ff. (345 f.); vertiefend ARTHUR KAUFMANN, in: NJW 1995, 81 ff. - Die Rechtsprechung hat insbesondere die erste (Unerträglichkeits-) Formel rezipiert; siehe bereits BVerfGE 3, 225 (232 f.).

des DDR-Grenzrechts nicht an[19]. Die Geltungs- oder Anwendbarkeitsfrage wird erst bei anstößigem Ergebnis gestellt. Beispielsweise war es nach § 27 Abs. 2 DDR-GrenzG in Verbindung mit der Rechts- und Staatspraxis der DDR im Grundsatz durchaus gerechtfertigt, *noch andauernde* Fluchtversuche mit tödlicher Waffengewalt zu unterbinden. Ein solcher Rechtfertigungsgrund kann aber nach der Auffassung des Bundesgerichtshofs und des Bundesverfassungsgerichts vor dem Hintergrund der völker- und menschenrechtlichen Verpflichtungen der DDR und gemessen an den Radbruch'schen Formeln nicht als geltend anerkannt werden, jedenfalls soweit es um *vorsätzliche* Tötungen an der deutsch-deutschen Grenze geht[20].

IV. Fall 2 - sog. Serbien-Embargo (BGHSt 41, 127 ff.)

1. Fall und Aufgabe zielen nicht nur auf die (theoretische) Rechtsquellenlehre, sondern auch auf „Quellenarbeit" im pragmatischen Sinne der Ermittlung des (tatzeitlich, § 2 StGB) geltenden Rechts ab. Dazu vorab folgende Erläuterungen:

Gesetzesrecht (im weiten Sinne) muß geschrieben und *veröffentlicht* werden. Denn in einem Rechtsstaat (Art. 20 Abs. 3 GG) muß das Recht der Öffentlichkeit förmlich zugänglich gemacht werden, damit sich die Rechtsbetroffenen verläßliche Kenntnis vom Inhalt des Rechts verschaffen können[21]. Deshalb bestimmt Art. 82 Abs. 1 Satz 1 GG, daß Gesetze im *Bundesgesetzblatt* (BGBl.) verkündet werden müssen; sie sind in dessen Teil I enthalten (Teil II enthält vor allem die zwischenstaatliche Verträge der Bundesrepublik Deutschland, Teil III das aufgrund des Gesetzes über die Sammlung des Bundesrechts, BGBl. 1958 I S. 437 ff. „bereinigte" Bundesrecht). Rechtsverordnungen können auch im amtlichen Teil des *Bundesanzeigers* (BAnz.) verkündet werden (Art. 82 Abs. 1 Satz 2 GG i.V.m. § 1 Gesetz über die Verkündung von Rechtsverordnungen, BGBl. 1950 I S. 1221). Für Landesrecht finden sich entsprechende Vorschriften in den Landesverfassungen und in Landesge-

---

[19] BGHSt 39, 353 (366 f.).

[20] BGHSt 39, 1 (15 ff.); zusammenfassend nunmehr BGHSt 41, 101 (106 ff.); BVerfGE 95, 96 (133 ff.); alle mit Nachweisen.

[21] BVerfGE 65, 283 (291).

setzen, nach welchen für Rechtsverordnungen und Satzungen der Kreise und Gemeinden regelmäßig die öffentliche Bekanntmachung durch Einrücken in *Amtsblätter* oder Zeitungen genügt. Auch Verordnungen der Europäischen Gemeinschaften müssen verkündet werden (Art. 191 Abs. 1 EGV), und zwar im Teil L des *Amtsblatts der Europäischen Gemeinschaften* (ABlEG), wo auch nicht veröffentlichungsbedürftige Rechtsakte wie Richtlinien bekanntgemacht werden (der weitere Teil C des ABlEG enthält sonstige Bekanntmachungen und Mitteilungen, etwa über Ratsentschließungen oder über vorbereitende Rechtsakte wie Richtlinienentwürfe).

Verbindlich kann der Inhalt des Gesetzesrechts *nur* den amtlichen Verkündungsorganen - nicht aber gewerblich veranstalteten Gesetzessammlungen wie dem „Schönfelder" - entnommen werden. Deshalb - aber auch mit Blick auf aktuelle Gesetze(sänderungen) sowie auf abgelegenes oder untergesetzliches und deshalb nicht in Vorschriftensammlungen enthaltene Recht - muß jeder Jurist mit ihnen umgehen können!

2. Für den Fall spielen zahlreiche Vorschriften des deutschen, europäischen und internationalen Rechts eine Rolle:

a) Da es um die Strafbarkeit geht, die ein (deutsches) Strafgesetz voraussetzt (Art. 103 Abs. 2 GG), steht zunächst das *Außenwirtschaftsgesetz (AWG)* im Mittelpunkt, ein Bundesgesetz (Art. 73 Nr. 5 GG), dessen § 34 bestimmte Zuwiderhandlungen im Außenwirtschaftsverkehr strafbar stellt. Abs. 4 Satz 1 dieser Vorschrift ist durch das Gesetz zur Änderung des Außenwirtschaftsgesetzes, des Strafgesetzbuches und anderer Gesetze (BGBl. 1992 I S. 372 ff.) wie folgt gefaßt worden:

„Mit Freiheitsstrafe nicht unter zwei Jahren wird bestraft, wer einer Vorschrift dieses Gesetzes oder einer auf Grund dieses Gesetzes erlassenen Rechtsverordnung oder einem im Bundesgesetzblatt oder im Bundesanzeiger veröffentlichten Rechtsakt der Europäischen Gemeinschaften zur Beschränkung des Außenwirtschaftsverkehrs, die der Durchführung einer vom Sicherheitsrat der Vereinten Nationen nach Kapitel VII der Charta der Vereinten Nationen beschlossenen wirtschaftlichen Sanktionsmaßnahme dienen, zuwiderhandelt."

Dies ist ein sog. Blankettstrafgesetz, das der Vervollständigung durch blankettausfüllende Normen als den eigentlichen Verhaltensver- und -geboten bedarf. Dabei deutet § 34 Abs. 4 AWG die vorliegend zu beachtende „Normenpyramide" an:

b) An ihrer Spitze steht das VII. Kapitel der *Charta der Vereinten Nationen* vom 26.6.1945[22], vor allem deren Art. 41, wonach der Sicherheitsrat bei Bedrohung oder Bruch des Friedens und bei Angriffshandlungen

„beschließen (kann), welche Maßnahmen - unter Ausschluß von Waffengewalt - zu ergreifen sind, um seinen Beschlüssen Wirksamkeit zu verlangen; er kann die Mitglieder der Vereinten Nationen auffordern, diese Maßnahmen durchzuführen. Sie können die vollständige oder teilweise Unterbrechung der Wirtschaftsbeziehungen, des Eisenbahn-, See- und Luftverkehrs ... sowie sonstiger Verkehrsmöglichkeiten ... einschließen."

Vor dem Hintergrund des (Bürger-) Krieges in Bosnien machte der Sicherheitsrat von dieser Befugnis mit seiner *Resolution 757 (1992)* vom 30.5.1992 über wirtschaftliche Sanktionen gegen die Föderative Republik Jugoslawien (Serbien und Montenegro)[23] Gebrauch. In der Resolution werden die Mitgliedstaaten unter anderem dazu aufgefordert, den Handelsverkehr mit Rohstoffen und Erzeugnissen aus Serbien und Montenegro (Nr. 4), den Kapitalverkehr mit Serbien und Montenegro - insbesondere die Zurverfügungstellung von Geldern an serbische oder montenegrinische Unternehmen und Privatpersonen (Nr. 5) - sowie den Luftverkehr mit Serbien und Montenegro (Nr. 7 a) zu unterbinden. Der

---

22 Der Originaltext ist bei der Regierung der U.S.A. hinterlegt. Offizielle internationale Quelle sind die *United Nations Conference on International Organization Documents* Bd. XV (1945) S. 335 ff. Für die späteren Änderungen der Charta sind die *United Nations Treaties Series* offizielle Quelle. Der amtliche deutsche Text ist in BGBl. 1973 II S. 431 ff. veröffentlicht; im Bundesgesetzblatt Teil II finden sich auch die späteren Änderungen der Charta.

23 Offizielle internationale Quelle ist das UN-Dokument S/RES/757/1992, enthalten in der Sammlung *United Nations, Resolutions and Decisions of the Security Council*, auch abgedruckt im *Yearbook of the United Nations* 1992, S. 352 ff., im Internet zugänglich über www.un.org/Docs/, in deutscher Übersetzung in der Zeitschrift *Vereinte Nationen* 1992, S. 110 ff. - Ärgerlicherweise gibt es kein einheitliches „Amtsblatt der Vereinten Nationen"; näher zu dem unübersichtlichen und unzugänglichen Dokumenten- und Publikationswesen der Vereinten Nationen ILONA STÖLKEN, in: (Hrsg.) RÜDIGER WOLFRUM: Handbuch Vereinte Nationen, 2. Aufl. 1991, S. 1159 ff.; VERDROSS/SIMMA (Fn. 12), S. 70 in Fn. 1.

Dienstleistungsverkehr mit Serbien und Montenegro ist hingegen nicht betroffen.

c) Am 1.6.1992 erließ auch der Rat der Europäischen Wirtschaftsgemeinschaft eine *Verordnung (EWG) Nr. 1432/92* zur Untersagung des Handels zwischen der Europäischen Wirtschaftsgemeinschaft und den Republiken Serbien und Montenegro (ABlEG 1992 Nr. L 151/4 S. 21 ff.). Zusätzlich zu den von den Vereinten Nationen vorgesehenen Maßnahmen bestimmte Art. 1 lit. d) dieser Verordnung, daß ab 31. Mai 1992 verboten sein sollten

„Dienstleistungen ..., die eine unmittelbare oder mittelbare Förderung der Wirtschaft der Republiken Serbien und Montenegro bewirken".

d) Schließlich zog die Bundesrepublik Deutschland nach. Durch die *Dreiundzwanzigste Verordnung zur Änderung der Außenwirtschaftsverordnung* vom 11.6.1992 (BAnz 1992 Nr. 109 S. 4645) fügte der zuständige Bundesminister für Wirtschaft in die Außenwirtschaftsverordnung (AWV) ein Kapitel VII c über „Besondere Beschränkungen gegen Serbien und Montenegro" ein. Neben den von den Vereinten Nationen vorgesehenen Maßnahmen - insbesondere ordnete der neue § 69 k AWV an, daß Geldzahlungen zugunsten von Empfängern in Serbien oder Montenegro nur mit Genehmigung erfolgen durften - waren im neuen § 69 h Abs. 1 AWV unter anderem verboten

„4. Dienstleistungen ..., die eine unmittelbare oder mittelbare Förderung der Wirtschaft der Republiken Serbien und Montenegro bezwecken oder bewirken".

3. Das Problem des Falles liegt nun darin, daß die Beförderung der Gastarbeiter (möglicherweise) eine nach europäischem Recht sowie nach der AWV untersagte Dienstleistung war, jedoch das UN-Recht kein derartiges Dienstleistungsverbot enthielt. Insofern wird das Zusammenspiel der verschiedenen Normebenen bedeutsam und für die Lösung entscheidend:

a) Zwar verweist § 34 Abs. 4 AWG nicht unmittelbar auf UN-Recht (das als Völkerrecht auch keine unmittelbare innerstaatliche Geltung hat), sondern knüpft an europäischem Recht sowie an der AWV („auf Grund dieses Gesetzes erlassenen Rechtsverordnung") an. Jedoch zeigt die Wendung „die der Durchführung einer vom Sicherheitsrat der Vereinten Nationen nach Kapitel VII der Charta der Vereinten Nationen beschlossenen wirtschaftlichen Sanktionsmaßnahme dienen", daß europa- oder verordnungsrechtliche Verbote, die sachlich über die im Beschluß des Sicherheitsrates vorgesehenen Maßnahmen hinausgehen, nicht strafbewehrt sein sollen[24]. § 34 Abs. 4 AWG ist deshalb *völkerrechtskonform* auszulegen. Weil aber, wie gesagt, das UN-Recht Dienstleistungen wie die Beförderung von Gastarbeitern nicht untersagte, hat A sich *insoweit* nicht strafbar gemacht.

b) Soweit freilich die Verordnung (EWG) Nr. 1432/92 und die AWV Geldzahlungen nach Serbien verboten, waren sie völkerrechtskonform (Nr. 5 Resolution 757 [1992]). Deshalb hat sich A in der Zeit von Februar bis April 1993 strafbar gemacht, *insoweit* er Geld an den serbischen Busunternehmer bezahlte[25].

---

[24] BGHSt 41, 127 (130). - Im übrigen kam eine Strafbarkeit des A wegen Verstoßes gegen die Verordnung (EWG) Nr. 1432/92 (die auch in der Bundesrepublik Deutschland unmittelbar galt, Art. 189 Abs. 2 Satz 2 EGV!), nicht in Betracht. Denn die Verordnung war nicht - wie § 34 Abs. 4 AWG verlangt - im Bundesgesetzblatt oder im Bundesanzeiger veröffentlicht worden. Das Veröffentlichungserfordernis trägt dem Umstand Rechnung, daß die Europäischen Gemeinschaften bislang noch keine Befugnis zum Erlaß strafrechtlicher Sanktionen haben und eine autonome, im Hinblick auf die Strafbarkeit getroffene Entscheidung des zuständigen deutschen Organs erforderlich ist, BGHSt 41, 127 (132).

[25] Tragische Ironie: A glaubte, beim „gebrochenen Verkehr" eher im Einklang mit dem Serbien-Embargo zu handeln als beim Selbstfahren!

§ 4. Stufenbau und Einheit der Rechtsordnung

Fall 3: Der nicht vorgeahndete A gerät auf einem Autobahnabschnitt, auf dem die zulässige Höchstgeschwindigkeit durch vielfach wiederholte Beschilderung auf 120 km/h beschränkt ist, bei guten Straßen-, Verkehrs-, Wetter- und Sichtverhältnissen mit 166 km/h in eine Geschwindigkeitskontrolle. Die Verwaltungsbehörde verhängt gegen A (neben einer Geldbuße) einen Monat Fahrverbot und verweist hierfür auf die Bußgeldkatalog-Verordnung (BKatV). Mit Recht? Stellen Sie die „Stufen" von der BKatV bis zum Grundgesetz dar!

Fall 4: V veräußert an K ein Gemälde, von dem beide ohne Verschulden annehmen, es stamme von PIET MONDRIAN, für 50.000,- DM. Ein Jahr später wird K darüber aufgeklärt, daß das Gemälde eine gute Kopie und nur 500,- DM wert ist. K wendet sich unverzüglich an V und verlangt Rückzahlung der 50.000,- DM Zug um Zug gegen Rückgabe der Kopie „aus Wandelung und hiermit erklärter Anfechtung". V beruft sich auf Verjährung. Mit Recht? Erläutern Sie die vorliegende Normenkonkurrenz!

I. Stufenbau der Rechtsordnung

1. Ausgehend von der (positivistischen) These, daß das Recht seine eigene Erzeugung regelt, besagt die berühmte Stufenbaulehre[1], daß die Rechtsordnung aus einander über- bzw. untergeordneten Schichten („Stufen") von Rechtsnormen besteht. Die je höhere Schicht ist Geltungsgrund der je niedrigeren Schicht (*Geltungszusammenhang*) und regelt das Verfahren der Erzeugung (*Erzeugungszusammenhang*) sowie - bis zu einem gewissen Grade - den möglichen Inhalt des niedrigeren Rechts (*Inhaltszusammenhang*). Beispielsweise mag eine Verfassung bestimmen, daß Gesetze (nicht aber etwa Führerbefehle) als Recht gelten, wie das Gesetzgebungsverfahren gestaltet ist und wie mögliche Gesetzesinhalte begrenzt werden (etwa durch Kompetenzen oder Grundrechte).

---

[1] Sie geht auf ADOLF MERKL zurück (Gesammelte Schriften Bd. I/1, 1993, S. 227 ff.). KELSEN, S. 228 ff. hat sie konsequent bis hin zur ranghöchsten und transzendental-logischen „Grundnorm" durchgeführt, in welcher alles (auch das Verfassungs-) Recht wurzele (S. 443 f.).

2. Auch positiv-rechtlich ist die in der Bundesrepublik Deutschland geltende Rechtsordnung in vielfältige Rang- und Geltungsstufen gegliedert:

Zuoberst stehen die in der „Ewigkeitsgarantie" des *Art. 79 Abs. 3 GG* genannten Grundsätze, insbesondere der Kern des Demokratieprinzips und der Kern- oder Menschenwürdegehalt der Einzelgrundrechte[2]. Diese Grundsätze können nicht einmal bei Verfassungsnovation (Art. 146 GG) beseitigt werden, und sie stehen nach Auffassung des Bundesverfassungsgerichts auch nicht zur Disposition im europäischen Einigungsprozeß[3].

Nach der Rechtsprechung des Europäischen Gerichtshofs genießt *europäisches Gemeinschaftsrecht* Anwendungsvorrang auch vor innerstaatlichem Verfassungsrecht[4]. Das Bundesverfassungsgericht teilt diese Auffassung nicht, übt aber seine Gerichtsbarkeit in bezug auf grundrechtsrelevantes Gemeinschaftsrecht nicht oder nur in einem Kooperationsverhältnis mit dem Europäischen Gerichtshof aus, solange Europäische Union und Europäische Gemeinschaften einen dem Grundgesetz vergleichbaren Grundrechtsschutz gewährleisten (vergleiche Art. 23 Abs. 1 Satz 1 GG)[5].

Es folgt das *einfache Bundesverfassungsrecht*, an welches der einfache Bundesgesetzgeber gebunden ist (Art. 20 Abs. 3 erster Halbsatz GG) und welches insbesondere das Gesetzgebungsverfahren (Art. 76 ff. GG) sowie die möglichen Gesetzesinhalte regelt, letzteres unter Kompetenzrücksichten (Art. 70 ff. GG) und mit Blick auf Grundrechte (Art. 1 ff. GG) und grundrechtsgleiche Gewährleistungen (etwa Art. 103, 104 GG).

Darunter - aber noch vor dem Bundesgesetzesrecht - rangiert das *Völkergewohnheitsrecht* (Art. 25, vor allem Satz 2, GG). Beispielsweise ist der gewohnheitsrechtliche Kern des Kriegsvölkerrechts - etwa

---

[2] Statt aller THEODOR MAUNZ/GÜNTER DÜRIG, in: MAUNZ/DÜRIG, Grundgesetz, Art. 79 Rdn. 42 (Stand 1960).

[3] BVerfGE 89, 155 ff. (sog. *Maastricht-Urteil*).

[4] Näher und mit Nachweisen INGOLF PERNICE, in: GRABITZ/HILF, Kommentar zur Europäischen Union, Art. 164 EGV Rdn. 43 (Stand 1995); siehe noch unten 3. b).

[5] BVerfGE 73, 339 ff. (wegen des Vorbehalts „solange ..." und mit Blick auf die vorgängige Entscheidung BVerfGE 37, 271 ff. sog. *Solange-II-Beschluß*) und nunmehr BVerfGE 89, 155 (174 f.).

das Verbot, Kriegsgefangene zu töten oder zu versklaven - Bundesrecht und würde entgegenstehenden Bundesgesetzen (die im Beispiel allerdings ohnehin bundesverfassungsrechtswidrig wären,
Art. 2 Abs. 2 GG) vorgehen.

Dann folgen einfache *Bundesgesetze* (wie BGB oder StGB) und -
auf gleicher Stufe - das durch Ratifikationsgesetz in innerstaatliches
Recht „transformierte" *(Vertrags-) Völkerrecht* (vgl. auch Art. 59
Abs. 2 GG). Dazu gehört auch die „nur" mit Gesetzeskraft geltende *Europäische Menschenrechtskonvention.*

Unter dem Bundesgesetzesrecht stehen *Bundesrechtsverordnungen,*
die wie förmliche Parlamentsgesetze abstrakt-generelle Regelungen
enthalten und deshalb auch als „materielle" Gesetze bezeichnet
werden, aber nicht vom (durch Wahl unmittelbar demokratisch
legitimierten) Parlament, sondern von der (Regierungs-) Exekutive
(bundesrechtlich insbesondere von Bundesregierung, Bundesmini-
stern und Landesregierungen) erlassen werden[6]. Der Vorrang des
Gesetzes vor der Rechtsverordnung kommt in Art. 80 Abs. 1 GG
besonders deutlich zum Ausdruck: Eine Rechtsverordnung bedarf
einer gesetzlichen Ermächtigung, die zugleich „Inhalt, Zweck und
Ausmaß" bestimmt. Fehlt es an einer (hinreichend bestimmten)
gesetzlichen Ermächtigung oder überschreitet der Verordnungsgeber die vom Gesetz gezogenen Grenzen, so ist die Rechtsverordnung nichtig.

Im Grundgesetz nicht ausdrücklich erwähnt sind *Satzungen* der
bundesunmittelbaren Körperschaften und Anstalten des öffentlichen Rechts[7]. Satzungen sind (abstrakt-generelle) Regelungen, die
eine Körperschaft oder Anstalt des öffentlichen Rechts zur Ordnung ihrer eigenen Angelegenheiten erläßt. Obwohl Art. 80 GG für
Satzungen - die ihren Grund im Selbstverwaltungsrecht der Kör-

---

[6] Prägnante Beispiele sind die *Straßenverkehrsordnung* und die *Straßenverkehrs-
Zulassungsordnung* , die auf § 6 Straßenverkehrsgesetz beruhen.

[7] Die wichtigsten bundesunmittelbaren Körperschaften öffentlichen Rechts sind
die Sozialversicherungsträger (lies Art. 87 Abs. 2 GG), etwa die Bundesversiche-
rungsanstalt für Angestellte (im Rechtssinne keine Anstalt, sondern eine mit-
gliedschaftlich strukturierte Körperschaft). - Zu den „neuen" bundesunmittelbaren Körperschaften und Anstalten des öffentlichen Rechts (lies Art. 87 Abs. 3
Satz 1 GG) vergleiche PETER LERCHE, in: MAUNZ/DÜRIG (Fn. 2) Art. 87
Rdn. 190 ff.

perschaften oder Anstalten haben („Satzungsautonomie") - nicht gilt, bedürfen sie einer gesetzlichen Ermächtigung, insbesondere soweit in Grundrechte eingegriffen werden soll, und in jedem Falle geht ihnen Gesetzes- und Verordnungsrecht vor.

Unter dem *gesamten* Bundesrecht steht das *Landesrecht* (lies Art. 31 GG). Daher kann eine (rechtmäßige) Bundes*rechtsverordnung* sogar landes*verfassungs*rechtliche Grundrechte beschränken, selbst wenn diese einen umfangreicheren Schutz als Bundesgrundrechte eröffnen (Art. 142 GG).

Das Landesrecht wiederum ist entsprechend dem Bundesrecht in eine Rangordnung vom Landesverfassungs- über Landesgesetzes-, Landesverordnungs- bis zum Satzungsrecht gegliedert. Von besonderer Bedeutung sind Satzungen der *Kreise* und *Gemeinden*[8], deren Satzungsautonomie (auch) bundesverfassungsrechtlich gewährleistet ist, aber nur „im Rahmen der Gesetze" besteht (Art. 28 Abs. 2 Satz 1 am Ende GG), was erneut den Nachrang der Satzung gegenüber dem Gesetz (und auch der Verordnung) verdeutlicht.

Gewohnheitsrecht tritt mit Verfassungs-, Gesetzes- oder Satzungsrang („Observanz") auf. Wegen Art. 79 Abs. 1 Satz 1 GG muß sich Verfassungsgewohnheitsrecht freilich im Rahmen des möglichen Wortsinnes des Grundgesetztextes halten. Ob Gewohnheitsrecht dem (vorrangigen) Bundes- oder dem (nachrangigen) Landesrecht zuzuordnen ist, hängt davon ab, ob die Übung inhaltlich den Gegenstand einer (ggf. auch nur konkurrierenden, Art. 72, 74 GG) Bundes- oder einer Landeskompetenz betrifft[9].

3. Positiv-rechtlich wirkt sich der Stufenbau als Geltungs- und Anwendungsvorrang der jeweils höheren Stufe aus.

a) Der *Geltungsvorrang* - häufig mit dem lateinischen Satz „lex superior derogat legi inferiori" (höherrangiges Recht bricht niederrangiges Recht) ausgedrückt - wirkt sich dahin aus, daß niederrangiges Recht von Anfang an und ohne weiteres (ipso jure) *nichtig* ist[10],

---

[8] Ein prägnante Beispiel sind *Abfall*- und *Abfallgebührensatzungen* der Kreise oder Gemeinden; vergleiche in Baden-Württemberg § 8 Landesabfallgesetz und § 2 Kommunalabgabengesetz.

[9] BVerfGE 61, 149 (203).

[10] Die Gegenthese lautet, der Geltungsvorrang wirke sich nur als *Vernichtbarkeit* (insbesondere durch Normenkontrollentscheidung eines hierzu berufenen Ge-

- wenn das höherrangige Recht keine *Ermächtigung* zur Setzung des niederrangigen Rechts enthält (fehlender Geltungszusammenhang);
- zwar eine Ermächtigung gegeben ist, aber das vom höherrangigen Recht vorgeschriebene *Verfahren* der Setzung niederrangigen Rechts nicht eingehalten ist (fehlender Erzeugungszusammenhang);
- oder zwar das Verfahren eingehalten ist, aber der *Inhalt* des niederrangigen Rechts die vom höherrangigen Recht gesetzten Grenzen überschreitet (fehlender Inhaltszusammenhang).

b) Sofern das niederrangige Recht dem höherrangigen nur inhaltlich und nur teilweise widerspricht, erscheint Nichtigkeit als zu harte Rechtsfolge (vor allem in bezug auf nicht zu beanstandende, aber nicht abtrennbare Regelungsteile). In derartigen Fällen genügt es, einen bloßen *Anwendungsvorrang* des höherrangigen Rechts anzunehmen: Im Kollisionsbereich wird das höherrangige Recht angewendet, ohne daß die grundsätzliche Geltung des kollidierenden niederrangigen Rechts in Abrede gestellt wird.

Abgesehen vom Verhältnis europäischen Gemeinschaftsrechts zu innerstaatlichem Recht[11] ist der wichtigste Fall bloßen Anwendungsvorrangs die dem höherrangigen Recht konforme Auslegung niederrangigen Rechts, insbesondere die *verfassungskonforme Auslegung* von Gesetzen. Hierauf wird noch unten (§ 8) eingegangen; vergleiche vorerst:

II. Fall 3 - Regelfahrverbot nach der BKatV (BGHSt 38, 106 ff. und 125 ff.; BVerfG NJW 1996, 1809 ff.)

1. Vorab: Obwohl theoretisch ein Geltungs- bzw. Anwendungsvorrang des höherrangigen Rechts besteht, vollzieht sich die praktische

---

richts: Art. 100 GG, § 47 VwGO) aus; eingehend Dirk Heckmann: Geltungskraft und Geltungsverlust von Rechtsnormen, 1997.

[11] Grundlegend EuGH, Sammlung 1964, 1251 (1270 f.). - Wenn beispielsweise deutsches Recht, wonach im Inland als „Bier" nur bezeichnet werden darf, was aus nichts anderem als aus Gersten- oder Weizenmalz, Hopfen, Hefe und Wasser gebraut ist, ein nach Art. 30 EGV verbotenes innergemeinschaftliches Handelshemmnis darstellt (so EuGH, Sammlung 1987, 1227 ff.), führt dies allein dazu, daß dieses Recht beim innergemeinschaftlichen Handel, insbesondere bei der Einfuhr und dem Vertrieb ausländischen Biers nach und im Inland nicht angewendet werden darf. Im übrigen, insbesondere für den Vertrieb inländischen Biers im Inland, bleibt die Geltung dieses Rechts unberührt.

Rechtsanwendung in der Regel *umgekehrt:* Ausgangspunkt ist in der Regel die niedrigstrangige Vorschrift, da sie in der Regel die konkreteste und inhaltsreichste Regelung trifft; erst im Anschluß wird diese Vorschrift in ihrem Geltungs-, Erzeugungs- und Inhaltszusammenhang Stufe um Stufe auf höherrangiges Recht zurückgeführt.

Dieser Vorrang für die Rechtsanwendung[12] kann auf eine pragmatische[13] „widerlegbare Geltungsvermutung" zurückgeführt werden: Um der Effektivität des Rechts willen kann nicht stets der *positive* Nachweis der Geltung bzw. Anwendung verlangt werden, sondern es muß nur *negativ* Zweifeln nachgegangen werden, wobei die (verfahrensrechtliche) Prüfungs- und Verwerfungskompetenz beschränkt ist[14].

2. a) Vorliegend ist niedrigstrangige und inhaltsreichste Vorschrift die am 1.1.1990 in Kraft getretene *BKatV*[15] mit ihren Anhängen des Bußgeldkatalogs (BKat) und der vorliegend interessierenden Tabelle 1a Geschwindigkeitsüberschreitungen. In § 2 Abs. 1 Satz 1 Nr. 1 BKatV ist bestimmt, daß ein Fahrverbot bei bestimmten Verkehrsordnungswidrigkeiten „in der Regel in Betracht kommt". Zu ihnen zählt die Überschreitung der zulässigen Höchstgeschwindigkeit innerhalb und außerhalb geschlossener Ortschaften um 41 bis 50 km/h (Nr. 5.1 BKat mit Tabelle 1a Buchstabe a Nr. 5.1.6); die Dauer des Fahrverbots ist „in der Regel" auf einen Monat festzusetzen (§ 2 Abs. 1 Satz 2 BKatV).

Erstbegehung ist bei „groben" Verstößen wie der vorliegenden erheblichen Geschwindigkeitsüberschreitung aber gerade kein Ausnahmefall (unten c), und bei *vielfach wiederholter* Beschilderung kommt der Ausnahmefall einfach fahrlässigen Übersehens *einzelner*

---

12 Er hat nichts mit dem Anwendungsvorrang höherrangigen Rechts zu tun (mißverständlich SCHMALZ, Rdn. 76).

13 Anders HECKMANN (Fn. 10): materiell-rechtliche.

14 Lies Art. 100 Abs. 1 GG (Verfassungsmäßigkeit nachkonstitutioneller Gesetze); vergleiche weiterhin HARTMUT MAURER: Allgemeines Verwaltungsrecht, 11. Aufl. 1997, § 4 Rdn. 44 ff.

15 BGBl. 1989 I S. 1305. Die derzeit geltende Fassung ist abgedruckt bei HEINRICH JAGUSCH/PETER HENTSCHEL: Straßenverkehrsrecht, 34. Aufl. 1997, S. 1427 ff.

Verkehrszeichen nicht in Betracht[16]. Gemessen an der BKatV ist das Fahrverbot rechtmäßig.

b) Freilich bedürfen Fahrverbot (als Grundrechtseingriff und Strafsanktion, Art. 20, 103 Abs. 2 GG) und BKatV (als Rechtsverordnung, Art. 80 GG) auch einer (parlaments-) gesetzlichen Ermächtigung, und die BKatV muß sich inhaltlich in deren Rahmen halten. Deshalb muß nunmehr auf das *Straßenverkehrsgesetz* (StVG) zurückgegriffen werden, dessen § 25 Abs. 1 Satz 1 bestimmt, daß bei Verkehrsordnungswidrigkeiten, die unter grober oder beharrlicher Verletzung der Pflichten eines Kraftfahrzeugführers begangen werden, ein Fahrverbot von einem Monat bis drei Monaten verhängt werden kann; in der Regel anzuordnen ist das Fahrverbot bei Alkohol am Steuer (Satz 2). Nach § 26 a StVG erläßt der Bundesminister für Verkehr mit Zustimmung des Bundesrates Vorschriften über Regelsätze für Geldbußen sowie über die Anordnung des Fahrverbots; die Vorschriften bestimmen unter Berücksichtigung der Bedeutung der Ordnungswidrigkeit, in welchen Fällen, unter welchen Voraussetzungen und in welcher Höhe die Geldbuße festgesetzt und für welche Dauer das Fahrverbot angeordnet wird.

Ob sich die BKatV bei der Festlegung von *Regel*fahrverboten in diesem gesetzlichen Rahmen bewegt, ist mit dem Argument bezweifelt worden, das Gesetz sehe ein *Regel*fahrverbot nur bei Alkohol am Steuer vor, und auch § 26 a StVG lasse *Regel*sätze nur für Geldbußen zu; vielmehr könne nach dem Gesetz ein Fahrverbot nur nach *Einzelfallermessen* angeordnet werden (vergleiche § 25 Abs. 1 Satz 1 StVG: „kann"). Diese Zweifel haben Bundesgerichtshof und Bundesverfassungsgericht als nicht durchgreifend erachtet[17]: Spätestens durch den 1982 eingeführten § 26 a StVG habe der Gesetzgeber klargestellt, daß der Verordnungsgeber Regel- oder Sonderfälle oder Regelbeispiele für grob oder beharrlich pflichtverletzende Verkehrsordnungswidrigkeiten im Sinne von § 25 Abs. 1 Satz 1 StVG festlegen dürfe (und die von der BKatV nebst Anlagen genannten Verstöße - unter ihnen erhebliche Geschwindig-

---

[16] Siehe nunmehr BGH NJW 1997, 3252 ff. (für die amtliche Sammlung bestimmt); weitere Ausnahmefälle bei JAGUSCH/HENTSCHEL (Fn. 15), § 25 StVG Rdn. 15b, 15c.

[17] BGHSt 38, 125 (131 f.); BVerfG NJW 1996, 1809 (1810); vgl. auch MICHAEL LUDOVISY, NJW 1996, 2284 (2285).

keitsüberschreitungen [„Raserei"] - *sind* typischerweise grobe oder beharrliche Pflichtverletzungen). Die Wendung in § 2 Abs. 1 Satz 1 BKatV, in diesen Fällen komme ein Fahrverbot „in der Regel in Betracht", besage nicht, daß keine Einzelfallprüfung mehr stattfinde, sondern schränke allein den Begründungsaufwand ein.

Somit ist das Fahrverbot auch gemessen an den durch §§ 25, 26 a StVG gesetzten gesetzlichen Grenzen rechtmäßig.

c) §§ 25, 26 a StVG müssen sich aber ihrerseits an *Verfassungsrecht* messen lassen, das zugleich die Auslegung und Anwendung der BKatV sowie die Beurteilung des Einzelfalles beeinflußt.

In formeller Hinsicht (Art. 80 Abs. 1 Satz 2, 103 Abs. 2 GG) sind §§ 25, 26 a StVG hinreichend *bestimmt*, und dem Verordnungsgeber wird nicht Wesentliches, sondern allein die Aufgabe einer Typisierung übertragen, wodurch das Verkehrsrecht vereinfacht wird und Praktikabilität, Rechtssicherheit und Anwendungsgleichheit erhöht werden[18].

Materiell begrenzen insbesondere das Schuld- und das Verhältnismäßigkeitsprinzip (Art. 1 Abs. 1, 2 Abs. 1 und 20 Abs. 3 GG) die Möglichkeit, (Regel-) Fahrverbote vorzusehen und anzuordnen. Insofern hatte das Bundesverfassungsgericht in einem Beschluß aus dem Jahre 1969[19] ausgesprochen, ein Fahrverbot könne in aller Regel erst bei *wiederholter* Mißachtung von Verkehrsvorschriften zur Anwendung gebracht werden; eine *einmalige* Zuwiderhandlung genüge nur bei besonders verantwortungslosem Verhalten, wobei der Tatrichter feststellen müsse, daß der mit dem Fahrverbot erstrebte Erfolg nicht auch durch eine empfindliche (erhöhte) Geldbuße erreicht werden könne[20]. Mit Blick auf die durch § 26 a StVG veränderte Gesetzeslage und auf veränderte Umstände (vor allem die zunehmende Verkehrsdichte und die zunehmende Zahl von Verkehrsverstößen) ist das Bundesverfassungsgericht hiervon abgerückt[21] und hat die BKatV in vollem Umfange gebilligt. Lediglich

---

18 BVerfG NJW 1996, 1809 (1810).

19 BVerfGE 27, 36 (42 f.).

20 Nach *diesem* Maßstab dürfte die BKatV im Bereich von *Erst*taten zu weit gehen. Auch dürfte es vorliegend nicht *besonders* verantwortungslos sein, trotz einer Geschwindigkeitsbegrenzung auf 120 km/h auf einer Autobahn bei guten Verkehrs-, Straßen-, Wetter- und Sichtverhältnissen 166 km/h zu fahren.

21 BVerfGE 1996, 1809 (f.).

im Einzelfall könne ein Fahrverbot unangemessen und verfassungswidrig sein, wenn das gesamte Tatbild vom Durchschnitt der erfahrungsgemäß vorkommenden Fälle in erheblichem Maße abweiche. Vom Durchschnitt der erfahrungsgemäß außerhalb geschlossener Ortschaften begangenen Geschwindigkeitsüberschreitungen um 41 bis 50 km/h weicht die Tat des A aber nicht oder jedenfalls nicht in einem Maße ab, daß das Fahrverbot geradezu unangemessen wäre.

Somit ist das Fahrverbot auch von Verfassungs wegen nicht zu beanstanden und insgesamt rechtmäßig.

III. Einheit der Rechtsordnung - Normwidersprüche und Normkonkurrenzen

1. Schon die Stufenbaulehre etabliert eine innere Einheit der Rechtsordnung, insbesondere durch den materiellen Inhaltszusammenhang, wonach das höherrangige Recht Grenzen für mögliche Inhalte des niederrangigen setzt (oben I. 1.). *Deshalb sind vor allem Verfassung und Grundrechte für die Rechtsordnung materiell einheitsbildend* - was das Bundesverfassungsgericht metaphorisch als „Ausstrahlungswirkung" der Grundrechte und axiologisch als „objektive Wertordnung" des Grundgesetzes bezeichnet hat[22]. Demgegenüber zielt die traditionelle Lehre von der Einheit der Rechtsordnung[23] vorrangig auf die Einheit *innerhalb ein und derselben Stufe* und behandelt insoweit vorrangig die Fragen der (Norm-) Widersprüche und (Norm-) Konkurrenzen[24].

---

[22] Grundlegend BVerfGE 7, 198 (204 ff.); kritisch KONRAD HESSE: Grundzüge des Verfassungsrechts der Bundesrepublik Deutschland, 20. Aufl. 1995, Rdn. 299. Freilich geht der objektive Grundrechtsgehalt über den Umstand hinaus, daß Grundrechte objektives Recht sind, und zielt darauf ab, Grundrechtsfunktionen jenseits der Abwehr staatlicher Eingriffe zu begründen, HANS JARASS/BODO PIEROTH: Grundgesetz, 4. Aufl. 1997, Vorb. vor Art. 1 Rdn. 6.

[23] „Klassisch" ist die Monographie von KARL ENGISCH: Die Einheit der Rechtsordnung, 1935; vergleiche aus neuerer Zeit THEODOR SCHILLING: Rang und Geltung von Normen in gestuften Rechtsordnungen, 1994, S. 372 ff. mit Nachw.

[24] Weiterhin wird es nicht selten als Postulat der Einheit der Rechtsordnung angesehen, daß gleichlautende Rechtsbegriffe auch gleichen Inhalt haben müssen (näher ENGISCH, S. 209, auch 208 in Fn. 73 am Ende). Abgesehen davon, daß hier eher Auslegungs- und Rationalitätsfragen in Rede stehen, ist die Sachaussa-

2. Da jede Stufe der Rechtsordnung aus einer Vielzahl von Rechtsnormen besteht, deren Regelungsbereiche sich nicht selten überschneiden, können auf ein und denselben Fall mehrere Rechtsnormen nebeneinander und „konkurrierend" anwendbar sein. Derartige *Konkurrenzen* finden sich etwa im Zivilrecht als Anspruchsnormenkonkurrenzen[25] - beispielsweise mag der betrogene Käufer Schadensersatzansprüche auf Vertrag (§ 463 Satz 2 BGB) und auf Delikt (§ 823 Abs. 2 BGB mit § 263 StGB) stützen -; im Strafrecht[26] - beispielsweise mag ein fehlgeschlagenes Attentat den Strafvorschriften des versuchten Mordes (§§ 211, 22 StGB) und der vollendeten gefährlichen Körperverletzung (§ 224 StGB) unterfallen -; und im Staatsrecht als Grundrechtskonkurrenzen[27] - bei-

---

ge mißverständlich: Gleichlautende Begriffe dürfen nur dann mit gleichem Inhalt verstanden werden, wenn sie in (insbesondere: teleologisch) gleichem Zusammenhang stehen. Dies kann innerhalb eines Gesetzes (beispielsweise bedeutet „Vermögen" in §§ 253, 255 StGB nichts anderes als in § 263 StGB) oder bei akzessorischen Materien (beispielsweise bedeutet „Zeuge" in § 153 StGB nichts anderes als in den jeweiligen Verfahrensrechten) der Fall sein. Aber in unterschiedlichen teleologischen Zusammenhängen können oder müssen gleichlautende Begriffe unterschiedlich ausgelegt werden (sog. *Relativität der Rechtsbegriffe*; der Begriff geht auf den Mitbegründer der Interessenjurisprudenz RUDOLF MÜLLER-ERZBACH zurück, näher ENGISCH, S. 94 mit Nachweisen in Fn. 35). Beispielsweise wird im Zivilrecht Fahrlässigkeit anhand der verkehrsüblichen Sorgfalt und somit anhand eines *objektiven* Maßstabs bestimmt (§ 276 Abs. 1 Satz 2 BGB); im Strafrecht muß aber wegen des Schuldgrundsatzes (zudem) der *subjektive* Maßstab der dem Täter nach seinen persönlichen Kenntnissen und Fähigkeiten erreichbaren Sorgfalt gelten.

25 Näher LARENZ/CANARIS, S. 88 ff.

26 Das Strafrecht unterscheidet zwischen *Gesetzes-* und *Handlungs*konkurrenz. Methodisch läuft diese Unterscheidung parallel zu der zwischen Tatbestand und Rechtsfolge: Gesetzes- ist Tatbestands-, Handlungs- Rechtsfolgenkonkurrenz. Die Gesetzeskonkurrenz ist (abgesehen von Fällen ausdrücklicher Subsidiarität - lies beispielsweise § 265 a StGB) gesetzlich nicht geregelt und orientiert sich an der methodischen Konkurrenzlehre, vor allem am erweiterten lex specialis-Satz („Konsumtion", ungeschriebene „Subsidiarität"). Die Handlungskonkurrenz ist demgegenüber gesetzlich geregelt (§§ 52, 53 StGB) und hat mit der methodischen Konkurrenzlehre wenig zu tun, sondern konkretisiert den Verhältnismäßigkeitsgrundsatz. - Im wesentlichen wie hier GÜNTHER JAKOBS, Strafrecht Allgemeiner Teil, 2. Aufl. 1991, 31/1 ff.

27 Näher BODO PIEROTH/BERNHARD SCHLINK: Grundrechte, Staatsrecht II, 13. Aufl. 1997, Rdn. 384 ff.

spielsweise mag ein und dasselbe Verhalten Meinungsäußerung
(Art. 5 Abs. 1 GG), religiöses Bekenntnis (Art. 4 Abs. 1 GG) und
Versammlung (Art. 8 Abs. 1 GG) sein -.

3. An sich bedrohen Konkurrenzen die Einheit der Rechtsordnung nicht, und es gilt der *Grundsatz freier Konkurrenz*. Doch können
die miteinander konkurrierenden Rechtsnormen (abstrakt oder
konkret) *unverträgliche* Inhalte oder Rechtsfolgen haben.

a) Besonders deutlich ist die Unverträglichkeit im Falle von
Normwidersprüchen[28], wenn ein und dasselbe Verhalten von einer
Norm verboten, von einer anderen Norm geboten oder erlaubt ist.
Beispielsweise verbietet § 203 StGB staatlich anerkannten Sozialarbeitern, ihnen anvertraute Geheimnisse preiszugeben; die Strafprozeßordnung hingegen begründet eine Zeugenpflicht für jedermann
und gesteht Sozialarbeitern kein Zeugnisverweigerungsrecht zu (lies
§§ 53, 70 StPO). Daß nun ein Sozialarbeiter als Zeuge in einem
Strafprozeß zur Preisgabe ihm anvertrauter Geheimnisse gezwungen *und* anschließend mit einer Strafe wegen Verletzung von Privatgeheimnissen belegt werden kann, widerspricht (zwar nicht der
Logik, aber) rechtsstaatlichen Grundsätzen[29]. Die Auflösung des
Widerspruchs ist freilich offen: Die Strafprozeßordnung könnte

---

[28] Daneben kennt die Lehre von der Einheit der Rechtsordnung *Wertungs-* und
Prinzipienwidersprüche (näher ENGISCH, S. 212 ff.). Sie sollen freilich in der Regel
keine positiv-rechtlichem Konsequenzen haben. Gleichwohl sei kurz referiert:
Bei Wertungswidersprüchen führt der Gesetzgeber eine von ihm selbst getroffene Wertung nicht konsequent durch. Ein vielgenanntes (mittlerweile überholtes) Beispiel hierfür war die Strafrahmenspannung zwischen § 217 Abs. 2 und
§ 221 Abs. 3 letzter Halbsatz StGB alter Fassung (näher RGSt 68, 407 [410]):
Eine Mutter, die unter mildernden Umständen ihr nichteheliches Kind gleich
nach der Geburt *vorsätzlich tötete*, wurde nach dem Gesetzeswortlaut viel milder
bestraft als eine Mutter, die unter sonst gleichen Umständen das Kind *ohne
Tötungsvorsatz* aussetzte und hierdurch fahrlässig den Tod des Kindes herbeiführte. - Prinzipienwidersprüche beruhen auf konfligierenden Grundgedanken
der Rechtsordnung und sind vielfach unvermeidbar, ja der Rechtsordnung
immanent. Wenn beispielsweise auch unrichtige Urteile der Rechtskraft fähig
sind, behält der Grundgedanke der (formellen) Rechtssicherheit oberhand über
dem notwendig konfligierenden Grundgedanken der (materiellen) Gerechtigkeit
(zur damit angesprochenen berühmten „Antinomienlehre" GUSTAV RADBRUCHs
dessen: Vorschule der Rechtsphilosophie, 3. Aufl. 1965, S. 24 ff.). - Siehe auch
noch unten §§ 5 III, 8 I.
[29] Näher SCHILLING (Fn. 23), S. 377, 391 f.

um ein ungeschriebenes Zeugnisverweigerungsrecht der Sozialarbeiter ergänzt werden, oder es könnte die Verletzung von Privatgeheimnissen als kraft strafprozeßrechtlichen Zeugniszwanges „befugt" (gerechtfertigt) angesehen werden.

b) Vor allem im Zivil- und im öffentlichen Recht weit häufiger und für die Konkurrenzlehre weit bedeutsamer als Normwidersprüche sind die hier so genannten *Regelungswidersprüche*. Wenn ein Anspruch nach einer beschränkenden Norm unbegründet, nach einer anderen Norm begründet oder wenn ein Grundrechtseingriff nach einer beschränkenden Norm unzulässig, nach einer anderen zulässig ist, ist dies weder ein Norm- noch muß es ein Regelungswiderspruch sein[30]. Ein Regelungswiderspruch liegt aber vor, wenn die Schrankenregelung der beschränkenden Norm (weithin) gegenstandslos bzw. ihr Zweck vereitelt würde, könnte auf die andere Norm zurückgegriffen werden. Beispielsweise würde § 519 BGB, wonach die *vertragliche* Haftung des Schenkers auf Vorsatz und grobe Fahrlässigkeit beschränkt ist, (weithin) gegenstandslos und es würde der Zweck des Schutzes des uneigennützig Handelnden vereitelt, wenn im Falle einfacher Fahrlässigkeit auf *deliktische* Ansprüche etwa aus § 823 Abs. 1 BGB zurückgegriffen werden könnte[31]; oder es würden die strengen Anforderungen des Versammlungsgesetzes an die Auflösung einer Versammlung gegenstandslos und es würde der Zweck des Schutzes der Versammlungsfreiheit vereitelt, wenn Versammlungen auch nach allgemeinem Polizeirecht wegen jeglicher Gefahr für die öffentliche Sicherheit oder Ordnung verboten werden könnten[32].

4. Zur Auflösung der bezeichneten Unverträglichkeiten gibt es rechtliche (Meta- und) *Vorrangregeln*: die „Konkurrenzregeln" im engeren Sinne. Abgesehen von dem bereits besprochenen Vorrang

---

[30] Wenn beispielsweise *reine Vermögensschäden* zwar nicht nach § 823 *Abs. 1* BGB, wohl aber nach §§ 823 *Abs. 2*, 826 BGB ersatzfähig sind, ist dies kein Regelungswiderspruch, da an die Stelle der Haftungsschranke „Verletzung eines absoluten Rechts" *andere* Schranken treten: „Schutzgesetzverletzung", „vorsätzlich sittenwidrige Schädigung". Zu einem Regelungswiderspruch kommt es freilich, wenn Verkehrspflichten als Schutzgesetze im Sinne von § 823 Abs. 2 BGB angesehen werden.

[31] Näher LARENZ/CANARIS, S. 90 f.

[32] Deshalb heißt es, das Versammlungsrecht sei „polizeifest".

höherrangigen Rechts („lex superior") werden vor allem die Sätze „lex posterior derogat legi priori" (das spätere Recht geht dem früheren vor) und „lex specialis derogat legi generali" (das spezielle, besondere Recht geht dem generellen, allgemeinen vor) genannt. Beide sind freilich nur in beschränktem Maße hilfreich:

a) Der *lex posterior-Satz* zählt im Grunde nicht zur Konkurrenzlehre, sondern zum Recht der zeitlichen Geltung. Er besagt, daß im demokratischen Rechtsstaat neues als besser legitimiertes Recht nicht unter dem Vorbehalt gesetzt wird, das „gute alte Recht" solle unberührt bleiben, sondern daß *im Grundsatz* entgegenstehendes Recht gleicher oder niedrigerer Stufe[33] außer Kraft treten soll. Aber welches ältere Recht *im einzelnen* entgegensteht und außer Kraft treten soll, ist - fehlen ausdrückliche Bestimmungen, die auch die (übergangsweise) Fortgeltung alten Rechts anordnen können (Übergangsbestimmungen)[34] - Frage der *Auslegung* des neuen Rechts. So kann neues, jedoch allgemeines Recht keinesfalls stets dahin ausgelegt werden, daß altes, jedoch spezielles Recht aufgehoben sein soll[35]. Um das Beispiel des zeugnispflichtigen Sozialarbeiters aufzugreifen: Die Auslegungsfrage, ob das Einführungsgesetz zum Strafgesetzbuch vom 2.3.1974 (EGStGB - BGBl. 1974 I S. 1752), das die Strafbarkeit der Verletzung von Privatgeheimnissen durch staatlich anerkannte Sozialarbeiter einführte, den prozessualen Zeugniszwang für Sozialarbeiter beschränkte, ist zu verneinen, da das EGStGB die spezielle Materie des Prozeßrechts nicht regelte (und im übrigen nur die „unbefugte" Geheimnisoffenbarung strafbar gestellt wurde, der Zeugniszwang aber als Befugnis anerkannt war und ist). Weiterhin wird der lex posterior-Satz als

---

[33] Das spätere Recht kann älteres, aber höheres Recht nur dann außer Kraft setzen, wenn das höhere Recht dies zuläßt. Im deutschen Recht können Grundrechte nur (in den Grenzen von Art. 79 Abs. 3 GG) durch verfassungsänderndes Gesetz geändert werden; gesetzesändernde Rechtsverordnungen sind nur unter engen Voraussetzungen möglich (näher HANS SCHNEIDER: Gesetzgebung, 2. Aufl. 1991, Rdn. 653 ff. mit Nachw.).

[34] Für Altfälle können derartige Übergangsbestimmungen wegen des im Vertrauensschutzprinzip wurzelnden rechtsstaatlichen Rückwirkungsverbots (Art. 20 Abs. 3 GG mit besonders ausgeprägter Geltung im Strafrecht, Art. 103 Abs. 2 GG, § 2 StGB) sogar geboten sein.

[35] BYDLINSKI, S. 573.

Konkurrenzregel dadurch entwertet, daß sich im modernen Gesetzgebungsstaat zeitliche Rangverhältnisse durch Gesetzesänderungen, Neubekanntmachungen usw. willkürlich verschieben können. Beispielsweise genoß Art. 2 Abs. 2 lit. a der im Jahre 1952 in Kraft getretenen Europäischen Menschenrechtskonvention, wonach tödliche Notwehr zur Verteidigung von Vermögenswerten verboten ist[36], zunächst zeitlichen Vorrang vor dem älteren (Reichs-) Strafgesetzbuch; mit der Bestätigung des unbeschränkten Notwehrrechts durch den Strafrechtsreformgesetzgeber hat sich der zeitliche Vorrang aber umgekehrt.

b) Hilfreicher, im Grunde aber auch trivial, ist der *lex specialis*-*Satz*. Er besagt in seiner „logischen" Formulierung, daß, enthält eine Norm S sämtliche Merkmale einer anderen Norm G sowie noch weitere - eben spezielle - Merkmale, nur S anzuwenden ist[37]. Beispielsweise wird der Räuber nur wegen Raubs bestraft, obwohl jeder Raub (lies § 249 StGB) sämtliche Merkmale der Nötigung (lies § 240 StGB) und des Diebstahls (lies § 242 StGB) enthält. Mit „logischer" Notwendigkeit gilt der lex specialis-Satz freilich nicht, sondern nur, wenn und soweit sich durch systematische und teleologische Auslegung ergibt, daß die Rechtswirkungen der spezielleren Norm diejenigen der generelleren verdrängen und nicht nur ergänzen sollen[38]. Beispielsweise ist § 256 Abs. 2 StGB ersichtlich nicht so zu verstehen, daß im Spezialfall der *bandenmäßigen* (räuberischen) Erpressung *nur* auf Vermögensstrafe und erweiterten Verfall (§§ 43 a, 73 d StGB) erkannt werden kann, sondern es treten diese Rechtsfolgen *neben* die Strafe wegen (räuberischer) Erpressung (§§ 253, 255 StGB).

5. (Erst) die Rückführung des lex specialis-Satzes auf systematische und teleologische Erwägungen ermöglicht dessen Erweiterung zum Satz vom *Vorrang der inhaltsreicheren Sonder-Ordnung*, welche nicht durch Rückgriff auf eine andere und allgemeinere Ordnung (weithin) gegenstandslos gemacht und ihrem Zweck nach vereitelt

---

[36] Stark bestritten; näher ALBIN ESER, in: SCHÖNKE/SCHRÖDER, Strafgesetzbuch, 25. Aufl. 1997, § 32 Rdn. 62 mit Nachw.

[37] Statt dieser intensionalen Formulierung kann auch extensional formuliert werden: Sind alle Anwendungsfälle von S zugleich Anwendungsfälle von G, nicht aber umgekehrt, so ist S vorrangig.

[38] LARENZ/CANARIS, S. 88 f.

werden darf[39]. Um die zuvor genannten Beispiele aufzugreifen: Die vertragsrechtliche Haftungsbeschränkung zugunsten des Schenkers als eines uneigennützig Handelnden ist inhaltsreichere Sonder-Ordnung zum allgemeinen Deliktsrecht, jedenfalls soweit es um Pflichten in bezug auf die verschenkte Sache und um das Äquivalenzinteresse geht[40]. In weiten Teilen ist das Strafprozeßrecht inhaltsreichere Sonder-Ordnung gegenüber dem materiellen Strafrecht[41], so daß nicht das Verbot des § 203 StGB ein Zeugnisverweigerungsrecht begründet, sondern der Zeugniszwang einen Rechtfertigungsgrund[42]. Schranken für hoheitliche Eingriffe in Grundrechte, die in Sondergesetzen (und im besonderen Regelungsbereich von Grundrechten) gesetzt sind, dürfen nicht ohne weiteres durch Rückgriff auf die polizeirechtliche Generalklausel umgangen werden.

IV. Fall 4 - Kaufgewährleistung und Anfechtung wegen Eigenschaftsirrtums

1. Auch bei Konkurrenzfragen gilt, daß in einem ersten Schritt das konkurrierende Recht und erst in einem zweiten Schritt die höherrangigen Konkurrenzregeln angewendet werden.

2. a) Das Begehren des K könnte zum einen auf *Kaufgewährleistung* in Gestalt der Wandelung gestützt werden (§§ 459, 462 BGB). Ein als echt verkauftes Gemälde, das nur eine Kopie darstellt, ist fehlerhaft im Sinne von § 459 Abs. 1 Satz 1 BGB[43]. Weder kannte K

---

[39] Der Vorrang stützt sich also nicht auf die *Form*, sondern auf den materiellen *Grund*, daß eine bereits erschöpfende Regelung durch die inhaltsreichere Sonder-Ordnung stattgefunden hat, welche die allgemeinere Ordnung - die nur „subsidiär" gilt - „konsumiert" (zur „Subsidiarität" im Zivilrecht vergleiche LARENZ/CANARIS, S. 89 in Fn. 30; zu „Subsidiarität" und „Konsumtion" im Strafrecht vergleiche JAKOBS [Fn. 26], 31/17).

[40] Näher LARENZ/CANARIS, S. 90 f. mit Nachw.

[41] Grundlegend KARL PETERS: Die strafrechtsgestaltende Kraft des Strafprozesses, 1963.

[42] Oder es wären Unschuldsvermutung und Verteidigungsrecht entwertet, wenn ein Strafverteidiger, der im Wissen um die Schuld des Angeklagten dessen Freispruch mangels Beweises erwirkt, wegen Strafvereitelung (§ 258 StGB) bestraft werden könnte.

[43] Das folgt aus dem herrschenden „subjektiven" Fehlerbegriff, wonach jede Abweichung der vertraglichen Soll- von der Ist-Beschaffenheit (mag sie auch

die Unechtheit noch war sie ihm infolge grober Fahrlässigkeit unbekannt (§ 460 BGB). Freilich ist der Wandelungsanspruch (§ 462
BGB) nach § 477 Abs. 1 Satz 1 BGB *verjährt*, weil die Sechsmonats-
frist verstrichen ist; hierauf hat sich V auch berufen.

b) Jedoch könnte K den Kaufvertrag im Wege der *Anfechtung
wegen Eigenschaftsirrtums* (§ 119 Abs. 2 BGB) rückwirkend (§ 142
Abs. 1 BGB) beseitigen und dann das Geschäft nach Bereiche-
rungsrecht (§ 812 Abs. 1 Satz 1 erste Alternative BGB) zurückab-
wickeln. K unterlag einem Irrtum über die Echtheit des Gemäldes,
also über eine verkehrswesentliche Eigenschaft einer Sache im
Sinne des § 119 Abs. 2 BGB[44]. Zwar muß die Anfechtung ohne
schuldhaftes Zögern erfolgen, nachdem der Anfechtungsberech-
tigte von dem Anfechtungsgrund Kenntnis erlangt hat (§ 121 Abs.
1 Satz 1 BGB); mit dieser Einschränkung ist die Irrtumsanfechtung
jedoch dreißig Jahre ab Abgabe der Willenserklärung möglich
(§ 121 Abs. 2 BGB). Da K ein Jahr nach Kaufvertragsabschluß und
unverzüglich nach Aufdeckung des Irrtums Rückgängigmachung
des Geschäfts verlangt hat, ist die Anfechtung rechtzeitig. Sofern V
hinsichtlich des Kaufpreises nicht entreichert ist (§ 818 Abs. 3
BGB), kann K sein Ziel im Anfechtungsweg erreichen.

3. Doch nimmt die überwiegende Auffassung hier einen *Regelungswiderspruch* und einen *Vorrang des Kaufgewährleistungsrechts als der
inhaltsreicheren Sonder-Ordnung* an[45]. Der Regelungswiderspruch liegt
darin, daß, würde die Anfechtung wegen Eigenschaftsirrtums nach
§ 119 Abs. 2 BGB neben der Kaufgewährleistung nach §§ 459 ff.
BGB zu gelassen, zahlreiche Beschränkungen des Kaufgewährleistungsrechts gegenstandslos und ihrem Zweck nach vereitelt würden, insbesondere die kurze Verjährung (§ 477 BGB), aber auch
der Haftungsausschluß bei grober Fahrlässigkeit des Käufers (§ 460
Satz 2 BGB) oder bei Pfandversteigerung (§ 461 BGB) sowie der

---

noch so weit gehen) einen Fehler begründet. Auf der Grundlage eines mehr
„objektiven" Fehlerbegriffs, der zwischen bloß fehlerhaften und andersartigen
Sachen trennt, widerspricht dem die Lehre vom „Qualifikations-Aliud". Näher
ULRICH HUBER, in: SOERGEL/SIEBERT, Bürgerliches Gesetzbuch, 11. Aufl., Vor
§ 459 Rdn. 109 mit Nachw. (Stand Frühjahr 1986).

44 HELMUT HEINRICHS, in: PALANDT, Bürgerliches Gesetzbuch, 56. Aufl. 1997,
§ 119 Rdn. 27 mit Nachw.

45 HUBER (Fn. 43), Rdn. 171 mit Nachweisen.

Ausschluß der Wandelung, wenn der Käufer die Kaufsache schuldhaft zerstört oder beschädigt (§ 467 Satz 1 mit § 351 BGB). Diese
Regelungen würden *gegenstandslos*, weil das Anfechtungsrecht nach
§ 119 Abs. 2 BGB vergleichbare Beschränkungen nicht kennt, aber
praktisch stets neben den Kaufgewährleistungsvorschriften anwendbar ist, da auch das Kaufgewährleistungsrecht einen Irrtum
des (Spezies-) Käufers voraussetzt (§ 460 Satz 1 BGB) und sich der
Irrtum praktisch stets auf eine verkehrswesentliche Eigenschaft im
Sinne von § 119 Abs. 2 BGB bezieht. Die *Zweckvereitelung* bezieht
sich insbesondere auf den Zweck des § 477 BGB, im Interesse der
Rechtssicherheit und des Schutzes des redlichen Verkäufers Sach-
mängelstreitigkeiten rasch abzuwickeln, bevor durch Zeitablauf
Beweisschwierigkeiten eintreten[46].

Mithin hat V recht[47].

---

[46] Obwohl Beweisschwierigkeiten bei Qualifikations-Alia (oben Fn. 43) eine ge-
ringere Rolle spielen (und vorliegend nicht bestehen!), beharrt die herrschende
Auffassung auch bei ihnen auf dem Vorrang der §§ 459 ff. BGB; näher HUBER
(Fn. 43), Rdn. 172 mit Nachweisen.

[47] Das Ergebnis ist für K derart hart, daß seine Korrektur - etwa durch Ermäßi-
gung des Kaufpreises auf den Einstandspreis des V wegen Wegfalls der subjektiven Geschäftsgrundlage bei beidseitigem Motivirrtum - in Betracht gezogen
werden kann. Aber das Gegenargument, das Kaufgewährleistungsrecht sei *erst
recht* gegenüber solchen allgemeinen Rechtsgrundsätzen spezieller, liegt auf der
Hand. Recht kann unbillig sein!

§ 5. Rechtssätze und Rechtsgrundsätze

Fall 5: Dem bei der X GmbH (X) angestellten Buchhalter B war es zu mühsam, bei jeder Bestellung von Büromaterial den zuständigen Geschäftsführer G einzuschalten. Deshalb nutzte B seit 1995 Firmenpapier und -stempel der X, um bei dem Lieferanten L Büromaterial für die X zu bestellen. Die Überweisungsaufträge zur Bezahlung der Lieferungen unterzeichnete G blindlings. Erst Ende 1997 wurde er aufmerksam, als ihm ein Überweisungauftrag über 5.000,- DM vorgelegt wurde. Es handelte sich um den Kaufpreis für eine Standard-Buchhaltungssoftware, die B kurz zuvor bei L für die X bestellt hatte. G verweigerte die Genehmigung des Software-Kaufs. Ist die X an den Kaufvertrag gebunden? Stellen Sie die einschlägigen Rechtssätze und Rechtsgrundsätze dar!

I. *Regeln und Prinzipien oder Rechtssätze und Rechtsgrundsätze?*

Nach einer vordringenden Lehre[1] besteht das positive Recht aus Regeln und Prinzipien. *Regeln* sind dadurch gekennzeichnet, daß sie nach einem „Alles-oder-nichts-Modus" im Wege der Subsumtion anwendbar sind (oder nicht) und bestimmte Rechtsfolgen anordnen (oder nicht); kollidieren Regeln miteinander, so muß eine den Vorrang haben. Demgegenüber sind (offene und unbestimmte) *Prinzipien* lediglich „Optimierungsgebote" mit der Rechtsfolge, daß ein Ziel in tatsächlich und rechtlich höchstmöglichem Maße verwirklicht werden solle, und im Falle von Prinzipienkollision findet eine Abwägung nach dem Gewicht des Prinzips im Einzelfall statt. Paradigma für Prinzipien sollen die Grundrechte sein.

Die Parallele dieser Lehre zur herkömmlichen Unterscheidung von *Rechtssätzen* und *Rechtsgrundsätzen* liegt auf der Hand. Im folgenden wird *diese* Unterscheidung verwendet. Einerseits fügt sich die *Prinzipien*lehre durchaus in ältere Ansätze ein[2]; andererseits ist die Lehre von den *Regeln* recht pauschal, und die herkömmliche Rechtssatzlehre bietet eine stärker am positiven Recht orientierte, differenziertere Analyse.

---

[1] Näher ROBERT ALEXY, in: Archiv für Rechts- und Sozialphilosophie Beiheft 25 (1985), S. 13 ff.; ULRICH PENSKI, in: JZ 1989, 105 ff.; je mit Nachweisen.
[2] Grundlegend JOSEF ESSER: Grundsatz und Norm in der richterlichen Fortbildung des Privatrechts, 1956.

II. Rechtssätze

1. Der Rechtssatz ist der sprachliche Ausdruck einer Rechtsnorm[3]. Er besteht aus der Beschreibung und zugleich Geltungsanordnung einer *Rechtsfolge*, welche durch die im *Tatbestand* umschriebenen Voraussetzungen bedingt ist. Beispielsweise kann § 823 Abs. 1 BGB untergliedert werden in die Rechtsfolge der Schadensersatzpflicht und den Tatbestand, daß jemand einen anderen vorsätzlich oder fahrlässig und rechtswidrig an Leben, Leib (usf.) verletzt und ihn hierdurch geschädigt hat; bei § 211 StGB ist Rechtsfolge die lebenslangen Freiheitsstrafe, Tatbestand, daß der Mörder einen (anderen) Menschen aus Mordlust (usf.) getötet hat.

2. Der *Tatbestand* im methodischen Sinne beschreibt abstrakt-generell (lies Art. 19 Abs. 1 Satz 1 GG) die Rechtsfolgevoraussetzungen oder -bedingungen[4]. Er kann (extensional) als Inbegriff von Lebenssachverhalten begriffen werden - der Tatbestand des § 211 StGB umfaßt alle in der Wirklichkeit vorkommenden Tötungen aus Mordlust (usf.) - oder (intensional) als Inbegriff der Bedeutungen der Tatbestandsmerkmale - töten, Mordlust usf. -.

a) Im logischen Sinne *„vollständig"* ist ein Tatbestand, wenn er *sämtliche* (positiven wie negativen) Bedingungen für die Rechtsfolge benennt. In diesem Sinne ist beispielsweise der textliche Tatbestand des § 211 StGB äußerst unvollständig: Lebenslange Freiheitsstrafe darf nur verhängt werden, wenn der Mörder vorsätzlich handelte, ihm keine Rechtfertigungs-, Schuldausschließungs- oder Entschuldigungsgründe zur Seite stehen und seine Schuld prozeßordnungsgemäß festgestellt ist (Unschuldsvermutung). Dogmatisch ist ein so umfassender Tatbestandsbegriff wenig sinnvoll. Auch methodisch kann er eingeschränkt werden, indem nach abstrakten Rechtsfolgen[5] gefragt wird: Für die abstrakte Schadensersatzpflicht (die

---

[3] Vergleiche hierzu einerseits KELSEN, S. 73 ff., andererseits LARENZ, S. 75 f.

[4] Demgegenüber versteht die Strafrechtslehre unter „Tatbestand" das im Strafgesetz des Besonderen Teils vertypte Unrecht, und im Prozeßrecht besteht der „Tatbestand" des Urteils (lies §§ 313 Abs. 1 Nr. 5, Abs. 2 ZPO, 117 Abs. 2 Nr. 4, Abs. 3 VwGO) im wesentlichen aus der Schilderung des Parteivortrags, also der behaupteten konkret-individuellen Tatsachen, des (Lebens-)„Sachverhalts".

[5] Zur Unterscheidung zwischen konkreter und abstrakter Rechtsfolge ENGISCH, S. 35.

etwa bei einem Feststellungs- oder Grundurteil in Frage steht, lies §§ 256, 304 Abs. 1 ZPO) gehört zum relevanten Tatbestand etwa des § 823 Abs. 1 BGB nur die vorsätzliche oder fahrlässige Verletzung von Leib, Leben (usf.), das „Ob" des Schadens (die Möglichkeit bzw. hohe Wahrscheinlichkeit, daß irgendein Schaden entstehen wird bzw. entstanden ist) und das Maß eines etwaigen Mitverschuldens (§ 254 BGB); oder wird nach der abstrakten „Strafbarkeit" gefragt, so bleiben Fragen der Strafzumessung (§ 46 StGB) und des Strafprozesses außer Betracht.

b) Vollständige Tatbestände enthalten regelmäßig neben „*positiven*" auch „*negative*" (häufig gesondert, in „einschränkenden" Rechtssätzen[6], geregelte) Voraussetzungen. So sind im Zivilrecht Ansprüche nur gegeben, wenn ihnen keine rechtsvernichtenden Einwendungen (Beispiel: Erfüllung, § 362 Abs. 1 BGB) oder rechtshemmenden Einreden (Beispiel: Verjährung, § 222 BGB) entgegenstehen; oder es macht sich strafbar nur, wer sich nicht auf Rechtfertigungs-, Schuldausschließungs- oder Entschuldigungsgründe (§§ 17 bis 21, 32 bis 35 StGB) berufen kann. In logischer Hinsicht stehen positive und negative Tatbestandsmerkmale einander gleich. Dogmatisch besteht aber nicht selten ein Regel-Ausnahme-Verhältnis. Im Zivilrecht führt es zu einer Beweislastverschiebung. Beispielsweise besagt die negative Formulierung in § 932 Abs. 2 BGB, daß nicht der Erwerber seinen guten Glauben (die Regel), sondern der Eigentümer bösen Glauben des Erwerber (die Ausnahme) zu beweisen hat; und der Gläubiger hat nicht zu beweisen, daß sein Anspruch frei von Einwendungen oder Einreden ist, sondern deren Beweis obliegt dem Schuldner. Im Strafrecht bleibt es hingegen bei der „Beweislast" der Strafverfolgung, nicht etwa muß der Angeklagte das Vorliegen von Rechtfertigungs- oder Entschuldigungsgründen (als materiell-rechtlichen Ausnahmegründen[7]) beweisen.

---

6 So die Terminologie von LARENZ/CANARIS, S. 80 f.
7 Zum Streit, ob und in welchem Sinne Rechtfertigungsgründe Ausnahmen sind, THEODOR LENCKNER, in: SCHÖNKE/SCHRÖDER, Strafgesetzbuch, 25. Aufl. 1997, Vorbem. §§ 13 ff. Rdn. 15 ff.

c) Nicht selten *verweisen* Tatbestände auf andere Rechtssätze[8]. Derartige Verweisungen sind *ausdrücklich* oder *stillschweigend (konkludent)* möglich. So beginnt eine berühmte ausdrückliche zivilrechtliche Verweisungskette in § 818 Abs. 4 BGB (lies weiterhin: §§ 291, 292; 987, 989 BGB), und im Strafrecht sind insbesondere Blankettstrafgesetze (wie § 34 AWG, oben Fall 2) als Beispiele für ausdrückliche Verweisungen zu nennen. Eine konkludente Verweisung enthalten alle Strafgesetze mit dem normativen Tatbestandsmerkmal „fremd", das auf die zivilrechtliche Eigentumslage und die sie bestimmenden Rechtssätze verweist. Auslegungsfrage ist es, ob der Rechtssatz, auf den verwiesen wird, nur seiner Rechtsfolge nach (*Rechtsfolgenverweisung* - Beispiel: § 440 Abs. 1 BGB für den Fall anfänglichen Unvermögens) oder auch seinem Tatbestand nach (*Rechtsgrundverweisung* - Beispiel: § 951 Abs. 1 BGB) in bezug genommen wird[9]. Gleichfalls Auslegungs-, aber zugleich Verfassungsrechtsfrage ist es, ob Änderungen des Rechtssatzes, auf den verwiesen wird, berücksichtigt werden dürfen (*dynamische Verweisung*) oder nicht (*statische Verweisung*). In grundrechtsrelevanten Regelungsbereichen, vor allem im Strafrecht, sind dynamische Verweisungen regelmäßig unzulässig[10].

3. Zwischen Tatbestand und Rechtsfolge besteht im Grundsatz der Zusammenhang *hinreichender, nicht aber notwendiger, Bedingung*[11]: Stets, freilich nicht nur, wenn die Voraussetzungen des Tatbestandes erfüllt sind, tritt die Rechtsfolge ein. Beispielsweise wird mit (zumindest: fakultativer) lebenslanger Freiheitsstrafe auch bestraft, wer einen Angriffskrieg vorbereitet (§ 80 StGB), Hochverrat gegen den Bund übt (§ 81 StGB) oder Völkermord begeht (§ 220 a StGB)

---

[8] Grundlegend HANS-ULRICH KARPEN: Die Verweisung als Mittel der Gesetzgebungstechnik, 1970.

[9] Dieser zivilrechtlichen Unterscheidung entspricht die strafrechtliche zwischen *normativem Tatbestandsmerkmal* und *Blankettstrafgesetz.* Dieses kann als Rechtsgrundverweisung auf den Tatbestand der blankettausfüllenden Norm, jenes als Rechtsfolgenverweisung auf den „Regelungseffekt" der in bezug genommenen Normen begriffen werden. Näher GÜNTHER JAKOBS: Strafrecht Allgemeiner Teil, 2. Aufl. 1991, 8/47, 53 ff.

[10] Grundlegend BVerfGE 47, 285 (311 ff.); näher und mit Nachweisen HANS JARASS/BODO PIEROTH: Grundgesetz, 4. Aufl. 1997, Art. 20 Rdn. 34, 44.

[11] Näher HERBERGER/SIMON, S. 45 ff.

usf. Aber das Gesetz kann einen hinreichenden *und* notwendigen Zusammenhang vorschreiben, wie dies beispielsweise in § 5 Versammlungsgesetz geschehen ist, wonach öffentliche Versammlungen in geschlossenen Räumen „nur dann" verboten werden können, wenn die benannten Tatbestandsvoraussetzungen erfüllt sind.

Der Bedingungszusammenhang ist kein naturgesetzlicher Seins-, sondern ein *deontologischer Sollenszusammenhang*. Beispiels- und trivialerweise besagt § 211 Abs. 1 StGB nicht, daß *tatsächlich* jeder Mörder mit lebenslanger Freiheitsstrafe bestraft *wird*, sondern daß jeder Mörder so bestraft werden *soll*; und aus Art. 1 Abs. 1 Satz 1 GG folgt nicht, die Würde des Menschen *könne* nicht angetastet werden, sondern, sie *solle* es nicht. Dies als „juristische Kausalität" zu bezeichnen[12], ist irreführend, soweit hierdurch Seinskategorien auf Sollensfragen übertragen werden. Beispielsweise bedeutet Nichtigkeit einer Willenserklärung deren rechtliche Unwirksamkeit, nicht aber deren Nicht-Sein, so daß auch nichtige Willenserklärung angefochten werden können[13].

4. Die *Rechtsfolge* besagt, was von Rechts wegen sein soll, und kann deshalb als *Geltungsanordnung* begriffen werden[14]. In Rechtsphilosophie und -theorie sind mannigfaltige Versuche unternommen worden, den Begriff „der" Rechtsfolge oder deren „Wesen" herauszuarbeiten. Sie werden der Fülle positiv-rechtlicher Rechtsfolgen nicht oder nur um den Preis der Künstlichkeit gerecht[15].

---

12 Zu diesem älteren (und rechtstheoretisch überholten) Standpunkt näher ENGISCH, S. 36 ff. mit Nachweisen; auch ZIPPELIUS, S. 26.

13 Sog. Lehre von den Doppelwirkungen im Zivilrecht; näher aus methodischer Sicht ENGISCH, S. 37 ff. mit Nachweisen. - Die Anfechtung nichtiger Willenserklärungen macht Sinn, wenn sie günstigere Rechtsfolgen auslöst als die Nichtigkeit. Schulbeispiel (nachvollziehen!): Übereignet ein betrogener Geisteskranker eine Sache an den Betrüger, der sie an einen Dritten übereignet, der zwar den Betrug kennt, nicht aber die Geisteskrankheit, so kann der gutgläubige Eigentumserwerb des Dritten (§ 932 BGB) nur verhindert werden, wenn die nichtige (§§ 104 Nr. 2, 105 Abs. 1 BGB) Erklärung des Geisteskranken auch noch wegen arglistiger Täuschung angefochten (§ 123 Abs. 1 BGB) wird: Dann greift § 142 Abs. 2 BGB ein.

14 LARENZ/CANARIS, S. 77.

15 Wer beispielsweise jede Rechtsfolge auf Rechte und Pflichten bzw. nur auf (gegenüber der Rechtsordnung oder dem je Berechtigten bestehende) Pflichten zurückführen und so das Recht als Inbegriff von Pflichtanordnungen oder

Hilfreicher erscheint, *typische* Rechtsfolgen- und damit Rechtssatz-oder Rechtsnorm*arten* zu benennen.

a) „Klassische" und im Mittelpunkt der tradierten Methodenlehre stehende Rechtsfolge ist der *Anspruch* im Sinne der subjektiven Berechtigung einer Person mit korrespondierender Leistungspflicht einer anderen Person. Anspruchsgewährende Normen werden *Anspruchsnormen* oder *-grundlagen* genannt. Sie sind zentral im zivilen Schuldrecht, wo der Leistungspflicht des Schuldners (lies § 241 BGB) eine Berechtigung des Gläubigers entspricht: Der Käufer muß den Kaufpreis bezahlen (lies § 433 Abs. 2 BGB), der Verkäufer kann Zahlung des Kaufpreises verlangen. Auch im öffentlichen Recht gibt es im Verhältnis zwischen Bürger als Berechtigtem und Staat als Verpflichteten[16] eine Fülle von Anspruchsnormen, etwa im Sozialrecht (lies beispielsweise §§ 4, 11 Bundessozialhilfegesetz). Als Anspruchsnormen im methodischen Sinne müssen aber auch diejenigen Rechtssätze des öffentlichen Rechts angesehen werden, welche dem Bürger ein *subjektives Recht* - in der Regel auf ein Unterlassen (Abwehrrechte), ausnahmsweise aber auch auf ein Tun (Teilhaberechte) des verpflichteten Staats - geben[17]. Paradigma derartiger subjektiver Rechte sind die Grundrechte.

„Imperativen" deuten will (sog. *Imperativentheorie*), sieht sich dazu gezwungen, viele oder die meisten Rechtssätze als „unvollständige" Teile von Imperativen zu begreifen, was logisch möglich, aber künstlich ist (LARENZ/CANARIS, S. 76). Auch der Schluß von der (zutreffenden) These, die Besonderheit von Rechtspflichten sei deren staatliche Erzwingbarkeit, darauf, eigentliche Rechtsfolge sei die Setzung eines Zwangsakts (sog. *Zwangstheorie* des Rechts, siehe KELSEN, S. 123 f.), ist künstlich: Hat § 433 Abs. 2 BGB den Sinn, den Zwangsakt „Zwangsvollstreckung in das Käufervermögen wegen des Kaufpreises" zu setzen? Vertiefend BYDLINSKI, S. 191 ff.

[16] Natürlich kann auch der Bürger „verpflichtet" und der Staat „berechtigt" sein: Steuer- oder Wehrpflicht, aber auch Polizeipflicht, wenn ein Störer in Anspruch genommen wird, oder Pflicht, Strafe zu erdulden. Aber der Staat hat keinen „Anspruch" im Sinne eines subjektiven Rechts, sondern Aufgaben und Rechtsmacht zu ihrer Erfüllung kraft Ermächtigungsnorm. Dies muß stets bedacht werden, wenn (technisch) vom Steueranspruch oder (untechnisch und im Grunde fehlerhaft) vom Strafanspruch des Staates gesprochen wird.

[17] Zur Lehre vom subjektiv-öffentlichen Recht HARTMUT MAURER: Allgemeines Verwaltungsrecht, 11. Auf. 1997, § 8 Rdn. 1 ff.

b) Die neuere Methodenlehre verallgemeinert das Rechte-Pflichten-Denken, begreift das Recht als Verhaltensordnung und kommt zur Unterscheidung zwischen *Verhaltens-* und *Sanktionsnormen*, allgemeiner zwischen „*primären*" und „*sekundären*" Normen. Rechtsfolge der primären Verhaltensnormen[18] ist das Verbot[19], Gebot oder die Erlaubnis (Freistellung) eines bestimmten Verhaltens. Beispielsweise verbietet § 3 Versammlungsgesetz, öffentlich oder in einer Versammlung Uniformen als Ausdruck gemeinsamer politischer Gesinnung zu tragen; oder es erlaubt § 229 BGB die zivilrechtliche Selbsthilfe. Sekundäre oder Sanktions-Normen knüpfen an (die Zuwiderhandlung gegen) Verhaltensnormen an und ermächtigen die zuständigen staatlichen Organe (an die sie sich richten), Sanktionen oder andere Zwangs-Rechtsfolgen anzuordnen. So bestimmt § 28 Versammlungsgesetz als Sanktions- und Sekundärnorm, daß mit Freiheitsstrafe bis zu einem Jahr oder Geldstrafe bestraft wird, wer der Verhaltensnorm des § 3 Versammlungsgesetz zuwiderhandelt; oder der Strafrichter darf die Sanktionsnorm des § 239 StGB (Freiheitsberaubung) nicht anwenden, wenn der Angeklagter seinen flüchtigen Schuldner festnahm und sich deshalb auf die Erlaubnisnorm des § 229 BGB (Selbsthilfe) berufen kann. Nach überwiegender Auffassung beinhalten *alle* Sanktionsnormen, insbesondere Straf- oder Bußgeldvorschriften, Verhaltensnormen, auch wenn sich der Gesetzestext auf die Sanktionsnorm beschränkt. Der Gedanke der primären Verhaltensnorm ist auch dem Zivilrecht nicht fremd. Naheliegend ist er im Deliktsrecht (lies § 823 Abs. 2, auch § 823 Abs. 1 mit

---

18 Nach älterer Lehre werden sie auch als *Bestimmungsnormen* bezeichnet, die wiederum ihren Grund in einer gesetzlichen Bewertung - des verbotenen Verhaltens als wertwidrig, des gebotenen als wertvoll, des erlaubten als wert-indifferent - haben sollen (*Bewertungsnormen*). Näher WOLFGANG MÜNZBERG: Verhalten und Erfolg als Grundlagen der Rechtswidrigkeit und Haftung, 1966, S. 49 f. mit umfassenden Nachweisen.

19 Im öffentlichen Recht werden Verbote vielfach dadurch angeordnet, daß ein bestimmtes Verhalten *genehmigungsbedürftig* gestellt wird. Je nach Sinn der Genehmigungspflicht werden *repressive Verbote mit dem Vorbehalt ausnahmsweiser Befreiung* (Beispiel: Verbot privaten Waffenbesitzes) und *präventive Verbote mit dem der Überwachung dienenden Vorbehalt regelmäßiger Erlaubnis* (Beispiel: Verbot des Bauens ohne Baugenehmigung) unterschieden. Näher MAURER (Fn. 17), § 9 Rdn. 51 ff. mit Nachweisen.

§ 1004, BGB); und allgemein knüpfen „sekundäre" Rechtsfolgen wie etwa die Schadensersatzpflicht wegen Verzugs (§ 286 BGB) vielfach an „primären" Rechtsfolgen wie hier die Leistungspflicht (lies §§ 241 und 284 Abs. 1 Satz 1 BGB) an.

c) Vielfach werden *nur* Anspruchs- bzw. Verhaltens- und Sanktionsnormen als „vollständige" oder „selbständige" Rechtssätze, alle anderen Rechtssatzarten hingegen als „unvollständig" oder „unselbständig" oder bloße „Ergänzungsbestimmungen" angesehen[20]. Sinnvoll erscheint eine derartige Abwertung wichtiger Rechtssatzarten und ganzer Rechtsmaterien nicht:

Geltungs- oder Anwendungsnormen bestimmen über Geltung oder Anwendbarkeit anderer Rechtsnormen. Beispiele hierfür finden sich - abgesehen von den (Meta-) Regeln, die oben § 4 behandelt worden sind - im internationalen und intertemporalen Zivil- und Strafrecht (vergleiche Art. 3 ff. EGBGB, §§ 1 ff. StGB) oder in Übergangsbestimmungen (vergleiche aus dem Grundgesetz Art. 117, 123 GG).

Ermächtigungsnormen oder *-grundlagen* räumen dem Ermächtigten eine (in der Regel inhaltlich begrenzte) Rechtsmacht[21] ein (und sind von *Kompetenz-, Zuständigkeits-* oder *Aufgabenzuweisungsnormen* zu unterscheiden, die nicht für sich Rechtsmacht zuweisen). Sie gehören weder zu den· Verhaltens- noch Sanktionsnormen, weil sie erst *ermöglichen,* daß ein Verhalten bzw. eine Sanktion angeordnet wird. Paradigma für eine Ermächtigungsnorm oder -grundlage ist die in allen Landespolizei- oder -ordnungsgesetzen enthaltene sog. polizeirechtliche Generalklausel, wonach die Polizeibehörden ermächtigt sind, bei Gefahren für die öffentliche Sicherheit oder Ordnung[22] die erforderlichen Maßnahmen zu treffen. Allgemein bedarf

---

[20] So LARENZ/CANARIS, S. 78 ff. (aber auch 74 ff.); ZIPPELIUS, S. 2 ff., 25 ff. - Zur logischen Unvollständigkeit eines Tatbestandes oben 2. a).

[21] Rechtsmacht gibt es auch als Vertretungs- oder Verfügungsmacht im Zivilrecht (näher aus methodischer Sicht LARENZ/CANARIS, S. 75 f.). Freilich ist es unüblich, Rechtssätze, die Erwerb und Verlust solcher Rechtsmacht (etwa der Eltern für ihre Kinder, § 1626 BGB) regeln, als „Ermächtigungsnormen" zu bezeichnen.

[22] Nebenbei: Solche Gefahren müssen keineswegs auf verhaltensnormwidriges Verhalten, ja nicht einmal auf Verhalten zurückgehen; polizeirechtlich kann jemand auch für einen Zustand verantwortlich sein.

es für jeden hoheitlichen Grundrechtseingriff einer öffentlich-rechtlichen Ermächtigungsgrundlage.

Organisationsnormen legen die Gestalt von Staat, Kreisen und Gemeinden (Staats-, Kreis-, Gemeindeorganisationsrecht), Verwaltung (Verwaltungsorganisationsrecht) und Gerichten (Gerichtsverfassungsrecht) „innenrechtlich"[23] bindend fest. Auch derjenige Teil des (Verwaltungs- und Gerichts-) Verfahrensrechts, welcher Ob und Gestalt von Verfahren regelt, kann als Organisationsrecht begriffen werden[24].

Statusnormen[25] regeln den rechtlichen Status einer Person, sei es im Privatrecht (beispielsweise im Allgemeinen Teil des Bürgerlichen Gesetzbuchs: §§ 1, 21 ff. BGB) oder im öffentlichen Recht (beispielsweise im Staatsangehörigkeitsrecht). Diesem „Personenrecht" wird klassischerweise das „Sachenrecht" gegenübergestellt, das den rechtlichen Status von Sachen oder Rechten betrifft und deren Erwerb, Übertragung, Veränderung und Verlust regelt.

d) Andere Rechtssatzarten können treffender als „unvollständig" oder „unselbständig" bezeichnet werden.

Form- und Verfahrensvorschriften sind nicht nur Organisationsnormen, sondern ihre Beachtung ist häufig auch Voraussetzung für die Wirksamkeit oder Gültigkeit eines Rechtsakts, sei es eines Rechtsgeschäfts (siehe etwa §§ 125, 313 BGB), eines Verwaltungsakts (siehe etwa §§ 37 Abs. 3, 44 Abs. 2 Nr. 1 VwVfG), einer Prozeßhandlung (siehe etwa §§ 130 Nr. 6, 253 Abs. 3 ZPO) oder eines Urteils (siehe etwa § 315 ZPO).

Legaldefinitionen legen (nur) den Sprachgebrauch des Gesetzes rechtsverbindlich fest, so daß Auslegung nur in bezug auf die Legaldefinition, nicht aber in bezug auf das Definiens möglich ist

---

23 Zum „Innenrecht" näher MAURER (Fn. 17), § 3 Rdn. 5.

24 Im übrigen setzt sich das Verfahrensrecht, methodisch gesprochen, aus subjektiven Rechten der Verfahrensbeteiligten und Ermächtigungsgrundlagen für den Verfahrensherrn (Gericht, Behörde, Staatsanwaltschaft) zusammen.

25 Vergleiche LARENZ/CANARIS, S. 76. - Obwohl ein Status Rechte und Pflichten *begründen* kann, *ist* er entgegen ZIPPELIUS (S. 5) nicht bloß ein Inbegriff von Rechten und Pflichten. Augenfällig wird diese Selbständigkeit des Status bei statusfeststellenden oder -ändernden Urteilen oder Verwaltungsakten, etwa Ehenichtigkeits- oder -aufhebungs- oder -scheidungsurteilen (§§ 23, 29 Ehegesetz, § 1564 BGB).

(insoweit: Auslegungsverbot). Neben ausdrücklichen Legaldefinitionen (wie § 11 Abs. 1 StGB) gibt es „Klammerdefinitionen" (wie in § 121 BGB, wonach „unverzüglich" bedeutet: ohne schuldhaftes Zögern) und andere „erläuternde" („umschreibende" oder „ausfüllende") Rechtssätze (wie § 276 Abs. 1 Satz 2 BGB für die Fahrlässigkeit oder §§ 249 ff. BGB für den Inhalt einer Schadensersatzpflicht).

Durch *gesetzliche Fiktionen*[26] wird als ungleich Gewußtes in rechtlicher Hinsicht gleichgesetzt (was auch durch Legaldefinition geschehen kann: Entgegen § 11 Abs. 1 Nr. 7 StGB sind Gerichte *keine* Behörden!). Beispielsweise wird in § 177 Abs. 2 Satz 2 letzter Halbsatz BGB - hiernach „gilt" die Genehmigung des Vertretenen für das ohne Vertretungsmacht abgeschlossene Vertretergeschäft „als verweigert", wenn der Vertretene die Genehmigung nicht binnen bestimmter Frist erklärt - bloßes Schweigen mit einer Willenserklärung gleichgesetzt[27].

Strukturverwandt mit Fiktionen sind *unwiderlegbare Vermutungen,* in denen aus bestimmten Tatsachen (Vermutungsgrundlage) rechtlich zwingend Schlüsse gezogen werden, selbst wenn dies im Einzelfall unzutreffend ist. Dies kann unausgesprochen geschehen - beispielsweise sind Kinder unter vierzehn Jahren schuldunfähig (§ 19 StGB), obwohl im Einzelfall denkbar ist, daß sie fähig sind, das Unrecht der Tat einzusehen und hiernach zu handeln - oder ausgesprochen - beispielsweise wird nach dreijährigem Getrenntleben das Scheitern der Ehe „unwiderlegbar vermutet" (§ 1566 Abs. 2 BGB), obwohl im Einzelfall denkbar ist, daß die Wiederherstellung der Ehe erwartet werden kann (vergleiche § 1565 Abs. 1 Satz 2 BGB) -.

Widerlegliche Vermutungen haben hingegen verfahrensrechtlichen Gehalt, legen nämlich demjenigen, der die Vermutung widerle-

---

[26] Näher LARENZ/CANARIS, S. 83 ff. mit Nachweisen.

[27] Der Umfang der Gleichsetzung ist freilich der Auslegung bedürftig. Beispielsweise widerspricht es dem Sinn des § 177 Abs. 2 Satz 2 letzter Halbsatz BGB, Rechtsklarheit zu schaffen, wenn es auf die Geschäftsfähigkeit des Vertretenen ankäme oder das Schweigen gem. § 119 BGB angefochten werden könnten; näher HELMUT HEINRICHS, in: PALANDT, Bürgerliches Gesetzbuch, 56. Aufl. 1997, Einf v § 116 Rdn. 12 mit Nachweisen.

gen will, die Darlegungs- bzw. Beweislast auf (Beispiele: Art. 16 a Abs. 3 Satz 2 GG, § 1006 BGB).

III. Rechtsgrundsätze

1. Der Großteil des geschriebenen positiven Rechts besteht aus Rechtssätzen im soeben beschriebenen Sinn. Jedoch gibt es darüber hinaus geschriebene und ungeschriebene Rechtsgrundsätze, die gleichfalls positives (geltendes und verbindliches) Recht sind.

a) *Geschriebene Rechtsgrundsätze* finden sich in Rechtsvorschriften, die rechtsgrundsätzlichen Inhalt haben, aber auf Tatbestands- und/oder Rechtsfolgenseite in hohem Maße unbestimmt sind. Beispiele sind das Bundesstaatsprinzip (Art. 20 Abs. 1 GG) oder das Prinzip von Treu und Glauben in § 242 BGB.

b) Nach einer berühmten Formulierung des Bundesverfassungsgerichts ist das Recht „nicht mit der Gesamtheit der geschriebenen Gesetze identisch. Gegenüber der positiven Satzung der Staatsgewalt kann ... ein Mehr an Recht bestehen, das seine Quelle in der ... Rechtsordnung als einem Sinnganzen findet ...; es zu finden und in Entscheidungen zu verwirklichen, ist Aufgabe der Rechtsprechung", welche die „Wertvorstellungen, die der ... Rechtsordnung immanent, aber in den Texten der geschriebenen Gesetze nicht oder nur unvollkommen zum Ausdruck gelangt sind, ... ans Licht zu bringen und in Entscheidungen zu realisieren" hat[28]. Es gibt also *ungeschriebene Rechtsgrundsätze*, die auf einer Interpretation des Rechts als eines Sinnganzen beruhen[29] und positivrechtlich verbindlich, insbesondere richterrechtlich konkretisiert sind[30]. Beispiele sind der Verhältnismäßigkeitsgrundsatz im öffentlichen Recht, der Grundsatz der Privatautonomie im Zivilrecht oder der Schuldgrundsatz

---

[28] BVerfGE 34, 269 (287); kritisch FRIEDRICH MÜLLER, in: Festschrift der Juristischen Fakultät zur 600-Jahr Feier der Ruprecht-Karl-Universität Heidelberg, 1986, S. 65 (73 ff.).

[29] Deshalb wird auch der Begriff „allgemeine Rechtsgedanken" gebraucht.

[30] Die Formulierung von LARENZ/CANARIS, S. 203, Prinzipien seien „richtunggebende Maßstäbe rechtlicher Normierung, die vermöge ihrer eigenen Überzeugungskraft rechtliche Entscheidungen zu rechtfertigen vermögen", ist zu allgemein und verzeichnet die positiv-rechtliche Verbindlichkeit der Prinzipien. - Vergleiche weiterhin FRANZ BYDLINSKI: Fundamentale Rechtsgrundsätze, 1988.

im Strafrecht: Sie alle haben nur unvollkommenen gesetzlichen
Ausdruck gefunden, der Verhältnismäßigkeitsgrundsatz etwa in der
Wendung der Polizeigesetze, die Polizeibehörden seien ermächtigt,
(nur) die „erforderlichen" Maßnahmen zu treffen, der Grundsatz
der Privatautonomie etwa in § 305 BGB oder der Schuldgrundsatz
etwa in §§ 15, 19 bis 21 und 35 StGB); aber die Interpretation des
Rechts als eines Sinnganzen ergibt, daß positiv-rechtlich *alle* staatlichen Maßnahmen verhältnismäßig, nämlich geeignet, erforderlich
und angemessen sein müssen, daß vorbehaltlich gegenteiliger gesetzlicher Regelung *durchweg* Privatautonomie, insbesondere Ver-
tragsabschluß- und -inhaltsfreiheit besteht oder daß Strafe *stets*
Schuld, nämlich Andershandelnkönnen, voraussetzt.

2. a) Vielfach wird die *Eigenart* der Rechtsgrundsätze darin er-
blickt, daß sie keine unmittelbaren Rechtsfolgen enthielten und
„der unmittelbaren Anwendung nicht fähig"[31] seien. Dies ist jedenfalls für sog. *rechtssatzförmige Prinzipien* unrichtig[32]. Zu ihnen zählt -
neben Grundsätzen, die im Gesetz unausgesprochen enthalten
sind, indem nur Ausnahmen zu ihnen bestimmt werden; beispielsweise folgt der Grundsatz der Formfreiheit von Verträgen daraus,
daß im Bürgerlichen Gesetzbuch Formbedürftigkeit nur ausnahmsweise angeordnet ist - der Verhältnismäßigkeitsgrundsatz,
der ohne weiteres auf jede staatliche Maßnahme angewendet werden kann und mit der unmittelbaren Rechtsfolge der Rechtswidrigkeit unverhältnismäßiger Maßnahmen versehen ist. Grob rechts-
irrig ist es, Art. 1 Abs. 1 GG auf einen „allgemeinen Rechtsgedanken" ohne Sonderung von Tatbestand und Rechtsfolge oder gar
auf ein „rechtsethisches Prinzip" zu reduzieren[33]: Die Vorschrift
enthält vielmehr ein klares - und wegen des Abwägungsverbots
womöglich das klarste denkbare! - Verbot, die Menschenwürde
anzutasten.

b) Allerdings sind Rechtsgrundsätze regelmäßig nach Tatbestand
und/oder Rechtsfolge der *Konkretisierung* bedürftig. Was beispielsweise Menschenwürde ist, ist tatbestandlich, was „Treu und Glau-

---

[31] So CLAUS-WILHELM CANARIS, Systemdenken und Systembegriff in der Jurisprudenz, 2. Aufl. 1983, S. 57.
[32] LARENZ/CANARIS, S. 307 ff.
[33] So aber LARENZ/CANARIS, S. 303.

ben mit Rücksicht auf die Verkehrssitte" erfordern (§ 242 BGB),
zudem hinsichtlich der Rechtsfolgen in hohem Maße konkreti-
sierungsbedürftig. Die Konkretisierung obliegt vorrangig dem
Gesetzgeber. Beispielsweise konkretisiert § 814 BGB - wonach
Bereicherungsansprüche nicht geltend machen kann, wer wußte,
daß er zur Leistung nicht verpflichtet war - das Verbot mißbräuch-
licher Rechtsausübung nach § 242 BGB. Im übrigen ist die Rechtsprechung berufen, Rechtsgrundsätze zu konkretisieren und über
Fallgruppen und Richtlinienkomplexe rechtssatzförmige „Grundsätze" zu entwickeln, die dann gesetzesnahe Geltung erlangen. Als
willkürlich herausgegriffene Beispiele mögen dienen: die auf dem
Verhältnismäßigkeitsgrundsatz beruhenden Grundsätze der sog.
Dreistufentheorie, unter welchen Voraussetzungen das Grundrecht
der Berufsfreiheit (Art. 12 Abs. 1 GG) beschränkt werden kann[34];
die auf dem Vertrauensprinzip beruhenden Grundsätze der sog.
Prospekthaftung, wer unter welchen Voraussetzungen für Schäden
haftet, die Kapitalanleger im Vertrauen auf unrichtige Anlagepro-
spekte erleiden[35]; die aus den widerstreitenden Grundsätzen der
Gesetzmäßigkeit der Verwaltung und des Vertrauensschutzes für
den Bürger entwickelten Grundsätze zu Rücknahme und Widerruf
rechtswidriger oder rechtmäßiger, belastender oder begünstigender
Verwaltungsakte (die nunmehr in §§ 48, 49 VwVfG kodifiziert
sind)[36].

c) Das zuletztgenannte Beispiel zeigt, daß Rechtsgrundsätze nicht
selten - und nicht selten zwangsläufig! - miteinander kollidieren[37].
Derartige *Prinzipienkollisionen* werden von der Rechtsprechung - wie
im zuletztgenannten Beispiel - oder vom Gesetzgeber - wie im
Schulbeispiel der Vorschriften über die Wiederaufnahme eines
rechtskräftig abgeschlossenen Gerichtsverfahrens (§§ 578 ff. ZPO,
359 ff. StPO, 153 VwGO), wo Rechtsfrieden und Rechtssicherheit
mit materieller Gerechtigkeit kollidieren - teilweise *abstrakt* aufge-

---

34 Näher JARASS/PIEROTH (Fn. 10), Art. 12 Rdn. 20 ff. mit Nachweisen.
35 Näher HEINRICHS, in: PALANDT (Fn. 27), § 276 Rdn. 23 mit Nachweisen.
36 Näher zum früheren Recht HANS JULIUS WOLFF/OTTO BACHOF: Verwaltungsrecht I, 9. Aufl. 1974, S. 449 ff. mit Nachweisen. - Zum heutigen Recht MAURER
(Fn. 17), § 11 Rdn. 1 ff.
37 Hierzu ENGISCH, S. 215 ff.; ROBERT ALEXY: Theorie der Grundrechte, 2. Aufl.
1994, S. 77 ff.

löst. Es kann aber auch notwendig sein, sie in *konkreten* Einzelfällen durch *Abwägung* der widerstreitenden Prinzipien aufzulösen (näher unten § 9).

3. Rechtssätze haben Vorrang in der Anwendung vor Rechtsgrundsätzen. Gleichwohl haben Rechtsgrundsätze höheren Rang als Rechtssätze, sind nämlich maßgeblich für teleologische Auslegung, gesetzesimmanente und gesetzesübersteigende Rechtsfortbildung, und schwierige Fälle („hard cases") nötigen regelmäßig zum Rückgriff auf Rechtsgrundsätze[38].

4. a) Rechtsgrundsätze besonderer Art sind die sog. *Staatszielbestimmungen*, beispielsweise das Sozialstaatsprinzip (Art. 20 Abs. 1 GG) oder die Staatszielbestimmung des Umweltschutzes (Art. 20 a GG). Ihre Besonderheit liegt darin, daß sie für sich keine subjektiven Rechte der Bürger, beispielsweise auf Sozialhilfe oder auf Stillegung von Atomkraftwerken, begründen. Wohl aber sind sie objektives Recht, nämlich Richtlinien oder Direktiven für staatliches Handeln und für die Auslegung von Gesetzen[39].

b) Demgegenüber haben *Programmsätze* keinerlei rechtliche Bindungswirkung. Sie sind dem heutigen deutschen Recht fremd; beispielsweise hat selbst die Präambel zum Grundgesetz rechtliche Wirkung, gibt nämlich insbesondere verbindliche Leitlinien für die Auslegung des Grundgesetzes an[40].

IV. Fall 5 - Anscheinsvollmacht

1. Als GmbH und juristische Person (lies § 13 GmbHG) ist die X zwar rechts-, aber nicht handlungs- und nicht geschäftsfähig. Vielmehr muß sie im Rechtsverkehr *vertreten* werden. Dazu sind organschaftlich die Geschäftsführer berufen (§ 35 Abs. 1 GmbHG). Mit Blick auf B kommt freilich nur das allgemeine Vertretungsrecht in Betracht, dessen *Rechtssätze* sich in §§ 164 ff. BGB finden:

---

[38] Hierzu RONALD DWORKIN: Taking Rights Seriously, 1978; Law's Empire, 1986.
[39] Bericht der Sachverständigenkommission „Staatszielbestimmungen/Gesetzgebungsaufträge", 1983, Rdn. 7.
[40] BVerfGE 5, 85 (127); 36, 1 (17); 63, 343 (370).

a) Zwar handelte B, als er auf Firmenpapier der X mit Firmenstempel für diese die Standard-Buchhaltungssoftware bestellte, *im Namen der X* (§ 164 Abs. 1 Satz 2 BGB).

b) Jedoch hatte B *keine Vertretungsmacht* (§ 164 Abs. 1 Satz 1 BGB): Wie dargelegt, haben nur Geschäftsführer einer GmbH organschaftliche Vertretungsmacht; und weder war B eine rechtsgeschäftliche Vollmacht erteilt (§ 167 BGB), noch gilt ein angestellter Buchhalter als zu Bestellungen ermächtigt (lies § 56 HGB). Auch eine Vertretungsmacht kraft Kundgabe (§ 171 Abs. 1 BGB) scheidet aus, weil die X bzw. ihr vertretungsberechtigter Geschäftsführer G weder gegenüber L noch öffentlich kundgegeben hatten, daß B zur Bestellung von Büromaterial bevollmächtigt sei.

2. Jedoch zeigt § 171 und zeigen allgemeiner §§ 170-173 BGB, auch §§ 370 BGB, 56 HGB, daß es nicht stets einer wirksamen Bevollmächtigung bedarf. Vielmehr steht hinter diesen Vorschriften der *allgemeine Rechtsgedanke*, daß dem Geschäftsgegner die Nachprüfung der Bevollmächtigung nicht zuzumuten ist, wenn das Verhalten des Vertretenen auf das Bestehen einer Vollmacht schließen läßt. Dies ist Ausdruck des *Rechtsgrundsatzes* (Rechtsprinzips), daß für in Anspruch genommenes, schutzwürdiges *Vertrauen* gehaftet werden muß[41].

a) In der Rechtsprechung ist hieraus die Rechtsfigur der *Anscheinsvollmacht* hergeleitet und zugleich rechtsatzförmig und subsumtionsfähig formuliert worden[42]. Hiernach steht es einer rechtsgeschäftlichen Vollmacht gleich, wenn

- der Scheinvertreter sich mit gewisser Dauer oder Häufigkeit als Vertreter gerierte,
- der Vertretene dies bei pflichtgemäßer Sorgfalt hätte erkennen und verhindern können,
- der Rechtsschein der Bevollmächtigung bei Geschäftsabschluß fortbestand und für das Verhalten des Geschäftsgegners ursächlich war,

---

[41] Grundlegend hierzu CLAUS-WILHELM CANARIS: Die Vertrauenshaftung im deutschen Privatrecht, 1971; aus methodischer Sicht LARENZ/CANARIS, S. 304 ff.

[42] Nachweise bei HEINRICHS, in: PALANDT (Fn. 27), § 173 Rdn. 14 ff.

- und der Geschäftsgegner annehmen durfte, der Vertretene billige oder dulde das Handeln des Vertreters (wobei entsprechend § 173 BGB bereits fahrlässige Unkenntnis vom Mangel der Vollmacht schadet, etwa bei ungewöhnlichen oder gründlicher Vorbereitung bedürftigen Geschäften).

Diese Voraussetzungen sind erfüllt: Wegen der jahrelang anstandslosen Bezahlung der Bestellungen konnte L ohne Fahrlässigkeit von einer Bevollmächtigung des B ausgehen, und der Kauf von Standard-Buchhaltungssoftware für 5.000,- DM ist im Rahmen der Geschäftätigkeit einer GmbH weder ungewöhnlich noch gründlicher Vorbereitung bedürftig. Hätte G die Überweisungsträger nicht blind unterzeichnet, sondern pflichtgemäß (zumindest stichprobenartig) kontrolliert, so wäre die Eigenmacht des B längst zutage getreten. Nach der Rechtsprechung ist die X an den Kaufvertrag gebunden[43].

b) In der Literatur sind hiergegen Bedenken erhoben worden[44]: Wenn dem „Vertretenen" bloße Fahrlässigkeit zur Last falle, *kollidiere* das *Vertrauensprinzip* mit dem der *Privatautonomie*. Deshalb könne dem bloß fahrlässigen „Vertretenen" die Erklärung des Scheinvertreters nicht zugerechnet werden, sondern jener hafte nur nach den Grundsätzen des Verschuldens bei Vertragsschluß auf Schadensersatz in Höhe des sog. negativen Interesses (ähnlich wie bei § 121 BGB). Hiernach ist die X an den Kaufvertrag nicht gebunden, muß dem L aber - beispielsweise - die Kosten einer vergeblichen Anlieferung der Software ersetzen.

---

[43] Eine Anscheinsvollmacht kann auch nicht etwa nach § 119 Abs. 1 BGB angefochten werden, da der Rechtsschein nicht rückwirkend vernichtet werden kann (streitig; näher HEINRICHS, in: PALANDT [Fn. 27], § 173 Rdn. 19 mit Nachweisen).

[44] Statt aller DIETER MEDICUS: Allgemeiner Teil des BGB, 6. Aufl. 1994, Rdn. 971 mit Nachweisen.

§ 6. Richterrecht

Fall 6: Die vierzigjährige Schwangere S ließ bei Frauenarzt Dr. A eine Fruchtwasseruntersuchung vornehmen, da bei Spätschwangerschaften die Gefahr schwerwiegender Gendefekte des Kindes besteht und die seelisch labile S in diesem Fall die Schwangerschaft rechtmäßigerweise (§ 218 a Abs. 2 StGB) abbrechen lassen wollte. Dr. A stellte einen schwerwiegenden Gendefekt schuldhaft nicht fest. Das Kind kam mit schweren Mißbildungen als Schwerpflegefall zur Welt. Kann S von Dr. A den für sie existenzbedrohend hohen Unterhaltsaufwand für das Kind ersetzt verlangen? Analysieren Sie die Entwicklung der Rechtsprechung!

I. Rechtsprechung als Rechtsquelle von Richterrecht

1. Für die Rechtspraxis hat die (insbesondere: höchstrichterliche) Rechtsprechung maßstäbliche Bedeutung[1]. Gleichwohl gibt es nach überwiegender Auffassung in der Bundesrepublik Deutschland im Grundsatz *kein verbindliches Richterrecht*, und die Rechtsprechung ist nicht Rechts-, sondern nur Recht*serkenntnis*quelle[2]. Freilich werden auch Gegenpositionen vertreten, etwa, daß das Recht aus dem Inbegriff der „Fallnormen" bestehe, welche erst durch die Gerichte

---

[1] Denn der rechtsprechenden Gewalt (Art. 92 GG) ist die *verbindliche* Rechtsanwendung zugewiesen. Daraus folgt die Maßstäblichkeit für *Rechtsanwender*, unter ihnen forensisch tätige Rechtsanwälte. Aber auch *Rechtsgestaltung* muß notfalls „gerichtsfest" sein, augenfällig bei der gestaltenden Verwaltung (Art. 19 Abs. 4 Satz 1 GG!), aber auch bei Notaren und beratend tätigen Rechtsanwälten (Haftpflicht!). Selbst die *Rechtsetzung* knüpft nicht selten an Rechtsprechung an, sei es affirmativ (beispielsweise gossen §§ 48, 49 VwVfG mehr oder weniger die Bestandsschutz-Rechtsprechung des Bundesverwaltungsgerichts in Gesetzesform), sei es derogierend (beispielsweise ist § 6 Abs. 3 Kreditwesengesetz, wonach das Bundesaufsichtsamt für Kreditwesen seine Aufgaben „nur im öffentlichen Interesse" wahrnimmt, nur vor dem Hintergrund der vorherigen Rechtsprechung des Bundesgerichtshofs verständlich, wonach die Bankenaufsicht auch Interessen der Bankkunden schütze und bei mangelhafter Aufsicht Amtshaftungsansprüche geschädigter Bankkunden bestünden).

[2] Statt aller LARENZ/CANARIS, S. 252 ff. - Auch Art. 38 Abs. 1 lit. d des Statuts des Internationalen Gerichtshofs bezeichnet die Rechtsprechung nur als „Hilfsmittel" zur Ermittlung des Völkerrechts. - Zu Präjudiz und Richterrecht im common law FIKENTSCHER, Bd. II, S. 62 ff.

und erst im Hinblick auf die je zu entscheidenden Fälle gebildet
würden und die Rechtssätze im technischen Sinne seien[3].

Der positiven Rechtslage dürfte am ehesten ein vermittelnder
Standpunkt entsprechen: *(Höchstrichterliche) Rechtsprechung ist Rechtsquelle, freilich im Grundsatz nachrangig zum Gesetz.* Im einzelnen:

2. a) Gesetzeskraft haben allerdings *Normenkontrollentscheidungen des
Bundesverfassungsgerichts* (§ 31 Abs. 2 Satz 1 BVerfGG), auch wenn
sie lediglich impliziter im Verfahren der Verfassungsbeschwerde
getroffen werden (§ 31 Abs. 2 Satz 2 BVerfGG). „Unter-
gesetzeskraft" hat die Nichtigerklärung untergesetzlicher Normen
durch ein Oberverwaltungsgericht (§ 47 Abs. 5 Satz 2 VwGO).

Weiterhin sind bestimmte, in der (vor allem: Zivil-) Rechtsprechung entwickelte Rechts(grund)sätze und Anspruchsgrundlagen
seit derart langer Zeit und derart unangefochten anerkannt, daß
ihnen *gewohnheitsrechtliche* Geltung mit Gesetzeskraft beigemessen
wird (siehe bereits oben § 3), beispielsweise den Grundsätzen zur
Rechtsscheinvollmacht (Fall 5) oder der Anspruchsgrundlage des
Verschuldens beim Vertragsschluß.

b) Ansonsten binden selbst höchstrichterliche Gerichtsentscheidungen nur innerhalb ein und desselben Gerichtsverfahrens
(vergleiche §§ 565 Abs. 2 ZPO, 358 Abs. 1 StPO, 144 Abs. 6
VwGO). Auch wenn sie als *Präjudizien* beanspruchen, richtung-
weisend über den Einzelfall hinaus zu gelten, sind sie „*kein Gesetzesrecht* und erzeugen keine damit vergleichbare Rechtsbindung ... Von
ihnen abzuweichen, verstößt grundsätzlich nicht gegen Art. 20
Abs. 3 GG. Ihr Geltungsanspruch über den Einzelfall hinaus
beruht allein auf der Überzeugungskraft ihrer Gründe sowie der
Autorität und den Kompetenzen des Gerichts"[4].

Rechtsanwender - insbesondere Gerichte - dürfen mithin unter
Berufung auf das Gesetz von (selbst) höchstrichterlichen Präjudizi-
en abweichen. Dies bedeutet freilich allein, daß das Gesetz Vorrang
vor dem Präjudiz hat; über die Rechtsverbindlichkeit von Präjudizi-
en ist damit noch nicht entschieden (wie denn auch niemand auf
die Idee käme, die Verbindlichkeit von Gesetzesrecht in Frage zu

---

[3] Fikentscher, Bd. IV, S. 202 (ff.).
[4] BVerfGE 84, 212 (227).

stellen, weil von ihm - in den prozeduralen Grenzen des Art. 100
GG - unter Berufung auf die Verfassung abgewichen werden darf!).

c) Ob Gerichtsentscheidungen Geltungsanspruch über den Einzelfall hinaus erheben dürfen, richtet sich nach der *Kompetenz* des
jeweiligen Gerichts. Vor allem die Revisionsgerichte - vornehmlich
die obersten Gerichtshöfe des Bundes - haben nun Aufgabe und
Kompetenz, Rechtsfragen von *grundsätzlicher*, über den Einzelfall
hinausgehender *Bedeutung* zu beantworten und hierdurch das Recht
zu vereinheitlichen und *fortzubilden*[5].

Diese Kompetenz begründet einen Geltungsanspruch, der als *Beachtlichkeitsgebot* bezeichnet werden kann und vielfach positiv-
rechtlich ausgeprägt ist[6]: Eine (in Aussicht genommene) Abweichung von einem höchstrichterlichen Präjudiz zwingt Gerichte
vielfach zur Zulassung der Revision oder zur Vorlage der Rechtsfrage an übergeordnete Gerichte bzw. übergeordnete Spruchkörper
desselben Gerichts[7]; es kann strafbare Rechtsbeugung (§ 339 StGB)
darstellen, wenn ein Gericht vorsätzlich von unbestrittenen und
unbestreitbaren Präjudizien abweicht[8]; Staatsanwälte sind an eine

---

[5] Davon gehen positiv-rechtlich §§ 132 Abs. 4 GVG, 11 Abs. 4 VwGO aus.
   Vergleiche weiterhin: § 93 a Abs. 2 Nr. 1 BVerfGG; §§ 546 Abs. 1 Satz 2 Nr. 1,
   554 b Abs. 1 ZPO; § 80 Abs. 1 Nr. 1 OWiG; § 132 Abs. 2 Nr. 1 VwGO. - Um
   Mißverständnisse zu vermeiden: Keineswegs jede höchstrichterliche Revisions-
   entscheidung hat derartigen Anspruch! Deren Masse bestätigt schlicht oder
   beanstandet schlichte Rechtsfehler. Daneben gibt es auch Einzelfall- und Billigkeitsentscheidungen. Indiz für eine weitergehende Bedeutung einer Entscheidung ist ihre Veröffentlichung in den sog. *Amtlichen Sammlungen* der Rechtsprechung, welche von den Richtern der obersten Gerichtshöfe des Bundes selbst
   herausgegeben werden. Näher unten § 10.

[6] Es geht also nicht um das *Faktum*, daß Obergerichte eigene Präjudizien überwiegend nicht ohne Not aufgeben, um die Kontinuität der Rechtsprechung zu
   gewährleisten; daß Untergerichte überwiegend obergerichtliche Präjudizien beachten, um nicht die Aufhebung ihrer Entscheidungen zu riskieren; und daß forensisch tätige Anwälte selten Gehör finden, wenn sie obergerichtliche Präjudizien in Frage stellen (was sie freilich durchaus müssen, wenn dies für ihren
   Mandanten günstig ist!). Näher LARENZ/CANARIS, S. 253.

[7] Vergleiche § 16 BVerfGG; §§ 2, 18 Gesetz zur Wahrung der Einheitlichkeit der
   Rechtsprechung der obersten Gerichtshöfe des Bundes; §§ 121 Abs. 2, 132
   GVG; §§ 541, 546 Abs. 1 Satz 2 Nr. 2 ZPO; § 132 Abs. 2 Nr. 2 VwGO.

[8] Siehe nur GÜNTHER SPENDEL, in: Leipziger Kommentar zum Strafgesetzbuch,
   10. Aufl. 1978 ff., § 336 Rdn. 41, 43 mit Nachweisen.

ständige höchstgerichtliche Rechtsprechung gebunden[9]; Rechtsanwälte und Notare machen sich ersatzpflichtig, wenn sie infolge
schuldhafter Unkenntnis höchstrichterlicher Rechtsprechung ihren
Mandanten Schaden zufügen[10].

Das Beachtlichkeitsgebot enthält mithin eine „Befassungs- und
Zugrundelegungspflicht" - Rechtsanwender müssen sich mit ein-
schlägiger höchstrichterlichen Rechtsprechung befassen und sie in
einem ersten Schritt der rechtlichen Beurteilung zugrundelegen -
sowie eine „Begründungspflicht bei Abweichung" - (nur) in einem
zweiten Schritt, ggf. in einem besonderen Verfahren, kann mit einer
an Gesetz (und Verfassung) ausgerichteten Begründung hiervon
abgewichen werden -. Verfassungsrechtlich wurzeln diese Pflichten
in den Geboten der Gleichbehandlung und der Rechtssicherheit
(Art. 3 Abs. 1, 20 Abs. 3 GG).

3. Der Vorrang des Gesetzes setzt dem Richterrecht um so
geringere Grenzen und (höchstrichterliche) Rechtsprechung wird
um so verbindlicher, je geringer die gesetzlichen Vorgaben sind.
Deshalb ist Richterrecht von gesetzesnaher Verbindlichkeit, wenn
es um die rechtsfortbildende Konkretisierung von *Generalklauseln*
und *unbestimmten Rechtsbegriffen* durch höchstrichterliche Rechtsprechung geht. Derart gesetzesnah verbindliches Richterrecht findet
sich beispielsweise im Recht des unlauteren Wettbewerbs, das gesetzlich im wesentlichen nur durch das Verbot des Sittenverstoßes
(§ 1 Gesetz gegen den unlauteren Wettbewerb) geregelt ist. Häufig
ist auch *Untätigkeit des Gesetzgebers* Grund für („gesetzesver-
tretendes") Richterrecht[11]. Diese Untätigkeit kann auf politischen

---

[9] BGHSt 15, 155 (158 f.); streitig, näher CLAUS ROXIN: Strafverfahrensrecht,
24. Aufl. 1995, § 10 Rdn. 12 mit Nachweisen.

[10] Siehe nur HELMUT HEINRICHS, in: PALANDT, Bürgerliches Gesetzbuch, 56. Aufl.
1997, § 276 Rdn. 41 mit Nachweisen.

[11] Auch Generalklauseln, unbestimmte Rechtsbegriffe, Finalprogramme usf. können als „Untätigkeit" - unzureichende Tätigkeit - des Gesetzgebers verstanden
werden. - Seit geraumer Zeit versucht sich das unter Legitimationskrisen leiden-
de politische System (die Gesetzgebung) zu entlasten, indem die eigentlichen
Entscheidungen auf das mutmaßlich besser legitimierte Rechtssystem (die
Rechtsprechung) übertragen werden. Daß dieses hierdurch überfordert wird,
zeigt die Nicht- oder nur Formalakzeptanz der Verfassungsrechtsprechung in
politisch sensiblen Bereichen, etwa beim Schwangerschaftsabbruch (BVerfGE
39, 1 ff.; 88, 203 ff.).

Gründen beruhen. Paradebeispiel hierfür ist das Arbeitskampfrecht, das wegen seiner wirtschafts- und sozialpolitischen Brisanz
nicht gesetzlich geregelt, sondern auf der normativen Grundlage
von Art. 9 Abs. 3 GG von Bundesarbeits- und Bundesverfassungsgericht entwickeltes Richterrecht ist. Nicht selten beseitigt rasch
entstehendes Richterrecht den gesetzlichen Regelungsbedarf. Beispielsweise ist der dem Bürgerlichen Gesetzbuch unbekannte Vertragstyp „Leasing" durch den Bundes-gerichtshof richterrechtlich
so überzeugend strukturiert worden, daß eine gesetzliche Regelung
allenfalls in der Schuldrechtsreform zu erwarten steht. Schließlich
kann der Gesetzgeber übersehen, daß Gesetze altern und gewan-
delten Lebensverhältnissen bzw. Rechtswertungen nicht beliebig
lange gerecht werden. Beispielsweise werden §§ 253, 847 BGB der
heutigen Bedeutung (und Gefährdung) des Persönlichkeitsrechts
nicht mehr gerecht (unten Fall 9).

4. Andererseits setzt der Vorrang des Gesetzes auch *Grenzen
zulässiger richterlicher Rechtsfortbildung*. Diese im Methodenschrifttum
viel erörterte Frage[12] gehört ins Verfassungsrecht, genauer zu
Art. 20 Abs. 3 GG (Gesetzesbindung der Rechtsprechung, Gewaltenteilung). Nach der Rechtsprechung des Bundesverfassungsgerichts ist lückenfüllende „gesetzesimmanente" (praeter legem erfolgende) richterliche Rechtsfortbildung in der Regel verfassungsrechtlich unbedenklich: „Die Gerichte müssen bei unzureichenden
gesetzlichen Vorgaben das materielle Recht mit den anerkannten
Methoden der Rechtsfindung aus den allgemeinen Rechtsgrundlagen ableiten ... Nur so können ... (sie) die ... Pflicht erfüllen, jeden
vor sie gebrachten Rechtsstreit sachgerecht zu entscheiden"[13].
Deshalb ist beispielsweise das erwähnte Arbeitskampfrecht verfas-
sungsgemäß. „Gesetzesübersteigende" (contra legem erfolgende)
Rechtsfortbildung gegen den eindeutigen Wortlaut und Sinn des
Gesetzes kommt hingegen nur in Betracht, wenn das gealterte

---

12 Siehe nur LARENZ/CANARIS, S. 232 ff. Dort sind auch zahlreiche „klassische"
Beispiele erwähnt, etwa - beides sind Fälle krassen Versagens des (Weimarer)
Gesetzgebers! - die „Aufwertungsrechtsprechung" des Reichsgerichts (RGZ
107, 78 ff.) oder die ebenfalls reichsgerichtliche Anerkennung des „übergesetz-
lichen Notstandes" als „Indikation" (Rechtfertigungsgrund) für Schwangerschaftsabbruch bei Lebensgefahr für die Mutter (RGSt 61, 242 ff.).
13 BVerfGE 84, 212 (226 f.); siehe auch BVerfGE 88, 103 (115 f.) sowie 145 (167).

Gesetz durch die tatsächliche und rechtliche Entwicklung in Wahrheit lückenhaft geworden ist[14], keine verfassungsrechtlich geschützte Rechtspositionen verkürzt werden[15] und höherrangiges (Verfassungs-) Recht für die Rechtsfortbildung spricht[16]. Nach diesen Maßstäben hat das Bundesverfassungsgericht die Rechtsprechung zur Persönlichkeitsrechtsverletzung (unten Fall 9) oder zur analogen Anwendung der mietrechtlichen, familienschützenden Vorschrift des § 569 a BGB auf nichteheliche Lebensgefährten[17] akzeptiert, richterrechtliche Beschränkungen des vorläufigen Rechtsschutzes gegen Verwaltungsakte (§ 80 Abs. 5 VwGO)[18] oder richterrechtliche Eingriffe in die Rangfolge der Konkursgläubiger (lies § 61 Konkursordnung) zugunsten von sozialplanberechtigten Arbeitnehmer[19] hingegen verworfen. - Näher unten § 8 III, V.

II. „Stufenbau" und „Einheit" des Richterrechts

1. Ähnlich wie die Rechtsordnung ist auch das Richterrecht *gestuft*, und es gilt der Grundsatz, daß das höherrangige Präjudiz mehr Gewicht hat als das niederrangige (*„judicium superius derogat judicio inferiori"*). Die Rangordnung richtet sich grundsätzlich nach dem Instanzen- und Rechtsmittelzug. Obersten Rang hat hiernach das Richterrecht der Revisionsgerichte, insbesondere der obersten Gerichtshöfe des Bundes (innerhalb derer die einzelnen Senate gleichen Rang haben und nur den jeweiligen Großen Senaten bzw. dem Gemeinsamen Senat der obersten Gerichtshöfe des Bundes untergeordnet sind). Wenn und soweit der Rechtsmittelzug zuvor endet, können aber auch Landgerichte, Oberverwaltungsgerichte (usf.) in ihrem Bezirk und mit ihrer Kompetenz obersten Rang

---

[14] BVerfGE 82, 6 (12 f.) und bereits 34, 259 (287 f., 290 f.).

[15] BVerfGE 69, 315 (371 f.).

[16] BVerfGE 65, 182 (190 ff.); 71, 354 (362 f.); siehe bereits 34, 269 (292). - Damit ist Rechtsfortbildung contra legem im Grunde nur mehr als verfassungskonforme Auslegung oder im Verfahren des Art. 100 GG möglich.

[17] BVerfGE 82, 6 ff.

[18] BVerfGE 69, 315 ff.

[19] BVerfGE 65, 182 ff. gegen den Großen Senat (!) des Bundesarbeitsgerichts (BAG NJW 1979, 774 ff.). - Der Vorrang der Sozialplanansprüche wurde dann gesetzlich geregelt (Gesetz über den Sozialplan im Konkurs- und Vergleichsverfahren, BGBl. 1985 I S. 369).

haben[20]. Bundesverfassungsgerichtsentscheidungen haben im Rahmen des § 31 BVerfGG ohnehin Gesetzeskraft und nehmen im übrigen - obwohl das Bundesverfassungsgericht nicht in den gerichtlichen Instanzenzug eingegliedert ist - am materiell-rechtlichen Vorrang der Verfassung teil und sind insoweit bindend auch für oberste Gerichtshöfe des Bundes[21].

2. Aber auch die anderen allgemeinen *Vorrangregeln* gelten für Richterrecht entsprechend.

a) Das jüngere Präjudiz hat mehr Gewicht als das ältere (*„judicium posterius derogat judicio priori"*). Dies wird besonders deutlich, wenn durch Grundsatzentscheidungen eine ältere Rechtsprechung ausdrücklich aufgegeben wird (*Rechtsprechungsänderung*). Beispielsweise ist die vielangefeindete, aber ständige ältere Rechtsprechung, wonach ein Geständnis eines Beschuldigten vor der Polizei auch dann gerichtsverwertbar blieb, wenn der Beschuldigte, der sein Schweigerecht nicht kannte, hierüber entgegen § 136 Abs. 1 Satz 2 StPO nicht belehrt wurde, in BGHSt 38, 214 aufgegeben worden und seitdem nicht mehr Richterrecht. Im Unterschied zu Gesetzes-*wirken* derartige Rechtsprechungsänderungen in der Regel ohne weiteres auf Altfälle *zurück*. Als beispielsweise der Bundesgerichtshof im Jahre 1990 zur Trunkenheit im Verkehr (§ 316 StGB) entschied, daß der nach der älteren Rechtsprechung geltende Grenzwert „absoluter" Fahrunsicherheit von Kraftfahrzeugführern von 1,3 auf 1,1 Promille Blutalkohol herabgesetzt wurde, galt dies auch für die verfahrensgegenständliche (und für jede vor der Entscheidung begangene, aber erst danach abgeurteilte) Trunkenheitsfahrt[22].

---

[20] Vergleiche hierzu Kammergericht, Anwaltsblatt 1993, 35.

[21] Auf der Ebene des einfachen Rechts geht der Bundesgerichtshof freilich nicht selten andere Wege, als vom Bundesverfassungsgericht nahegelegt. Während beispielsweise dieses bei bei der Handhabung des Mordtatbestandes (§ 211 StGB) eine restriktive Auslegung und eine „Typenkorrektur" nahelegte (BVerfGE 45, 187 [260 ff., 266 f.]), wählte jener eine „Rechtsfolgenlösung" (BGHSt 30, 105 ff.); oder zur Bankbürgschaft naher Familienangehöriger wies BVerfGE 89, 214 (235) deutlich auf „Aufklärungs- und Hinweispflichten", mithin auf die Grundsätze zum Verschulden bei Vertragsschluß (§§ 242, 276 BGB) hin, während jener § 138 Abs. 1 BGB und die Grundsätze zum Wegfall der Geschäftsgrundlage (§ 242 BGB) bemühte.

[22] BGHSt 37, 89 ff.; BVerfG NJW 1990, 3140; kritisch GERHARD DANNECKER: Das intertemporale Strafrecht, 1993, S. 364 ff. mit umfassenden Nachweisen.

Andererseits hat eine *unverändert* bis in die neueste Zeit reichende Präjudizienkette (sog. *ständige Rechtsprechung*) je mehr Gewicht, je älter das erste Präjudiz ist (und kann zu Gewohnheitsrecht erstarken). Das Vertrauen des Rechtsverkehr hierauf kann sogar einer an sich erwägenswerten Rechtsprechungsänderung entgegenstehen[23].

b) Auch hat das spezielle oder inhaltsreichere („einschlägigere") Präjudiz mehr Gewicht als ein allgemeines (*„judicium speciale derogat judicio generali"*). Hierauf wird noch unten (§ 10) zurückzukommen sein.

3. Wegen der verfassungsrechtlich verbürgten richterlichen Unabhängigkeit (Art. 97 Abs. 1 GG) ist Rechtsprechung zwar *konstitutionell uneinheitlich*, besonders kraß im Fall einer „Divergenz" zwischen verschiedenen Senaten eines obersten Gerichtshofs des Bundes. Jedoch zeigt die dann bestehende, bereits erwähnte Pflicht zur Vorlage an den Großen Senat des Gerichts (lies § 132 Abs. 2 GVG), daß Widersprüche innerhalb der Rechtsprechung beseitigt werden *sollen* (auch wenn derartige Plenarentscheidungen unbeliebt sind: *„horror pleni"*), und in diesem Sinne kann von einem Grundsatz der *Einheit der Rechtsprechung* die Rede sein. Beispielsweise wurde die Frage, ob vom Versuch nach § 24 Abs. 1 Satz 1 erste Alternative StGB strafbefreiend zurücktreten kann, wer nur deshalb nicht weiterhandelt, weil er sein außertatbestandliches Ziel erreicht, etwa durch den mit Tötungsvorsatz geführten Messerstich, der nur eine schwere Körperverletzung bewirkte, einen „Denkzettel" erteilt hat, vorübergehend von verschiedenen Strafsenaten des Bundesgerichtshofs unterschiedlich beantwortet - was zu einer (die Frage bejahenden) Entscheidung des Großen Strafsenats führt[24]. Im übrigen gewährleistet der gerichtliche Instanzenzug, daß untergerichtlich widersprüchlich beantwortete - vor allem „neue" - Rechtsfragen schließlich höchstrichterlicher Klärung zugeführt werden. Beispielsweise beurteilten die Amts-, Land- und Oberlandesgerichte die Frage, ob die in den achtziger Jahren verbreiteten Sitz-

---

[23] BGHZ 87, 150 (155 f.).

[24] BGHSt 39, 221 ff. (es handelte sich freilich nicht um eine Divergenz-, sondern um eine Grundsatzvorlage „zur Sicherung einer einheitlichen Rechtsprechung", § 132 *Abs. 4* GVG; näher hierzu S. 223, 226).

blockaden als Nötigung (§ 240 StGB) strafbar seien, durchaus unterschiedlich, bis schließlich 1995 die Straflosigkeit durch das Bundesverfassungsgericht mit Gesetzeskraft (§ 31 Abs. 1 Satz 2 BVerfGG) bundesweit verbindlich festgeschrieben wurde[25].

III. Rechts(grund)sätze des Richterrechts

1. Da Gerichte konkrete Einzelfälle entscheiden, finden sich richterrechtliche abstrakt-generelle Rechts(grund)sätze in den *Entscheidungsgründen*, und zwar als Obersätze (oder Zwischensätze zwischen Gesetz und Fall), aus denen das konkrete Ergebnis hergeleitet wird. Dieser Zusammenhang zur Entscheidung eines konkreten Falles darf auch bei der Auslegung und Anwendung richterrechtlicher Rechts(grund)sätze nicht aus den Augen verloren werden (näher unten § 10 I, II).

2. Verbindlich sind nur diejenigen richterrechtlichen Rechts(grund)sätze, die aus *„tragenden"* - im Unterschied zu *„nichttragenden"* - Urteilsgründen herrühren (*„ratio decidendi"* im Unterschied zu *„obiter dictum"*)[26]. Tragend sind diejenigen Rechts(grund)sätze, die für einen logisch und wertungsmäßig schlüssigen Ableitungszusammenhang zwischen abstrakter Norm und konkreter Entscheidung erforderlich sind, also nicht hinweggedacht werden können, ohne daß er entfiele; hingegen gehen obiter dicta über den konkret zu entscheidenden Einzelfall hinaus, sind von ihm nicht veranlaßt und nicht „fallrelevant"[27]. Jedenfalls in diesem engen Sinne widersprechen obiter dicta dem (auch im Gewaltenteilungsprinzip wur-

---

[25] BVerfGE 92, 1 ff.; zuvor 73, 206 ff.; siehe im übrigen BGHSt 35, 270 ff.

[26] Dieser allgemeine Rechtsgrundsatz beherrscht die Anwendung der §§ 31 BVerfGG, 121 Abs. 2, 136 GVG, 565 Abs. 2 ZPO, 358 Abs. 1 StPO, 144 Abs. 6 VwGO; vergleiche die jeweiligen Kommentare.

[27] Im Einzelfall kann die Abgrenzung schwierig sein. Beispiele: Ein Urteil stützt das Ergebnis auf eine Norm, zudem (alternativ oder hilfsweise) auf eine andere Norm (sog. Doppelbegründung); ein Urteil stützt das Ergebnis auf eine Norm und lehnt die Anwendung einer anderen Norm mit rechtsgrundsätzlichen Erwägungen ab (hier so genannte Negativbegründung); ein Urteil stellt (für vergleichbare Fälle) umfassende Richtlinienkomplexe auf. Näher hierzu JÖRG BERKENMANN, in: NJW 1974, 130 ff.; HANS LILIE: Obiter dictum und Divergenzausgleich in Strafsachen, 1993, S. 65 ff. mit Nachweisen; grundlegend WILFRIED SCHLÜTER: Das obiter dictum, 1973.

zelnden) Grundsatz, daß Entscheidungsgründe sich „auf das Wesentliche und den Gegenstand der Entscheidung beschränken"
sollen (§ 13 Satz 2 der Geschäftsordnung des Bundesgerichtshofs).
Ein ärgerliches Gegenbeispiel findet sich in Fall 6.

3. Lediglich Hilfsfunktion zur Ermittlung der Rechts(grund)sätze
des Richterrechts haben die sog. *Leitsätze*, welche bedeutsamen
höchstrichterlichen Entscheidungen vorangestellt und von dem
erkennenden Gericht selbst formuliert (und, rechtlich zulässiger-,
wenn auch peinlicherweise, gelegentlich nachträglich berichtigt)
werden. Beispielsweise formuliert Leitsatz 1 Satz 1 von BVerfGE
88, 203 (ff.): „Das Grundgesetz verpflichtet den Staat, menschliches Leben, auch das ungeborene, zu schützen" einen verfassungsrechtlichen Rechts(grund)satz. Häufiger sind Leitsätze, die nur
zwecks praktischer Orientierung das Entscheidungsergebnis zu-
sammenfassen[28]. So faßt der Leitsatz von BGHSt 41, 119 (ff.):
„Rechtsstudenten, die bei einem Gericht ein Praktikum ableisten,
dürfen nicht an den Urteilsberatungen teilnehmen" nur das Ergeb-
niss zusammen (das wiederum auf einer Auslegung des § 193 GVG
in Verbindung mit grundsätzlichen Erwägungen zum Beratungs-
geheimnis beruht).

*IV. Fall 6 - Kind als Schaden? (BVerfGE 88, 203 [295 f.] und BGHZ
      124, 128 ff.)*

1. Beginnend mit Fällen fehlgeschlagener Sterilisation (BGHZ 76,
249 ff. und 259 ff.) und fortgeführt in Fällen fehlgeschlagenen
Schwangerschaftsabbruchs (BGHZ 86, 240 ff.; 89, 95 ff.; 95,
199 ff.) hatte der Bundesgerichtshof einen Anspruch der Eltern auf
Ersatz des in der Pflicht, ein ungewolltes Kind zu unterhalten,
liegenden Schadens gegen den Arzt anerkannt, der seine Vertrags-
pflicht zur Sterilisation oder zum Schwangerschaftsabbruch
schuldhaft nicht erfüllt. Diese Rechtsprechung beruhte haftungs-
rechtlich auf der gewohnheitsrechtlich anerkannten Anspruchs-

---

[28] Näher zur Problematik solcher Leitsätze PAWLOWSKI, Rdn. 80. - Das Reichsgericht stellte seinen Urteilen vielfach „Leitfragen" voran - siehe etwa RGSt 67,
173 (ff.): „Gehört zur tätlichen Beleidigung nach § 185 StGB eine Berührung
des Körpers des Beleidigten?" - und zwang hierdurch, didaktisch geschickt, zur
Entscheidungslektüre.

grundlage „positive Vertragsverletzung" und entsprach schadens-
rechtlich dem gesetzlichen Gebot der Naturalrestitution (lies § 249
Satz 1 BGB): Hätte der Arzt die Sterilisation oder den Schwangerschaftsabbruch kunstgerecht durchgeführt, so träfe die Eltern keine
Unterhaltspflicht.

Obwohl die Rechtsprechung bereits seit Anfang der achtziger
Jahre eine „ständige" war, wichen immer wieder Oberlandesgerichte von ihr bewußt (Beachtlichkeitsgebot!) ab[29]. Sie stützten
sich auf gewichtige Literaturstimmen und argumentierten, die
komplexe Eltern-Kind-Beziehung lasse sich nicht in Schadens- und
Vorteilsposten aufschlüsseln und es werde dem Kind (mittelbar)
das Lebensrecht abgesprochen („wrongful life"), wenn es als Scha-
densquelle angesehen werde[30]. Diese „eindringliche" und von
„großem sittlichen Ernst getragene" Kritik wies der Bundesgerichtshof mit ebenso eindringlichen Überlegungen zurück: „Die
Person des Kindes ist kein Posten, der in eine Schadensbilanz ein-
gestellt werden könnte; eine solche Wertung verbietet sich. Indes-
sen entsteht mit der Geburt des Kindes die Verpflichtung der
Eltern, für dessen Unterhalt aufzukommen. Das ist ein Posten, der
die Vermögensbilanz der Eltern belastet. ... (Juristisch muß) das
Kind nicht als 'Schadensfall' betrachtet werden, um, wie auch in
anderen Rechtsbeziehungen, die *Unterhaltsleistung* für das Kind als
Schaden der Eltern anzusehen. Damit ist nur die wirtschaftliche
Seite des Lebenssachverhalts erfaßt"[31].

2. In seinem Urteil vom 28.5.1993 hatte der Zweite Senat des
Bundesverfassungsgerichts im Kern darüber zu entscheiden, ob die
Beratung der Schwangeren Rechtfertigungsgrund für einen strafba-
ren Schwangerschaftsabbruch sein dürfe, wie dies § 218 a Abs. 1
StGB in der 1992 vom Bundestag beschlossenen Fassung vorsah[32].
Gegen Ende des 134 Druckseiten umfassenden Urteils heißt es:
„Eine rechtliche Qualifikation des Daseins eines Kindes als Scha-
densquelle kommt hingegen von Verfassungs (Art. 1 Abs. 1 GG)

---

[29] Besonders eindrucksvoll OLG Frankfurt am Main NJW 1983, 341 ff.
[30] Gute Zusammenfassung in LG Düsseldorf NJW 1994, 805 f.
[31] BGH NJW 1984, 2625 (f.); Hervorhebung im Original.
[32] Die Frage wurde dahin beantwortet, daß der qualifiziert beratene Schwangerschaftsabbruch zwar straflos sein dürfe, jedoch von Verfassungs wegen als
rechtswidrig angesehen werden müsse.

wegen nicht in Betracht. Die Verpflichtung aller staatlicher Gewalt, jeden Menschen in seinem Dasein um seiner selbst willen zu achten, verbietet es, die Unterhaltspflicht für ein Kind als Schaden zu begreifen. Die Rechtsprechung der Zivilgerichte ... ist im Blick darauf der Überprüfung bedürftig"[33]. Das ist dem Urteil auch als Leitsatz 14 vorangestellt.

Aber was haben diese Ausführungen hier zu suchen? „Die Verfahrensgegenstände gaben keine Veranlassung zu den Ausführungen ..., wonach die Unterhaltspflicht für ein Kind niemals ein Schaden sein könne. Sie sind ein obiter dictum und entbehren darüber hinaus der erforderlichen Auseinandersetzung mit den eingehenden Ausführungen, mit denen der ... (Bundesgerichtshof) begründet hat, unter welchen - dort eingegrenzten - Voraussetzungen die Möglichkeit eines Vermögensschadens bestehen kann"[34].

3. Auch wenn deshalb keine Bindungswirkung nach § 31 BVerfGG bestand, sah der Bundesgerichtshof gleichwohl die Notwendigkeit einer neuerlichen eingehenden Prüfung der Rechtslage (judicium superius derogat judicio inferiori!). Er hielt aber an seiner Rechtsprechung fest, soweit infolge einer medizinischen, embryopathischen oder kriminologischen Indikation der Schwangerschaftsabbruch rechtmäßig gewesen wäre[35]. Hierzu legte er - erneut - dar, nicht das Kind, sondern die Unterhaltspflicht werde als Schaden begriffen, und wies darauf hin, daß es schwerlich einleuchte, einen Angriff auf die Menschenwürde des Kindes darin zu erblicken, daß Eltern bei schwerer Behinderung und dauernder Pflegebedürftigkeit des Kindes von existenzgefährdenden wirtschaftlichen Unterhaltslasten befreit werden. Diese Rechtsprechung ist nunmehr vom Ersten Senat des Bundesverfassungsgerichts bestätigt worden[36].

4. Der Anspruch der S ist mithin begründet.

---

[33] BVerfGE 88, 203 (296).

[34] BVerfGE 88, 203 (358) - abweichende Meinung der Richter MAHRENHOLZ und SOMMER.

[35] BGHZ 124, 128 ff.; 129, 178 ff.

[36] Beschluß vom 15.12.1997, 1 BvR 479/92 und 307/94. Der Zweite Senat hatte mit Blick auf BVerfGE 88, 203 die Anrufung des Plenums des Bundesverfassungsgerichts verlangt (§ 16 Abs. 1 BVerfGG). Dem war der Erste Senat nicht nachgekommen, da er nicht von *tragenden* Gründen jener Entscheidung abwich.

3. Kapitel: Umgang mit dem Recht

Wer nur weiß, daß Maßstab der Antworten auf Rechtsfragen das positive Recht ist und woraus es besteht (soeben 2. Kapitel), hat ersichtlich noch nicht die *ganze* Methode für die Beantwortung von Rechtsfragen. Vielmehr muß er mit dem Recht auch umgehen können. Die Methode des Umganges mit dem Recht[1] steht im Mittelpunkt und bildet das Herzstück der juristischen Methodik.

Nicht selten (und in der Praxis womöglich in der Mehrzahl der Fälle!) genügt allerdings der sprichwörtliche „Blick ins Gesetz", um eine Rechtsfrage zu beantworten. Daß beispielsweise ein Fünfjähriger nicht selbständig rechtswirksam eine Tafel Schokolade kaufen kann, ergibt sich ohne weiteres aus §§ 104 Nr. 1, 105 Abs. 1 BGB (lesen!); oder aus § 211 Abs. 1, Abs. 2 erste Gruppe („Habgier") erhellt ohne weiteres, daß Mörder ist, wer den Erblasser tötet, um in den Genuß der Erbschaft zu kommen. Derartige *Evidenzen* sind freilich nur scheinbar trivial, sondern vielmehr methodischer Reflexion zugänglich und bedürftig. Dies gilt auch für den gleichfalls sprichwörtlichen „Blick in den Kommentar", *wenn* sich eine Rechtsfrage stellt: Daß jeder Jurist - mag er Praktiker oder Wissenschaftler sein - vor aller im engeren Sinne methodischer Arbeit *Autoritäten* konsultiert, ist nicht bloß ein Weg, sich eigene Argumentation zu ersparen, sondern ein methodischer Schritt eigener Art und auch eigenen Rechts.

---

[1] Die Terminologie schwankt. Traditionell wird von der Methode der *Rechtsanwendung* gesprochen, ein Begriff, der zu eng ist und hier anders verwendet wird (unten § 11). Neutraler sprechen manche (etwa LARENZ, S. 6) von *Rechtsfindung*, was freilich unterstellt, es werde nur etwas Vorgegebenes gefunden; dies schwingt auch mit, wenn von Methoden der *Rechtserkenntnis* (so etwa PAWLOWSKI, Rdn. 423, 540) die Rede ist. Daß dem nicht so ist, sondern vielfach ein schöpferisch-kreatives Element mitwirkt und Recht anhand des Falles erst geschaffen wird, wird mit dem Begriff der *Rechtsgewinnung* ausgedrückt (grundlegend MARTIN KRIELE: Theorie der Rechtsgewinnung, 2. Aufl. 1976, S. 159). Die hier verwendete Formulierung vom „Umgang mit dem Recht" soll möglichst neutral sein; sie hat freilich Berührungspunkte mit den Lehren, die Methoden- als *Argumentations*- (ALEXY, passim; ULFRIED NEUMANN: Juristische Argumentationslehre, 1986) oder als *Begründungslehre* (KOCH/RÜßMANN, passim) verstehen.

Jenseits dessen stellt sich das Problem des Umganges mit dem *unklarem, lücken- und fehlerhaften Recht* [2]. Hier unterscheidet die herkömmliche Methodenlehre zwischen Gesetzes*auslegung* als Methode der Beseitigung von Unklarheiten, Gesetzes*ergänzung* („Lückenfüllung", „gesetzesimmanente Rechtsfortbildung") als Methode der Lückenbeseitigung und Gesetzes*berichtigung* („gesetzesübersteigende Rechtsfortbildung") als Methode der Fehlerbeseitigung. Ältester Teil dieser herkömmlichen „Methodentrias" ist die Auslegungslehre. Sie geht in ihrer modernen Gestalt auf FRIEDRICH CARL VON SAVIGNY (1779-1861) zurück, dessen Lehre von den „Elementen" der Auslegung den Grund für den bis heute geltenden „Auslegungskanon" - nach Wortlaut, System, Zweck und Geschichte - gelegt hat[3]. Mit den großen Kodifikationen, vor allem des Bürgerlichen Rechts im Bürgerlichen Gesetzbuch (1896/1900), trat dann das *„Lückenproblem"* in den Vordergrund der Methodendiskussion[4]. Und spätestens mit der berühmten „Aufwertungsrechtsprechung" des Reichsgerichts[5] wurde deutlich, daß Gesetze insbesondere durch den Wandel rechtlicher, wirtschaftlicher und gesellschaftlicher Verhältnisse (damals: Inflation) fehlerhaft werden können und dann möglicherweise *zu berichtigen* sind.

---

[2] Unklares, lücken- oder fehlerhaftes Recht kann nicht ohne weiteres als pathologischer Ausnahmefall angesehen werden, und zwischen Klar- bzw. Unklarheit, Lücken- und Fehlerhaftigkeit bestehen Zusammenhänge: Zu klares (das heißt zu bestimmtes) Recht („*Konditionalprogramme*") ist häufig zu starr oder zu kasuistisch, um den Lebensverhältnissen und dem Gesetzeszweck gerecht zu werden, und somit häufig lücken- und fehlerhaft. Demgegenüber besteht bei zu unklarem (das heißt zu unbestimmtem) und zweckorientiertem Recht („*Finalprogramme*") die Gefahr, daß es entweder wirkungslos ist oder in seine Anwendung nichtrechtliche, insbesondere politische Erwägungen einfließen. Rechtssoziologisch ist dieses Problem von GUNTHER TEUBNER als *„regulatorisches Trilemma"* des modernen autopoietischen Rechts konzeptualisiert worden: *Zu intensive* rechtliche Regelung kann die Lebenswelt desintegrieren; *zu wenig intensive* rechtliche Regelung kann *entweder* irrelevant sein *oder* zum Einbruch der Politik ins Recht, also zum Verlust der Autonomie und zur Desintegration des Rechts, führen. Näher und mit Nachweisen KLAUS RÖHL: Rechtssoziologie, 1987, S. 562 f.

[3] Näher zu VON SAVIGNYs Methodenlehre: LARENZ, S. 11 ff. mit Nachweisen.

[4] Zum Zusammenhang zwischen dem „Kodexdenken" und der Lehre von den „Lücken" im Recht siehe FIKENTSCHER, Bd. IV, S. 161 f.

[5] Beginnend mit RGZ 107, 78 ff.; instruktiv und kritisch BERND RÜTHERS: Die unbegrenzte Auslegung, 4. Aufl. 1991, S. 64 ff.

Freilich bestand und besteht über die „Methodentrias" grundsätzlicher *Streit*. Er betrifft *inhaltlich* Fragen, die mit den Schlagworten „Gesetz oder Gesetzgeber?" und „Gesetz oder Richterrecht?"
umschrieben werden können: Ist es Auslegungsziel, den Willen des
Gesetzgebers zu ermitteln (sog. subjektive Lehren), oder geht es
um den normativen Gesetzessinn (sog. objektive Lehren)[6]? Soll die
Zeit des Gesetzerlasses (sog. entstehungszeitliche Variante) oder
der Rechtsanwendung (sog. geltungszeitliche Variante) maßgeblich
sein? Besteht eine Rangfolge der Auslegungsmittel[7] (etwa ein Vorrang der teleologischen vor der grammatischen Auslegung)? Wo
verläuft die Grenze der richterlichen Befugnis zur Lückenfüllung
oder zur Berichtigung fehlerhaften Rechts? *Strukturell* geht es um
die Frage, ob auch Auslegung analogen, rechtsfortbildenden oder
gesetzesberichtigenden Charakter habe (vor allem, soweit fallbe-
zogene Gesichtspunkte - die billige Entscheidung des Einzelfalles -
und allgemein-praktische Erwägungen hinzutreten).

Trotz dieser Streitfragen - die zunehmend kritisch beurteilt
werden; ihre praktische Relevanz sei gering[8], und die ihnen zugrundeliegenden Annahmen, etwa die Entgegensetzung von
„objektiver" und „subjektiver" Lehre, seien verfehlt[9] - wird vorliegend an der herkömmlichen „Methodentrias" festgehalten. Doch
wird sie - für positivistische und pragmatische Methodik folgerichtig und mit einer vordringenden Auffassung - *verfassungsrechtlich*
interpretiert: Für eine auf Rechtspraxis abzielende Methodik[10] geht
es nicht um erkenntnis- oder wissenschaftstheoretische Fragen
(beispielsweise ob sinnvoll vom „Willen des Gesetzes" gesprochen

---

6 Siehe nur LARENZ/CANARIS, S. 137 ff. mit Nachweisen.

7 Was Auslegungs*ziel*, was *-mittel* und ob die Unterscheidung sinnvoll sei, ist
gleichfalls umstritten. Beispielsweise kann die sog. objektiv-teleologische Auslegung, die Ermittlung von „Sinn und Zweck" des Gesetzes, ebensogut als
Mittel der Auslegung des Gesetzestexts wie als Ziel des Auslegungsvorganges
begriffen werden.

8 Erfrischende Polemik bei ROLF WANK: Die Auslegung von Gesetzen, 1997,
S. 33.

9 Eingehend MÜLLER, Rdn. 442 ff.

10 Treffend HORST SCHLEHOFER, in: JuS 1992, 572 (573): „Der Rechts*wissenschaft*
schreibt die Verfassung die Auslegungsmittel zwar nicht vor. ... Aber soweit die
Wissenschaft die ... Praxis methodologisch anleiten will, hat sie sich dadurch
selbst der für Judikative und Exekutive geltenden Bindung unterworfen."

werden kann), sondern um verfassungsrechtliche Fragen zur Gesetzesbindung an der Schnittstelle von Bestimmtheitsgebot, Sy-
stemgerechtigkeit und Demokratieprinzip[11]. Insoweit kann die herkömmliche „Methodentrias" als *verfassungsrechtliche Stufung* gedeutet
werden (und liegt nicht von ungefähr auch der Rechtsprechung des
Bundesverfassungsgerichts zugrunde): Dem Richter obliegt ohne
weiteres die Auslegung nach den anerkannten Methoden in den
Grenzen des Verfassungsrechts; Befugnis und Pflicht zur gesetzes-
immanenten, lückenfüllenden Rechtsfortbildung haben deutlich
engere Grenzen; die Gesetzeskorrektur ist dem Richter grundsätzlich verwehrt[12].

Aber niemand darf die Augen davor verschließen, daß sich die
Methodik des Umganges mit dem Gesetz *nicht* in Auslegung, Lük-
kenfüllung und Gesetzesberichtigung *erschöpft*. Besonders deutlich
werden die Grenzen der „Methodentrias" bei *Generalklauseln* und
unbestimmten Rechtsbegriffen. Beispielsweise führt die Auslegung des
(unbestimmten Rechts-) Begriffs des Verstoßes gegen die „guten
Sitten" in (der Generalklausel) § 138 Abs. 1 BGB als Verstoß gegen
„das Anstandsgefühl aller billig und gerecht Denkenden" nicht zu
einem Erkenntnisgewinn; angesichts der Weite von § 138 Abs. 1
BGB braucht auch keine Lücke geschlossen werden; und wegen
seiner Unbestimmtheit erübrigt sich auch die Berichtigung des
Gesetzes (mag § 138 Abs. 1 BGB auch Einbruchstelle für politische, dem Recht nicht entsprechende Wertungen sein!). Hier
bedarf es vielmehr einer *Konkretisierung*, bei welcher der jeweils in
Rede stehende *Fall* eine maßgebliche Rolle spielt. Derartiges *Falldenken* tritt neben das Denken vom Gesetz her. Dies wird in der
neueren Methodenlehre stark betont und in neuartige rechtstheoretische Begründungszusammenhänge gestellt[13]. Aber Fall- und

---

[11] Grundlegend HORST SCHLEHOFER, in: JuS 1992, 572 (573 ff.); siehe weiterhin
MARTINA DECKERT, in: JA 1994, 412 (414); KOCH/RÜßMANN, S. 179 ff.;
MÜLLER, Rdn. 429 ff.; und bereits ENGISCH, S. 118 ff.; JOSEF ESSER: Grundsatz
und Norm in der richterlichen Fortbildung des Privatrechts, 2. Aufl. 1964,
S. 116 ff.; gegen die Verrechtlichung der Auslegungsmethoden aber JOACHIM
HRUSCHKA: Das Verstehen von Rechtstexten, 1972, S. 89 ff.

[12] Siehe bereits oben § 6 I 4 und eingehend unten § 8 III, V.

[13] Nach dem Programm dieses Buches (oben Einführung, insbesondere I 2, 3)
werden diese vielfältigen Ansätze hier nicht dargestellt und kritisiert. Eine gute

Fallvergleichsdenken (war methodisches Fundament des römischen Rechts und) ist eine die Rechtspraxis seit jeher bestimmende juristische Grundmethode. Neben sie tritt seit jeher in vielen Zusammenhängen eine ebenfalls jenseits von Auslegung (usf.) liegende juristische Grundmethode: die *Abwägung* von Rechten, Gütern, Interessen oder Belangen. In der zivilrechtlich geprägten Methodenliteratur spielt sie zwar bis heute eine eher untergeordnete (und ihrer praktischen Bedeutung nicht angemessene) Rolle[14]; doch hat Abwägung vor allem im Verfassungs- und öffentlichen Recht vielfältige Konkretisierungen erfahren, die für eine allgemeingültige Abwägungsmethodik fruchtbar gemacht werden können.

Schließlich bedarf die am Umgang mit dem Gesetz orientierte herkömmliche Methodenlehre der Ergänzung durch eine *Methodik des Umganges mit Richterrecht.* Zwar ist sind Grund und Grenzen - die Legitimation - richterlicher Rechtsfortbildung ein klassisches Thema der Methodenlehre; doch die *Methode* der Ermittlung, Anwendung und Fortbildung von Richterrecht wird trotz ihrer immensen praktischen Bedeutung weiterhin vernachlässigt[15], und eine „Rechtsprechungslehre" besteht erst in Ansätzen[16]. Sie kann und sollte in Anlehnung an die Methodik des Umganges mit Gesetzesrecht entwickelt werden: Auch Richterrecht bedarf der Auslegung und kann fortgebildet sowie berichtigt werden, und daß Falldenken bei ihm eine besondere Bedeutung hat, liegt gleichsam in der Natur der Sache.

Einführung (wenn auch nicht auf neuestem Stand) gibt LARENZ, S. 119 ff., insbesondere auch S. 132 ff. („Normgehalt und Wirklichkeitsstruktur").

14 Zu hart ist allerdings das Urteil von MARTINA DECKERT, in: JA 1994, 412 (417 f.), die eine „fehlende Beschäftigung mit der Methodik des Interessenausgleichs" konstatieren will - siehe demgegenüber nur LARENZ/CANARIS, S. 223 ff. mit Nachweisen.

15 Zutreffend KATJA LANGENBUCHER: Die Entwicklung und Auslegung von Richterrecht, 1996, S. 1.

16 (Hrsg.) NORBERT ACHTERBERG: Rechtsprechungslehre, 1986; (Hrsg.) WERNER HOPPE: Rechtsprechungslehre, 1992; ULRICH KAPREN: Gesetzgebungs-, Verwaltungs- und Rechtsprechungslehre, 1989, S. 79 ff.; siehe nunmehr auch LANGENBUCHER (wie vorige Fn.).

Aus diesen Vorüberlegungen ergeben sich die Gegenstände des folgenden Kapitels, nämlich:

- das Verhältnis von Evidenz, Autorität und Methode im Rechtsdiskurs (unten § 7),
- die herkömmliche „Methodentrias" des Umganges mit dem Gesetz (unten § 8)
- die notwendigen Ergänzungen durch Falldenken und Abwägung (unten § 9) und
- die Methodik des Umganges mit Richterrecht (unten § 10).

§ 7. Evidenzen, Autoritäten und Methode

I. Evidenzen und Methode

1. Die Rechtspraxis kennt nicht nur problematische, sondern auch *fraglose, eindeutige, selbstverständliche bzw. zweifelsfreie* Fälle. Sie beherrschen vielleicht den Rechtsalltag. Beispielsweise dürften die meisten strafverfolgten Diebstahlstaten - trotz aller intrikater dogmatischer Fragen zu § 242 StGB! - schlichtweg keine materiell-rechtlichen Probleme aufwerfen.

Derartige rechtlich fraglosen, eindeutigen, selbstverständlichen bzw. zweifelsfreien Fälle werden hier - ohne daß das erkenntnistheoretische Problem der Evidenz reflektiert werden soll[1] - als „*evident*" bezeichnet[2]. Ihre methodische Bedeutung besteht darin, daß sie in gewisser Hinsicht Grundlage und Grenze der juristischen Methodik sind: Einerseits kann das Nichtevidente bzw. Problematische, das eigentliche Anliegen juristischer Methodik, nur vom Evidenten her erschlossen werden. Wenn beispielsweise irgendwie zweifelhaft wäre, daß ein notariell beurkundeter Grundstückskaufvertrag „Urkunde" im Sinne des § 267 StGB ist, so verlöre der Urkundenbegriff im Kern jede Kontur, und niemand könnte mehr Zweifelsfälle, etwa amtliche Kraftfahrzeugkennzeichen, beurteilen. Andererseits ist es nicht nur unnötig, Evidentes unter Anwendung juristischer Methoden herzuleiten und zu begründen, sondern sogar unangebracht, weil jede Herleitung oder Begründung für etwas, das auf der Hand liegt und an dem niemand zweifelt und zweifeln kann, keinen Erkenntnisgewinn mit sich bringt, den Anschein erweckt, daß doch Zweifel (etwa philosophischer Art) bestehen, und

---

1 Hierzu THEO MAYER-MALY, in: Festschrift zum 80. Geburtstag von Alfred Verdross, 1971, S. 259 ff.; DERS.: Einführung in die Rechtswissenschaft, 5. Aufl. 1991, S. 57; je mit Nachweisen.

2 FRITJOF HAFT (Juristische Rhetorik, 5. Aufl. 1985, S. 69 ff.; Einführung in das juristische Lernen, 5. Aufl. 1991, S. 113 ff.; siehe auch 6. Aufl. 1997, S. 181 ff.) spricht von „*Normalfällen*". Freilich erläutert HAFT nur bruchstückhaft, *was* den Normalfall ausmacht. Vielmehr zielt seine „Normalfallmethode" durchaus auf den Zweifelsfall ab, der nach Maßgabe seiner Ähnlichkeit zum Normalfall - dies vor dem theoretischen Hintergrund der Typenlehre und der These von der analogen Struktur aller Rechtsanwendung - beurteilt werden soll.

damit die Begründungskraft des Rechts zerstört. Wenn beispielsweise dem Angeklagten nachgewiesen ist, daß er die Windschutz-
scheibe des geparkten Autos seines Feindes mit einem Hammer
zertrümmerte, dann ist für jeden, der Deutsch spricht, klar, daß der
Angeklagte eine „fremde Sache ... zerstört" hat (§ 303 Abs. 1
StGB); mit Recht faßt der Strafrichter zusammen: „Der Angeklagte
hat sich also wegen Sachbeschädigung (§ 303 StGB) strafbar
gemacht"; und es würde nur unbegründete Legitimitätszweifel
streuen, wenn irgendwelche Rechtsausführungen gemacht würden[3].

Im einzelnen kann zwischen Sprach- und Wertevidenzen sowie
ihrer pragmatischen und ihrer rechtlichen Bedeutung unterschieden
werden:

2. Mit *Sprachevidenz* ist der „klare", „eindeutige" bzw. „unmißverständliche" Wortlaut des Gesetzes gemeint.

a) Allerdings soll nach herrschender Methodenlehre ein derart
klarer, eindeutiger bzw. unmißverständlicher Gesetzeswortlaut eine

---

[3] Daß juristisch Evidentes begründungslos durch schlichte Rechtsbehauptung
festgestellt wird, ist allerdings *keine* Anleitung zur *universitären* Fallösung. Lautet
der Sachverhalt, daß Verkäufer V einen notariell beurkundeten Grundstückskaufvertrag verbrennt, um Käufer K in Beweisnot zu bringen, so sollte der Stu-
dent die Lösung *nicht* mit dem (von niemandem bezweifelten und unbezweifel-
baren!) Satz „V hat sich wegen Urkundenunterdrückung (§ 274 StGB) strafbar
gemacht" erledigen, sondern Wissen unter Beweis stellen, indem (zumindest)
eine „Definition" des Urkundenbegriffs angegeben („verkörperte, aus sich heraus verständliche Gedankenerklärung, die den Aussteller erkennen läßt und zum
Beweise bestimmt oder geeignet ist") und hierunter „subsumiert" wird.
Immerhin dringt auch in der Fallösungsdidaktik die Auffassung vor (ROLF
HERZBERG, in: JuS 1990, 810 ff. [besonders 815 - Gegenkritik aus studentischer
Sicht von BURKARD GÖPFERT, in: JuS 1991, 484 f.]; INGEBORG PUPPE, in: JA
1989, 345 ff. [besonders 346 ff., auch 363]; siehe auch HAFT, Einführung (Fn. 2),
5. Aufl., S. 118: „Um zu entdecken, daß Tische ... 'Sachen' sind, braucht man
nicht den Begriff 'Sache' als 'körperlicher Gegenstand' zu definieren."), daß ein
derartiges Vorgehen nicht bloß umständlich, sondern methodisch unrichtig und
insgesamt zirkulär ist. Denn „Definitionen" werden durch Abstraktion typischer
Fälle und deren ausdehnenden und abgrenzenden Vergleich zu untypischen und
Grenz-Fällen gebildet, so daß bei der „Subsumtion" des typischen Falles unter
die „Definition" nur hineingesteckt wird, was zuvor aus ihm entwickelt worden
ist. Der „Vorgerückte", der Evidentes begründungslos behauptet, verweigert
sich also nicht etwa der Methode; und wer Evidentes „definiert" und
„subsumiert", erweist sich - als „Anfänger"!

seltene Ausnahme[4] sein. Sprache sei notwendig unexakt oder „vage", und es gebe für praktisch jeden Begriff mehrere mögliche Deutungen[5].

Das trifft zwar abstrakt zu. Aber *bei der konkreten Rechtsanwendung* gibt es praktisch immer sprachlich klare bzw. eindeutige Fälle der Anwendbarkeit oder Nichtanwendbarkeit eines Gesetzes[6]. Dies gilt insbesondere auch für unbestimmte Rechtsbegriffe und Generalklauseln: Fraglos begeht im Wettbewerb einen Verstoß „gegen die guten Sitten" (§ 1 Gesetz gegen den unlauteren Wettbewerb), wer, um einen Auftrag zu erlangen, einen Angestellten des Auftraggebers besticht, und ebenso fraglos handelt sitten- und wettbewerbskonform, wer den Auftrag durch Abgabe des günstigsten und besten Angebots erlangt; oder es ist Ovids Ars amandi gewiß „Kunst" im Sinne von Art. 5 Abs. 3 Satz 1 GG, billige kommerzielle Pornographie gewiß nicht[7].

Freilich nehmen Sprachevidenzen einen sprachbezogenen Konsens in Bezug und sind damit vom sprachpragmatischen Kontext, vor allem von der jeweiligen Sprachgemeinschaft, abhängig. Insbesondere kann unter Juristen evident sein, was für Laien zweifelhaft ist. Ein berühmtes (seit Einführung des § 90 a BGB freilich überholtes) Beispiel ist der bürgerlich-rechtliche Begriff „Sache", der (bereits im gemeinen Recht und) für jeden Juristen evident alle körperlichen Gegenstände (§ 90 BGB) und damit *auch Tiere* umfaßt. Auch im übrigen können in Fachgesetzen fachsprachliche Begriffe (zwar nicht allgemeinverständlich, aber für alle, die es angeht) evident sein. Beispielsweise ist unter dem in der Anlage I zum Be-

---

[4] Als Beispiel werden Zahlbegriffen genannt, etwa wenn ein Anspruch nach „dreißig" Jahren verjährt (§ 195 BGB). Aber auch hier gibt es Anwendungsfragen, etwa bei der Frage des Beginns des Fristlaufs.

[5] Siehe nur LARENZ/CANARIS, S. 141 f.

[6] Treffend EDWART OTT: Kritik der juristischen Methode, 1992, S. 24 f.
Im einzelnen kann mit dem sog. „*Drei-Bereiche-Modell*" von „positiven" oder „negativen" Kandidaten (im Unterschied zu den „neutralen", uneindeutigen) gesprochen werden (vertiefend KOCH/RÜßMANN, S. 194 ff.); oder es kann mit einer berühmten, auf PHILIPP HECK zurückgehenden Metapher der klare (im Unterschied zum problematischen) Anwendungsbereich „*Begriffskern*" (im Unterschied zum „*Begriffshof*") genannt werden.

[7] Zu Zweifelsfällen siehe aber BVerfGE 83, 130 (besonders 138 f.).

täubungsmittelgesetz aufgelisteten „Diamorphin" Heroin zu verstehen.

b) Sprachevidenzen setzen der juristischen Methodik rechtliche und pragmatische *Grenzen*.

Nach ständiger Rechtsprechung ist der (für Juristen) klare, unzweideutige oder unmißverständliche Wortlaut *rechtlich bindend* und (vorbehaltlich gesetzesberichtigender Rechtsfortbildung) der weiteren methodischen Behandlung, insbesondere der Auslegung, weder bedürftig noch fähig[8]. Wenn beispielsweise ein Gesetz das Einvernehmen „der Länder" verlangt, kann dies nicht dahin ausgelegt werden, daß das Einvernehmen „der Mehrheit der Länder" (oder des Bundesrats) genüge, sondern es muß jedes einzelne Land zustimmen[9].

Pragmatisch zeigt jemand, der nach methodischer Herleitung oder Begründung des im jeweiligen Kontext Sprachevidenten verlangt, daß er nicht zur jeweiligen Sprachgemeinschaft gehört. Seinem Zweifel wird nicht in der Sache, sondern mit Kompetenzzweifeln begegnet.

c) In gewissem Sinne sind Sprachevidenzen aber auch *Grundlage* juristischer Methodik. Ist der Bereich der Sprachevidenz - der eindeutigen, klaren, zweifelsfreien Anwendungs- bzw. Nichtanwendungsfälle - zu klein, so kann der Rechtstext wegen fehlender rechtsstaatlicher *Bestimmtheit* verfassungswidrig sein[10]. Auch sind die nach dem Wortlaut klaren, eindeutigen, zweifelsfreien Anwendungsfälle der bei weitem wichtigste Bestimmungsgrund für den Umgang mit dem Recht im Hinblick auf uneindeutige, unklare, zweifelhafte Fälle: Nur aus jenen gehen der „Wille des Gesetzgebers" und die von ihm getroffene Interessenabwägung in typischen Fällen mit typischen Folgen zuverlässig hervor[11].

---

[8] BGHZ 46, 74 (76); siehe weiterhin BGH NJW 1951, 922; 1956, 1553; BVerfGE 4, 331 (351); teils kritisch ENGISCH, S. 92 f. in Fn. 31 mit Nachweisen; zur schweizerischen Rechtslage - Art. 1 Abs. 1 des schweizerischen Zivilgesetzbuchs bestimmt, daß sich der Richter von „Wortlaut *oder* (!) Auslegung" leiten lasse - OTT (Fn. 6), S. 23 mit Fn. 20.

[9] BVerfGE 1, 299 (312, 314).

[10] Eingehend HANS JARASS/BODO PIEROTH: Grundgesetz, 4. Aufl. 1997, Art. 20 Rdn. 38 ff. mit Nachweisen.

[11] OTT (Fn. 6), S. 23 f.; siehe noch unten §§ 8 I 3 und 9 I.

3. Wer von *Wertevidenzen* spricht, scheint eine nicht mehr haltbare
vorkritische erkenntnistheoretische Position einzunehmen. Auf der
Grundlage einer juristischen Pragmatik ist Harmloseres gemeint:
Das Recht kann als eine vor allem *von der Verfassung geprägte*, im
Kern verbindliche *Wertordnung* begriffen werden[12]. Zumindest die
fraglosen Kernbereiche dieser Werte können als „Wertevidenzen"
bezeichnet werden. Sie setzen ihnen widersprechenden Interpretationen Grenzen, da solche Interpretationen den Interpreten als
jemanden kennzeichnen, der außerhalb des Rechts und seiner
Werte (der rechtlichen Wertegemeinschaft) steht. Solche Interpretationen werden nicht als mögliche juristische anerkannt, sondern
sanktioniert (vergleiche auch Art. 5 Abs. 3 Satz 2, 18 GG).
   Ein Beispiel hierfür ist die Auslegung des Begriffs „Mensch" in
§ 212 StGB. Bemerkenswerterweise halten sich viele Kommentare
zum Strafgesetzbuch mit einer explizit-inhaltsreichen „Definition"
des Menschen zurück[13]. Denn es wird als (wert-)evident vorausgesetzt, daß im heutigen Recht ein philosophisch nicht selbstver-
ständlicher, durch Revolutionen, Bürger- und Weltkriege erkämpf-
ter biologischer Menschbegriff - Lebewesen mit humanem Genom
einschließlich seiner Aberrationen ungeachtet Vernunft, Sprache
usf. - gilt, an den nicht gerührt werden darf. Wer die hier gesetzten
Interpretationsgrenzen überschritte - etwa öffentlich eine restriktive Auslegung des § 212 StGB in dem Sinne vorschlüge, daß
Geisteskranke keine „Menschen" und daher nicht vom Tot-
schlagsverbot geschützt seien -, müßte mit Sanktionen bis hin zur
Strafverfolgung wegen Volksverhetzung (§ 130 StGB) rechnen.

---

[12] Ständige Rechtsprechung des Bundesverfassungsgerichts; siehe nur BVerfGE 7,
   198 (204 f.); 49, 89 (141 f.); 73, 261 (269).
[13] Anders liegt es im Verfassungsrecht, wo im Rahmen von Art. 1 Abs. 1 GG der
   Begrif „Mensch" durchaus näher bestimmt wird (statt aller PHILIP KUNIG, in:
   VON MÜNCH/DERS., Grundgesetz-Kommentar, Bd. I, 4. Aufl. 1992, Art. 1
   Rdn. 11 ff. mit Nachweisen). Freilich finden sich auch hier Zirkuläres („Mensch
   ist, wer von Menschen gezeugt wurde") und Appelle an Wertevidenzen („Daß
   Geisteskrankheit, Mißbildungen, Verbrechertum den Würdeanspruch nicht beseitigen ..., bedarf ... [sc. keiner] näheren Begründung", je aaO. Rdn. 12). Siehe
   auch - zum Begriff der Menschen*würde* - HANS CARL NIPPERDEY, in: (Hrsg.)
   NEUMANN/DERS./SCHEUNER: Die Grundrechte, Bd. II 1954, S. 1: „Der Begriff
   der Würde des Menschen bedarf keiner weiteren juristischen Definition" (eine
   freilich stark bestrittene These!).

II. Autoritäten und Methode

1. Wird der Bereich des Evidenten verlassen und stellt sich eine
Rechtsfrage, so besteht in der Rechtspraxis - aber auch in der
Rechtswissenschaft und im Rechtsstudium! - der *erste* Schritt zur
Beantwortung der Rechtsfrage *nicht* darin, „Schulmethoden" wie
Auslegung, Lückenfüllung usf. anzuwenden. Vielmehr gilt es im
ersten Zugriff, bereits vorfindliche Antworten auf die Rechtsfrage
zu suchen, zusammenzustellen und nach Gewicht und Überzeu-
gungskraft zu bewerten, mit anderen Worten die *Meinung(en) von
Autoritäten* zu ermitteln und zu bewerten.

Trotz seiner überragenden praktischen Bedeutung fristet dieser
Schritt in der Methodenlehre ein Randdasein[14] und wird überwiegend kritisch eingeschätzt: Sich auf Autoritäten zu berufen
(„argumentum ab auctoritate"), sei kein eigentliches juristisches
Argument; Autoritäten seien keine Rechts-, sondern allenfalls
Rechtserkenntnisquellen[15], die aber stets unter Interessenverdacht
ständen: „herrschende Meinung" als „Meinung der Herrschenden"!

Eine nähere Analyse der methodischen Bedeutung von Autoritäten vermag dieser Kritik die Schärfe zu nehmen:

2. Zum einen hat nicht jeder, der sich (und sei dies auch in ge-
druckter Form) zu einer Rechtsfrage äußert, Autorität.

---

[14] Siehe aber ALEXY, S. 316 f.; THOMAS DROSDECK: Die herrschende Meinung -
Autorität als Rechtsquelle, 1989; PAWLOWSKI, Rdn. 395 f.; ROMAN SCHNUR, in:
Festgabe für Ernst Forsthoff zum 65. Geburtstag, 1967, S. 43 ff.; UWE WESEL,
in: Kursbuch Unser Rechtsstaat Nr. 56, 1979, S. 88 ff.; RITA ZIMMERMANN: Die
Relevanz einer herrschenden Meinung für die Anwendung, Fortbildung und
wissenschaftlichen Erforschung des Rechts, 1983.
Ganz anders (und an dieser Stelle methodisch zu begrüßen!) liegt es in der
universitären Fallösungsdidaktik: Für ein gutes universitäres Gutachten ist die
vollständige und sorgfältige Erarbeitung des *„Meinungsstandes"* nach der Frage:
„Wer [oder besser: welche Meinungsgruppe mit welchem Gewicht] sagt *wo"* -
beides kommt in die Fußnoten - *„was mit welcher Begründung* und *welcher Bedeutung
für den Fall?"* von entscheidendem Gewicht.

[15] In der Rechtsgeschichte war die Meinung bedeutender Rechtslehrer freilich
durchaus Rechtsquelle, etwa als „communis opinio" im gemeinen Recht. Im
Rechtskreis des common law gilt teilweise bis heute, daß die Werke bestimmter
bedeutender Rechtslehrer („institutional writers") das geltende Recht wieder-
geben. Zum Völkerrecht sogleich Fn. 16.

a) Der *höchstrichterlichen Rechtsprechung* ist freilich bereits von Rechts wegen Autorität in Gestalt der Kompetenz zur Rechtsvereinheitlichung und -fortbildung zugewiesen (oben § 6). Wegen dieses Sonderstatus wird sie im folgenden ausgeklammert (und noch ausführlicher unten in § 10 behandelt).

b) Jenseits dessen hat Autorität vor allem bedeutende Lehre[16].

Mit *Lehre* ist dabei vor allem die Lehre der Universitätsprofessoren gemeint, die durch Veröffentlichung in Gesetzeskommentaren, Lehrbüchern und anderen wissenschaftlichen Monographien Breitenwirkung erlangt. Rechtslehre findet aber auch in und aus der Rechtspraxis - nicht selten im Hinblick auf deren besondere Bedürfnisse - statt, und bedeutende Kommentare oder Handbücher stammen aus der Feder von Richtern oder Rechtsanwälten.

Die Frage, welche und wessen Lehre *bedeutend* ist, läßt sich nicht stets eindeutig beantworten, und die Antwort ist nicht stets frei von subjektiv-willkürlichen Elementen. Aber es gibt objektiv-rationale Kriterien: Von bedeutender Lehre kann erwartet werden, daß sie den *Stand des derzeitigen Rechtswissens in seiner Breite und Tiefe umfassend, systematisch und kritisch sowie auf derzeitigem methodischen Stand* wiedergibt. Darüber, welche Kommentare, Lehrbücher usf. diesen Kriterien genügen, besteht vielfach breiter fachlicher Konsens, dessen Inhalt zum Rechtswissen gehört (und ebenso wie dieses erlernt werden muß[17]!). Beispielsweise dürfte die derzeit „führende" Kommentierung des Betrugstatbestandes (§ 263 StGB) diejenige von KARL LACKNER[18] sein. Um derartige Bedeutung zu erreichen, bedarf es regelmäßig langjähriger Beschäftigung und Erfahrung mit der jeweiligen Rechtsmaterie, und es ist kein Zufall, daß juristische

---

16 Treffend hebt Art. 38 Abs. 1 des Statuts des Internationalen Gerichtshofs die „Lehrmeinung der fähigsten Völkerrechtler" (wenn auch nicht als Rechtsquelle, so doch) als „Hilfsmittel" zur Rechtserkenntnis hervor. Siehe aber zu der angesichts der Besonderheiten des Völkerrechts *besonderen* Rolle von Völkerrechtswissenschaft und -doktrin WOLFGANG GRAF VITZTHUM, in: (Hrsg.) DERS., Völkerrecht, 1997, Rdn. 45 ff., 109 ff., 148 mit Fn. 364; ALFRED VERDROSS/BRUNO SIMMA: Universelles Völkerrecht, 3. Aufl. 1985, S. 8 ff., 399 ff.

17 Hierin liegt ein großes Problem für Studenten, die nicht selten unbedeutende Lehre zitieren. Als Faustregel mag gelten, daß „große" Kommentare und „große" Lehrbücher, zumal vielfach aufgelegte mit langer Tradition, bedeutsame Lehre sind, didaktische Literatur oder Handreichungen für die Praxis aber nicht.

18 in: Leipziger Kommentar zum Strafgesetzbuch, 10. Aufl. 1978.

Autorität mit bestimmten institutionellen und personellen Zuschreibungen einhergeht: der Professor als „Kapazität"; der „hohe" Richter; der „erfahrene" Rechtsanwalt. Zu den personalen Elementen juristischer Autorität zählen freilich auch rechtliche Gesinnung und Unparteilichkeit; wer einseitig interessengeprägte (etwa aus Rechtsgutachten im Parteiauftrag herrührende) Rechtsansichten vertritt, beschädigt die Bedeutung seiner Lehre.

Bedeutende darf nicht mit „*herrschender*" Lehre verwechselt werden. Diese wird von der Mehrzahl[19] der Rechtslehrer vertreten und „herrscht" insoweit, als sie sich im juristischen Diskurs gegenüber „Minder(heits)meinungen" durchgesetzt hat (oder zumindest diesen Anspruch erhebt), also auf einen (auch von den Anhängern der Minder[heits]meinungen anerkannten) Diskussions- und „Streitstand" Bezug nimmt[20]. Nicht selten vertreten freilich gerade bedeutende Rechtslehrer Minder(heits)meinungen, die Vorschein einer künftigen herrschenden Lehre sein können. Beispielsweise war die „finale Handlungslehre" des großen Strafrechtslehrers HANS WELZEL durchaus eine Minderheitsauffassung, als sie in den dreißiger Jahren entwickelt wurde; alsbald erreichte sie aber breite wissenschaftliche und spätestens mit BGHSt 2, 194 ff. in wichtigen Teilfragen auch höchstrichterliche Anerkennung.

3. Zum anderen muß sich auch bedeutende (und erst recht herrschende!) Lehre wertender *Kritik* stellen. Maßstab von Kritik und Wertung sowie gemeinsame Grundlage von Kritiker und Kritisiertem sind insbesondere die anerkannten Methodenregeln, das treffend so genannte und unentbehrliche „juristische Handwerkszeug"[21].

---

[19] Dabei wird freilich mehr gewogen als gezählt (treffend SCHNUR [Fn. 14], S. 48).

[20] Freilich muß es nicht immer Meinungsstreit zwischen *Meinungsgruppen* (die nicht selten je durch Zugehörigkeit zu einer bestimmten wissenschaftlichen Schule geprägt sind; zur Schulenfrage in der Jurisprudenz vergleiche ZIMMERMANN [Fn. 14], S. 61 ff. mit Nachweisen) geben. Manche Rechtsfragen werden auch von einer „*allgemeinen Meinung*" einhellig beantwortet, dies ist nach den Regeln zu den juristischen Evidenzen zu behandeln (oben I.).

[21] JOSEF ESSER, in: JZ 1975, 555 ff. - Dies ist auch der Schlüssel zu der von Studenten viel gestellten Frage, was nach Darstellung des „Meinungsstandes" zu tun übrig bleibe: Die Rechtsfrage soll *selbständig unter Anwendung anerkannter Methodenregeln* beurteilt werden! Wie dies aussieht, zeigen viele höchstrichterliche Entscheidungen; lies exemplarisch BGH NJW 1997, 2751 (f. - für die amtliche

III. Rechtstheoretischer Exkurs: Diskurs und Methode

1. Daß im juristischen Diskurs nicht alles hinterfragt werden (Evidenzen, oben I.) und nicht jedermann - zumindest nicht mit gleichem Gewicht - Mitsprache halten darf (Autoritäten, oben II.), wirft die Frage auf, welcher *Diskursbegriff* dem Recht angemessen ist. Diese Frage gehört zwar der Rechtstheorie an, soll hier aber - gewissermaßen auch als Hintergrund für die folgenden Ausführungen (insbesondere auch die Auslegungslehre, unten § 8 I) - kurz gestreift werden:

2. a) Bei ihrer Rekonstruktion der juristischen Methode(n) beziehen sich die seit einiger Zeit im Vordringen befindlichen *„Argumentationstheorien"*[22] auf das namentlich von JÜRGEN HABER-MAS ausgearbeitete philosophische Konzept des (allgemein-) praktischen, insbesondere moralischen, Diskurses. Dieser ist ein (Argumentations-) Verfahren mit dem Ziel, durch einen unter bestimmten Diskursbedingungen und nach bestimmten Diskursregeln erzielbaren Konsens einen normativen Geltungs- und Richtigkeitsanspruch einzulösen[23]. Der juristische Diskurs soll ein „Sonderfall" dieses allgemein-praktischen Diskurses sein, und entsprechend sollen Methodenregeln Sonderfälle von Diskursregeln sein[24].

Sammlung bestimmt): Unter II. 1. wird der Meinungsstand erarbeitet; unter II. 2. wird dann eine „schulmäßige" Auslegung vorgenommen.

Im übrigen ist beim universitären Gutachten die Regel verbreitet und weithin anerkannt, daß es überflüssig sei, widerstreitende Meinungen zu kritisieren und zu bewerten, wenn sie im konkreten Fall zu demselben Ergebnis kommen. Dies ist sachlich fragwürdig. Zum einen wird eigenartigerweise die „communis opinio" als Rechtsquelle wiedereingeführt; zum anderen ist es (unwahrscheinlich, aber) nicht auszuschließen, daß sämtliche vertretenen Meinungen auch im Ergebnis fehlerhaft sind; außerdem läßt Ergebnisrichtigkeit Begründungsfehler (die ja in anderen Fällen zu fehlerhaften Ergebnissen führen mögen!) unberührt.

[22] Grundlegend das Werk von ALEXY; Nachweise bei ULFRIED NEUMANN: Juristische Argumentationslehre, 1986, S. 1 f.

[23] Bahnbrechend JÜRGEN HABERMAS, in: Wirklichkeit und Reflexion, Festschrift für Walter Schulz zum 60. Geburtstag, 1973, S. 211 ff.

[24] So zuerst ALEXY, S. 261 ff.; ihm folgend JÜRGEN HABERMAS: Theorie des kommunikativen Handelns, Bd. I 1981, S. 61 ff. mit Fn. 63; vergleiche aber nunmehr DERS.: Faktizität und Geltung, 1992, S. 282 ff.

b) Jedenfalls für die Rechtsanwendung (den „Anwendungs-diskurs"[25]) ist diese „Sonderfallthese" freilich auf dedizierte Ablehnung gestoßen[26]. In der Tat zeigen die Problemkreise „Evidenz und Autorität im Recht", daß die Diskurstheorie Schwierigkeiten hat, dem *Zwangscharakter* des Rechts einerseits, seiner *Autonomie* vor allem im Verhältnis zum politischen Diskurs andererseits gerecht zu werden.

Während im allgemein-praktischen Diskurs im Grundsatz keine Problematisierungsverbote gelten, auch Evidenzen als unthematisierte Diskursgrundlagen thematisiert werden können und so der Diskurs selbst in Frage gestellt werden kann, entzieht das Recht seine Grundlagen der Infragestellung, legt sie vielmehr normativ verbindlich fest und garantiert sie, und zwar, wie gezeigt, gegebenenfalls auch durch Zwang.

Weiterhin beansprucht das Recht bei seiner Anwendung Autonomie gegenüber (Moral und) Politik: Es sollen gerade *nicht* alle denkbaren Argumente, insbesondere nicht politische, zulässig sein, und es soll gerade *nicht* jeder Staatsbürger mitreden können. Bewußt *entzieht* das Grundgesetz (Art. 97 Abs. 1) die Rechtsanwendung dem demokratischen Souverän und vertraut sie *unabhängigen*, nur dem Gesetz unterworfenen Richtern an, die grundsätzlich Fachjuristen sein müssen (§ 5 Deutsches Richtergesetz) und, wie gezeigt, im Grundsatz nur mit fachjuristischen Autoritäten in einen Diskurs eintreten, wie denn auch das Recht auf rechtliches Gehör (Art. 103 Abs. 1 GG) *keinen* Anspruch der Parteien und ihrer Vertreter auf ein *Rechts*gespräch mit dem Gericht begründet[27].

---

[25] Hierzu grundlegend KLAUS GÜNTHER: Der Sinn für Angemessenheit, 1989.

[26] Statt aller ARTHUR KAUFMANN: Theorie der Gerechtigkeit, 1984, S. 35 ff.

[27] Die Auffassung, jeder Richter müsse „seine ... Interpretation grundsätzlich als ein *gemeinsames Unternehmen* konzipieren, das von der *öffentlichen Kommunikation der Staatsbürger* getragen wird" (so HABERMAS (Faktizität [Fn. 24]), S. 274; Hervorhebungen vom Verfasser), birgt in sich die Gefahr zumindest des Mißverständnisses, daß Rechtsanwendung der Politik überantwortet wird. Um der Autonomie des Rechts willen (die auch HABERMAS anerkennt, wenn er an anderer Stelle [aaO. S. 291] bemerkt: „Der juristische Diskurs soll ... externen" - und das heißt vor allem: nichtjuristisch-politischen! - „Einflußnahmen entzogen werden") sind mindestens folgende Klarstellungen veranlaßt: „Öffentliche Kommunikation der Staatsbürger" meint nicht den politischen Stammtisch („Urteilsschelte" - die freilich durchaus auch im Deutschen Bundestag stattfindet!), son-

3. Allerdings kann der Umgang mit dem Recht - und dieses selbst
- einem normativ weit weniger anspruchsvollen Sinn als Diskurs
verstanden werden:

Rechtstexte sind sprachlich vermittelt[28], desgleichen der Umgang
mit ihnen: „Juristen reden. Sie sprechen Recht und schaffen Texte:
Urteile und Gutachten, Kommentare und Verfügungen, Anträge
und Monographien"[29]. Deshalb kann der Umgang mit dem Recht
als *Erzeugung von Texten verstanden werden, die auf Rechtstexte und aufeinander bezogen sind,* und Inbegriff und Zusammenhang dieser Texte
können als „diskursive Tatsache" in dem Sinne bezeichnet werden,
„daß man davon spricht, wer davon spricht ..., die Orte und Gesichtspunkte, von denen aus man spricht, die Institutionen, die zum
Sprechen anreizen und das Gesagte speichern und verbreiten"[30].
Ohne daß (post-) strukturalistische Philosophie und Dekonstruktion in Anspruch genommen werden müssen oder sollen[31], hat diese
Sicht den Vorteil, daß sie anschaulich[32] und normativ hinreichend
neutral ist, um dem Selbstverständnis und der Eigenart des Rechts
Raum zu geben.

---

dem einen vernünftigen Diskurs von Bürgern, die rechtlich gebildet, gesinnt und
bereit sind, rechtsmaßstäblich zu urteilen. Außerdem soll der Richter nicht etwa
politischen Konsensen oder Mehrheiten *unterworfen* sein, sondern sich allein nicht
vom allgemein-praktischen Diskurs *abkoppeln.*
Allerdings ist insgesamt zu vermuten, daß die Diskurstheorie HABERMASscher
Prägung weniger eine *Rechts-* denn eine *Rechtsstaats-* und *Demokratie*theorie ist, die
überzeugend nur den politisch-verfassungsrechtlichen Raum der *Rechtsetzung* und
das ihn konstituierende *Demokratieprinzip* rekonstruiert: HABERMAS aaO.
S. 135 ff., aber auch 208 ff.
[28] Dies gilt auch für Richter- und sogar für Gewohnheitsrecht, das „zunächst
einmal der sprachlichen Formulierung (bedarf)", LARENZ/CANARIS, S. 177.
[29] KATHARINA SOBOTA: Sachlichkeit, Rhetorische Kunst der Juristen, 1989, S. 1.
[30] MICHEL FOUCAULT: Der Wille zum Wissen, 4. Aufl. 1991, S. 21.
[31] Grundlegend JACQUES DERRIDA: Gesetzeskraft. Der „mystische Grund der
Autorität", 1991; siehe weiterhin FRIEDRICH MÜLLER/RALPH CHRISTENSEN/
MICHAEL SOKOLOWSKI: Rechtstext und Textarbeit, 1997.
[32] In philosophischem Zusammenhang hat FOUCAULT (Die Ordnung des Diskurses, 1974, S. 18) vom „unendlichen Gewimmel der Kommentare" gesprochen -
was bei Juristen Assoziationsketten auslöst und die Jurisprudenz durchaus
treffend charakterisiert!

§ 8. Umgang mit Gesetzesrecht (I): Die herkömmliche „Methodentrias"

Fall 7: Bauunternehmer U errichtete zum Bau einer Eisenbahnstrecke ein provisorisches Schienengeleise, auf dem schmalspurige Dampflokomotiven mit angehängten schweren Karren Baumaterialien an- und abtransportierten. Als ein hölzernes Gerüst zusammenbrach, auf dem die Gleise verlegt waren, entgleiste ein Zug, und der als Bremser mitfahrende Arbeiter A wurde schwer verletzt. Konnte A von U nach § 1 Reichshaftpflichtgesetz Schadensersatz verlangen? Analysieren Sie RGZ 1, 247 ff. hinsichtlich der Auslegungsmethodik!

Fall 8: A will seine getrenntlebende Ehefrau töten, bringt die Tat aber nicht übers Herz. Deshalb betrinkt er sich bis zur Schuldunfähigkeit (§ 20 StGB), fährt dann - wie von vornherein geplant - mit seinem Personenkraftwagen zur Wohnung der Ehefrau und tötet sie. Strafbarkeit des A wegen §§ 212, 316, 323 a StGB? Analysieren Sie das Problem der sog. „actio libera in causa" methodisch!

Fall 9: In einer von P herausgegebenen Boulevardzeitschrift ist ein Interview mit dem Filmschauspieler F abgedruckt, in dem es heißt: „*Frage*: Sie sind jüngst bei Dreharbeiten zusammengebrochen. Man munkelt, Sie litten an AIDS. Stimmt das? - *Antwort*: AIDS habe ich nicht, bin aber HIV-positiv." Diese Passage des Interviews ist frei erfunden, und F ist auch nicht HIV-positiv. Kann F seinen Immaterialschaden von P ersetzt verlangen, und wie bemißt er sich? Analysieren Sie die richterrechtliche Korrektur der §§ 253, 847 BGB!

I. Gesetzesauslegung

1. **Gesetzesauslegung** ist die Methode der Ermittlung der *Bedeutung* der Gesetzesbegriffe. Bedeutung meint *nicht* den Begriffs*umfang*, die unter den Begriff fallenden Gegenstände[1]. So ist es ist keine Auslegung des Begriffs „gefährliches Werkzeug" in § 224 Abs. 1 Nr. 2 StGB, wenn Anwendungsfälle wie Knüppel, Flasche, Stuhlbein usf. aufgezählt werden. Derartige *Kasuistik* ist keine wirkliche juristische Methode und nicht mit Fall- und Typendenken zu verwechseln

---

[1] In der Semiotik wird von *Extension* im Unterschied zum Begriffsinhalt, der *Intension*, gesprochen. Zeichen, Extension und Intension bilden das sog. „*semiotische Dreieck*". Näher KOCH/RÜSSMANN, S. 128 ff. mit Nachweisen.

(unten § 9 I). Vielmehr geht es um den Begriffs*inhalt* oder Sinn des Begriffs. Er wird durch Eigenschaften oder Merkmale bestimmt und herkömmlicherweise in Definitionsform ausgedrückt. Beispielsweise versteht die herrschende Auffassung unter einem gefährlichen Werkzeug im Sinne des § 224 Abs. 1 Nr. 2 StGB „jede(n) Gegenstand, der bei der konkreten Art der Benutzung und des Körperteils, auf den er angewendet wird, geeignet ist, erhebliche Verletzungen hervorzurufen"[2]. Derartige „*Definitionen*"[3] der ausgelegten Gesetzesbegriffe sind zum einen *Gebrauchs- und Verwendungsregeln* für Juristen, zum anderen *Auslegungsergebnisse*. In sie sind eine Vielzahl fall- und problembezogener Einzelauslegungen eingegangen, die bei der Verwendung von Definitionen mitgedacht und -berücksichtigt werden müssen. Wird beispielsweise das „lediglich rechtlich vorteilhafte" Geschäft im Sinne von §§ 107, 181 BGB als „nicht *unmittelbar* rechtlich nachteilhaftes" Geschäft definiert, so erhellt die Bedeutung des Unmittelbarkeitskriteriums erst aus den Fällen, anhand derer es entwickelt worden ist - etwa der Schenkung eines Grundstücks, für das dann Grundsteuer bezahlt werden muß.

2. Nach ständiger Rechtsprechung des Bundesverfassungsgerichts[4] richtet sich die Bedeutung der Gesetzesbegriffe nach dem in ihnen zum Ausdruck kommenden objektivierten Willen des Gesetzgebers, *so wie er sich aus dem Wortlaut und aus dem Sinnzusammenhang ergibt, in den die fragliche Vorschrift hineingestellt ist.* Auslegung setzt also beim Wortlaut ein und schreitet zum Sinnzusammenhang des Gesetzes fort. Diese Formel mag kritikwürdig sein (und dem Bundesverfassungsgericht mag vorgeworfen werden, es halte sich selbst nicht an seine Auslegungsregeln[5]); vom Standpunkt einer positivistischen und pragmatischen Methodik (und auch mit Blick auf § 31 BVerfGG) ist sie der Auslegungslehre vorgegeben.

---

2 Siehe WALTER STREE, in: SCHÖNKE/SCHRÖDER, Strafgesetzbuch, 25. Aufl. 1997, § 223 a Rdn. 4.

3 Keineswegs alles, was im juristischen Sprachgebrauch als „Definition" bezeichnet wird, genügt den wissenschaftstheoretischen Anforderungen an Definitionen; näher hierzu HERBERGER/SIMON, S. 303 ff.

4 Seit BVerfGE 1, 299 (312); vertiefend und mit Nachweisen MÜLLER, Rdn. 24 ff.

5 Näher MÜLLER, Rdn. 27 ff. mit Nachweisen.

3. *Wortlautauslegung* (grammatische Auslegung)[6] meint Ermittlung des Sprachsinnes oder Sprachgebrauchs des Gesetzes, der sprachlichen Verwendungsregeln für die Gesetzesbegriffe.

a) Dies geschieht nichtempirisch[7] und in *drei Stufen.*

Erstens und vorrangig wird der *gesetzliche Sprachgebrauch im engeren Sinne* ermittelt: die im Gesetz ausdrücklich angeordneten und rechtsverbindlichen Sprachverwendungsregeln. Sie finden sich vor allem in Gestalt von Legaldefinitionen, Fiktionen und Verweisungen (siehe oben § 5 II mit Beispielen).

Zweitens wird nach dem *Sprachgebrauch der juristischen*[8] *Fachsprache* gefragt, der Vorrang vor dem allgemeinen (umgangssprachlichen)

---

[6] In der Methodenlehre wird ihr Wert nicht selten gering eingeschätzt: Sie ergebe meist nur einen allerersten Hinweis auf den Wortsinn bzw. sei im Einzelfall oft unergiebig, und ein eindeutiges Ergebnis begründe nur eine „gewisse Vermutung" für den Normsinn (statt aller GERHARD HASSOLD, in: Festschrift für Karl Larenz zum 80. Geburtstag, 1983, S. 211 [223] mit weiteren Nachweisen). Doch der eindeutige, klare Wortlaut bindet den Rechtsanwender und stellt sogar eine Grenze der Auslegung dar (oben § 7 I 2 b). Auch im übrigen kommt - um die verfassungsrechtliche Formel aufzugreifen - im Wortlaut und nur in ihm der Wille des Gesetzgebers zum Ausdruck und objektiviert sich (so daß die Polemik von EDWARD OTT: Kritik der juristischen Methode, 1992, S. 25, die herrschende Methodenlehre habe ein „gestörtes Verhältnis zum Wortlaut des Gesetzes", durchaus etwas für sich hat).
Zu einigen etwas irritierenden terminologischen Streitigkeiten: Natürlich meint Wort*laut* nicht Wort*klang.* - Natürlich ist der Wortlaut im Sinne des *Gesetzestexts* kraft Gesetzesbindung unverrückbarer *Gegenstand* der Auslegung und nicht zugleich ihr Mittel (JÜRGEN RÖDIG: Die Theorie des gerichtlichen Erkenntnisverfahrens, 1973, S. 282). - Natürlich ist Auslegung *stets* Ermittlung des *Sinnes* der Gesetzesbegriffe; deshalb können systematische, teleologische und historische Auslegung als Hilfsmittel zur Wortsinnermittlung angesehen werden (ROLF WANK: Die Auslegung von Gesetzen, 1997, S. 60).

[7] An sich ist der „Gebrauch" der Sprache ein empirisches Phänomen und erfahrungswissenschaftlicher Feststellung zugänglich. Aber die Rechtspraxis traut jedem Rechtsanwender als Mitglied der Sprachgemeinschaft („native speaker") einen intuitiven Zugang zur Sprache zu. Näher ROLF WANK: Die juristische Begriffsbildung, 1985, S. 21 mit Nachweisen.

[8] Bei sog. „*Fachgesetzen"* können auch *außerjuristische Fachsprachen* die Wortlautauslegung maßgeblich (und natürlich mit Vorrang vor der Umgangssprache) bestimmen; lies etwa § 19 Abs. 1 Nr. 1a Bundesseuchengesetz: „Chagaskrankheit, ... Coccidioidomykose, ... Ornithose, ... Toxoplasmose, ... Tularämie".

Sprachgebrauch genießt[9]. Ist beispielsweise in § 7 Abs. 1 Verbrau-
cherkreditgesetz von „Willenserklärung" die Rede, so (spielt Umgangssprache keine Rolle, sondern es) wird auf §§ 116 ff. BGB und
die hierzu entwickelte Dogmatik bezuggenommen. Dies gilt nicht
nur für „Juristengesetze" wie das Bürgerliche Gesetzbuch oder die
Zivilprozeßordnung, sondern auch für solche, die sich unmittelbar
an den Bürger wenden wie das Strafgesetzbuch: Gesetze haben *stets*
eine „juristische" Bedeutung; sie sind von und für Juristen ge-
machte juristische, also fachsprachliche Texte[10]. Beispielsweise ist
die gesetzliche Tatbestandsbeschreibung des Betrugs (§ 263 StGB)
eine juristisch-technische Abstraktion. Hilfsmittel zur Feststellung
eines juristischen Sprachgebrauchs sind vor allem Gesetzes-
kommentare[11].

Drittens und subsidiär wird der *allgemeine Sprachgebrauch*, der umgangssprachliche Wortsinn ermittelt, wobei als Hilfsmittel bedeutende Wörterbücher der deutschen Sprache (Duden, Wahrig,
Grimmsches Wörterbuch) herangezogen werden. Freilich sind auch
umgangssprachliche Begriffe kontextabhängig und sind Kontexte
pragmatisch geprägt[12], so daß *allein* der Umstand, daß ein umgangs-
sprachlicher Begriff im gesetzlichen Regelungszusammenhang
steht, zu einer Bedeutungsverschiebung führen und eine Bedeu-
tungsschattierung erforderlich machen kann, die in der Umgangssprache fehlt. Wenn sich beispielsweise zum Reichshaftpflichtgesetz die Frage stellte, ob sog. Arbeitsbahnen, die nicht dem
öffentlichen Verkehr gewidmet sind, zu den „Eisenbahnen" zählen,
hilft es nicht weiter, Eisenbahn sprachlich als „Bahn aus Eisen
zwecks Bewegung von Gegenständen auf derselben" zu fassen[13];
die Rechtsfrage stellt sich im Alltag nicht, und die Umgangssprache
hat auf sie keine Antwort. - Trotzdem darf nicht verkannt werden,

---

9 BYDLINSKI, S. 439; ENGISCH, S. 93 f.; FIKENTSCHER, Bd. III, S. 670 f.; HASSOLD
   (Fn. 6), S. 223; LARENZ/CANARIS, S. 142 f.
10 Vertiefend WANK (Fn. 7), S. 17 ff. mit Nachweisen.
11 Auch deshalb gehört der Blick in Kommentare - für die Methodenlehre kein
   eigentlicher methodischer Schritt - an den Beginn der Beantwortung von Aus-
   legungsfragen; siehe auch oben § 7 II.
12 Näher WANK (Fn. 7), S. 27 ff. mit Nachweisen.
13 Dieser laienhafte Versuch einer *etymologischen* Deutung in RGZ 1, 247 (251)
   verfehlt nicht zuletzt die weit konkretere umgangssprachliche Verwendungsregel
   (wonach Gleise bzw. Schienen, auf denen Räder laufen, vorausgesetzt sind usf.).

daß der Sprachgebrauch des Gesetzes mit dem allgemeinen, umgangssprachlichen („natürlichen") zusammenfallen *kann,* vor allem,
wenn der Gesetzgeber *bewußt* einen umgangssprachlichen Begriff
wählt. Beispielsweise sind die Schutzbereiche von Grundrechten
nicht selten bewußt aus dem Leben gegriffen und deshalb wie im
allgemeinen Sprachgebrauch zu verstehen[14].

b) Weil Wortbedeutung kontextabhängig ist, weist die Wortlautauslegung *systematische, teleologische und historische Elemente* auf[15].

Das systematische Element liegt bei Legaldefinitionen, Verweisungen und anderen gesetzlichen Verwendungsregeln auf der
Hand: Sie müssen mit den Sachnormen „zusammengelesen" werden (lies beispielsweise § 331 mit § 11 Abs. 1 Nrn. 2 bis 4 StGB).
Aber auch der fachjuristische Sprachgebrauch ist system- und
kontextgebunden: „*Relativität der Rechtsbegriffe*"[16]. Nichts anderes gilt
für den allgemeinen Sprachgebrauch, am augenfälligsten bei
Homonymen: Wer die Freiheit der „Presse" verteidigt (vergleiche
Art. 5 Abs. 1 Satz 2 GG), meint keine Obstpresse.

Teleologischer Erwägungen bedarf die Wahl zwischen unterschiedlichen Sprachgebräuchen, besonders anschaulich beim Streit
um die „tatsächliche" oder „wirtschaftliche Betrachtungsweise"[17]:
Kann bei fachsprachlich, insbesondere zivilrechtlich vorgeprägten
Gesetzesbegriffen auf einen allgemeinen, eben tatsächlichen oder
wirtschaftlichen, Sprachgebrauch zurückgegangen werden? Beispielsweise fragt sich, ob das „Ankaufen" von Diebesgut (§ 259
Abs. 1 StGB) zivilrechtlich (Abschluß eines Kaufvertrags) oder
umgangssprachlich und tatsächlich-wirtschaftlich (Sichverschaffen
gegen Geld) zu verstehen ist. Die Frage richtet sich nach dem
Schutzzweck der Norm. Im Hehlereibeispiel muß auf ein tatsäch-
lich-wirtschaftliches Verständnis zurückgegangen werden, da ver-

---

[14] Vergleiche BVerfGE 12, 45 (54 f.) (zu Art. 4 GG - „Gewissen").

[15] HASSOLD (Fn. 6), S. 223; MÜLLER, Rdn. 359.

[16] Siehe oben § 4 III in Fn. 24 mit Beispiel.

[17] Einführend (und je mit Nachweisen): MARTINA DECKERT, in: JA 1994, 412
(417) (zur Methodenfrage); HARRO OTTO, in: Jura 1989, 328 ff. (zum Strafrecht). Heimat der tatsächlichen oder wirtschaftlichen Betrachtungsweise ist das
Steuerrecht (lies §§ 39 Abs. 2, 40 bis 42 Abgabenordnung). Paradebeispiel: Einkommen aus Prostitution beruht zwar auf sittenwidrigen und zivilrechtlich nich-
tigen Geschäften, ist aber einkommensteuerpflichtig.

hindert werden soll, daß rechtswidrige Vermögenslagen *tatsächlich* perpetuiert werden[18].

Historische Aspekte treten auf, wenn sich der Sprachgebrauch seit dem Erlaß des Gesetzes geändert hat[19]. Beispielsweise wurde unter „Waffen" (§§ 224 Abs. 1 Nr. 2, 250 Abs. 1 Nr. 1 a] StGB) zum Zeitpunkt des Erlasses des (Reichs-) Strafgesetzbuchs (1871) nur *mechanisch* wirkende Mittel verstanden, aber seit dem Ersten Weltkrieg sind *chemische* Waffen allgemeiner Sprachgebrauch[20]; oder zum Zeitpunkt des Erlasses des Grundgesetzes (1949) boten „Rundfunk"anstalten (siehe Art. 5 Abs. 1 Satz 2 GG) keine Abrufdienste wie BTX an[21]. Ein derartiger *Wandel der Bedeutung sowie des Sach- und Normbereichs* ist beachtlich, sofern der *Schutzzweck* der Norm dies verlangt. Dies ist in beiden Beispielen der Fall: Auch (und besonders) chemische Waffen sind gefährlich; auch Abrufdienste dienen der individuellen und öffentlichen Meinungsbildung.

c) Schließlich hat der Wortlaut nach ständiger Rechtsprechung *Grenzfunktion*: Der *(noch) mögliche Wortsinn* ist Grenze der Auslegung und kann nur rechtsfortbildend überschritten werden, sofern dem nicht höherrangiges Recht entgegensteht[22].

Maßgeblich für den (noch) möglichen Wortsinn ist die Sicht des Normadressaten[23]. Dies bedeutet regelmäßig, daß der (häufig weite) allgemeine Sprachgebrauch bzw. die Umgangssprache maßgeblich ist[24]. Freilich gilt dies nur unter Beachtung des Kontexts des Ge-

---

[18] STREE, in: SCHÖNKE/SCHRÖDER (Fn. 2), § 259 Rdn. 30 mit Nachweisen. Praktische Folgen: Einerseits muß der Hehler Verfügungsgewalt über das Hehlgut erlangen (und der bloße Kaufvertragsschluß genügt nicht!). Andererseits ist nicht erforderlich, daß der Kaufvertrag wirksam ist (was er in der Regel nicht sein wird: § 134 BGB).

[19] Zum Problem LARENZ/CANARIS, S. 144 f.

[20] BGHSt 1, 1 (2 f.); hierzu aus methodischer Sicht ENGISCH, S. 195; LARENZ/ CANARIS S. 145. - Nach heutiger Rechtslage sind chemisch wirkende Angriffsmittel jedenfalls „gefährliche Werkzeuge" (§§ 224 Abs. 1 Nr. 2, 250 Abs. 1 Nr. 1 a] - siehe auch b]: „Werkzeuge oder Mittel" - StGB).

[21] BVerfGE 74, 297 (350 f.).

[22] Ständige Rechtsprechung, siehe nur BVerfGE 71, 108 (115).

[23] BVerfGE 92, 1 (12).

[24] In offenem Widerspruch zur Rechtsprechung des Bundesverfassungsgerichts meint WANK (Fn. 6), S. 51 f., die umgangssprachliche Wortlautgrenze sei bedeutungslos und ein gesicherter fachjuristischen Sprachgebrauch auch dann

setzes[25]. Beispielsweise kann zwar eine Rede „gewaltig" sein, was verdeutlicht, daß umgangssprachlich jede, insbesondere auch bloß seelische Zwangswirkung „Gewalt" sein kann; dies ist jedoch kein möglicher Wortsinn von „Gewalt" bei § 240 Abs. 1 StGB, da die bloße Zwangswirkung bereits durch das Wort „nötigen" erfaßt ist, der Gesetzgeber aber nur das Nötigen „mit Gewalt" unter Strafe gestellt hat[26].

In der Methodenlehre wird diese „Wortlautgrenze" nicht selten kritisch beurteilt, da wegen der Vagheit der Sprache grundsätzlich unsicher sei, wo sie verlaufe. Aber einerseits ist *im Einzelfall* vielfach *eindeutig*, daß sie überschritten ist: Nichteheliche Lebensgefährten sind keine „Ehegatten" (§ 569 a Abs. 1 Satz 1 BGB)[27]; ein Lastkraftwagen ist kein „bespanntes Fuhrwerk" (ehemaliger § 3 Abs. 1 Nr. 6 preußisches Forstdiebstahlsgesetz)[28]. Andererseits gelten in *Zweifelsfällen*, in denen ernsthaft diskutabel ist, ob die Wortlautgrenze überschritten ist oder nicht, diejenigen rechtlichen Anforderungen, die für wortlautüberschreitende Rechtsfortbildungen entwickelt worden sind[29]. Im Strafrecht bedeutet dies, daß das Verbot der Analogie zum Nachteil des Täters (Art. 103 Abs. 2 GG) bereits in Zweifelsfällen eingreift. Ist beispielsweise ernsthaft diskutabel, ob friedliche Sitzblockaden noch unter den möglichen Wortsinn von „Gewalt" fallen, muß wegen Art. 103 Abs. 2 GG auf eine derart entgrenzende Auslegung des § 240 Abs. 1 StGB verzichtet werden[30].

---

maßgeblich, wenn er über die möglichen umgangssprachlichen Wortsinn hinausgeht. Als Beispiel zieht WANK den strafrechtlichen Urkundenbegriff heran, der mit allgemeinem Sprachgebrauch unvereinbar sei, soweit er auch Beweiszeichen (etwa einen Bierdeckel, auf dem mit Bleistiftstrichen die zu bezahlenden Biere vermerkt sind) umfasse. Dies zeigt aber nur, daß der strafrechtliche Urkundenbegriff verfassungsrechtlicher Überprüfung bedarf!

[25] Hierzu MÜLLER, Rdn. 323 ff.; WANK (Fn. 7), S. 27 ff.

[26] BVerfGE 73, 206 (242 f. einerseits, 245 andererseits).

[27] BVerfGE 82, 6 (12).

[28] Ebenso BGHSt 10, 375: „Dem bloßen Wortlaut nach fällt ein Kraftfahrzeug ... allerdings nicht unter die Vorschrift". Daß der Ferienstrafsenat die Vorschrift gleichwohl „nach ihrem Sinn" anwendete, war verfassungswidrig: Art. 103 Abs. 2 GG.

[29] ENGISCH, S. 122 in Fn. 47 (unter 5.); HASSOLD (Fn. 6), S. 219.

[30] BVerfGE 92, 1 (16 f.). - Siehe auch oben Fn. 24.

4. Im Mittelpunkt der Auslegung steht die Ermittlung des *Sinn-zusammenhanges, in den der Gesetzesbegriff bzw. die -vorschrift gestellt ist*[31].

a) Die Verfassung gebietet nicht, daß die Auslegung bei der Wortinterpretation stehenbleibt[32]. Vielmehr legt der Verfassungsauftrag, „nach Gesetz und Recht" zu entscheiden (Art. 20 Abs. 3 GG), es nahe - und es ist jedenfalls verfassungsrechtlich unbedenklich -, daß bestimmte, herkömmlicherweise anerkannte *andere* Text- und Erkenntnisquellen *außerhalb* des auszulegenden Gesetzestexts herangezogen werden, insbesondere der *Zusammenhang* dieses Texts *mit anderen Gesetzestexten und Rechts(grund)sätzen* (sog. *systematische* Auslegung); der *Zweck* des Gesetzes (sog. *teleologische* Auslegung); und *Entstehungsgeschichte* sowie *Gesetzesmaterialien* (sog. *historische Auslegung*)[33]. Alle diese Text- und Erkenntnisquellen schließen einander nicht aus, sondern sie ergänzen sich[34]; dabei muß ihr jeweiliges

---

[31] Bereits begrifflich bezieht dieser Sinnzusammenhang *außerhalb* des Gesetzes liegende Text- und Erkenntnisquellen ein - was zugleich eine erkenntnis- und rechtstheoretische Notwendigkeit ist:
Texte - also auch Gesetzestexte! - machen *für sich genommen* keinen Sinn. Sinnverstehen vollzieht sich vielmehr im *hermeneutischen Zirkel* (oder in der hermeneutischen Spirale) zwischen *Vorverständnis* des Interpreten und Text (grundlegend HANS-GEORG GADAMER: Wahrheit und Methode, 4. Aufl. 1975); es kann sogar die immanente Unlesbarkeit von Texten behauptet und an die Stelle von Textverstehen das „*Spiel der différance*" und die *Dekonstruktion* gesetzt werden (grundlegend JACQUES DERRIDA: Grammatologie, 1974; Die Schrift und die Differenz, 1976; näher ALEXANDER SOMEK, in: Rechtstheorie 27 [1995], 201 ff.). Platter: Es ist *stets* eine Differenz zwischen Texten bzw. zwischen Text und Interpretation oder Interpreten, welche Sinnverstehen auslöst, und der Text muß dazu *stets* transzendiert werden.
Darin liegt nichts, was Juristen beunruhigen müßte. Die Idee, alles liege *im* Gesetz und es werde durch Auslegung nur ans Licht gebracht, ist Auslegungsmetaphysik, die gewiß nicht geeignet ist, *sinnvolle* Gesetzesbindung als *denkenden* Gehorsam des Rechtsanwenders zu verwirklichen. Richtig ist allerdings, daß dem Gesetz nicht *jeder* Text bzw. Sinn „aufgepfropft" werden kann. Grenzen rechtlich zulässiger „Aufpfropfungen" aufzuzeigen und so sinnvolle Gesetzesbindung zu verwirklichen, ist die vornehmste Aufgabe der Auslegungslehre und rechtfertigt trotz aller Kritik und Angriffe ihren weiterhin zentralen Status innerhalb der juristischen Methodik.

[32] Siehe nur BVerfGE 88, 145 (166 f.).

[33] Siehe bereits BVerfGE 11, 126 (130); seitdem ständige Rechtsprechung.

[34] Siehe erneut BVerfGE 11, 126 (130).

Gewicht nach ihrer jeweiligen Ergiebigkeit im Einzelfall im Wege der Bewertung bestimmt werden[35].

b) Die *systematische Auslegung* nach dem *Normzusammenhang* kann formell vom Begriff des „Systems" und seinen Kompenenten: der mehr begrifflichen „äußeren" und der mehr rechtsprinzipiell-wertenden „inneren"[36], her strukturiert werden. Materiell geht es um den Stufenbau und die Einheit der Rechtsordnung (oben § 4), die auch durch Auslegung verwirklicht werden müssen[37].

Das *äußere* System des Gesetzes wird zunächst durch seine Gliederung bestimmt. Beispielsweise folgt daraus, daß § 847 BGB im Titel „Unerlaubte Handlungen", nicht aber beim Schadensrecht (§§ 249 ff. BGB) steht, daß kein Schmerzensgeld für *Vertragsverletzungen* gewährt werden kann[38]. Weitergehend können der textliche Zusammenhang mit und die Abgrenzung zu anderen Vorschriften

---

[35] BVerfGE 87, 273 (282).

Diese ständige Verfassungsrechtsprechung wirft neues Licht auf hergebrachte Methodendiskussionen: Einer vielfach geforderten *Rangordnung* der Auslegungs-methoden oder -kriterien, -kanones bzw. -gesichtspunkte (siehe KOCH/RÜß-MANN, S. 176 ff., 181; MÜLLER, Rdn. 429 ff.) bedarf es grundsätzlich nicht, weil die Methoden *einheitlich* der Herstellung *eines* Sinnzusammenhanges dienen (ähnlich ENGISCH, S. 98 ff.; LARENZ/CANARIS, S. 163 ff.; ZIPPELIUS, S. 55 ff.; alle mit Nachweisen zu der lang geführten Debatte); jedoch hat die historische Auslegung wegen Gesetzesbindung und Demokratieprinzip einen Sonderstatus (siehe noch unten d). Es muß sogar die *Trennbarkeit* der Methoden, Kriterien usf. in Frage gestellt werden: Systemerwägungen greifen in Zwecküberlegungen über; Zwecksetzungen ergeben sich nicht selten aus der Gesetzgebungsge-schichte.

[36] Siehe nur LARENZ/CANARIS, S. 263 ff., 302 ff.

[37] Ähnlich RAISCH, S. 147 ff.; siehe bereits DERS.: Vom Nutzen der überkommenen Auslegungskanones, 1988, S. 34 ff.

Die wohl überwiegende Methodenlehre versteht die systematische Auslegung enger, teils nur als „logische" Auslegung, und beschränkt sie vielfach auf die hier so genannten systematischen Elemente der Wortlautauslegung. Dann allerdings ist systematische Auslegung „von begrenzter Tragweite" (so HASSOLD [Fn. 6], S. 226).

[38] Ein bekanntes strafrechtliches Beispiel war § 221 StGB alter Fassung, aus dessen Stellung im Abschnitt „Straftaten gegen das Leben" viele das *ungeschriebene* Erfordernis ableiteten, daß der Ausgesetzte in *Lebensgefahr* geraten müsse (ESER, in: SCHÖNKE/SCHRÖDER [Fn. 2], § 221 Rdn. 1). Nunmehr *kodifiziert* § 221 Abs. 1 StGB das Gefährdungserfordernis, läßt aber (im Einklang mit der bisherigen Rechtsprechung) auch die *Gefahr einer schweren Gesundheitsbeschädigung* genügen.

des Gesetzes herangezogen werden. Wer beispielsweise wissen will, was „Besitz" ist, muß neben § 854 BGB auch §§ 855, 868 BGB lesen; oder wer Erpressung und Betrug (§§ 253, 263 StGB) verstehen will, muß den Gegensatz zu Diebstahl und Raub (§§ 242, 249 StGB) erkennen: Weggabe versus Wegnahme.

Systematische Zusammenhänge werden insbesondere durch den „*Erst-recht-Schluß*" (argumentum a forteriori, a majore ad minus) und den „*Umkehrschluß*" (argumentum e contrario) hergestellt[39]. Der Erst-recht-Schluß gelingt, wenn die Gründe, die in anderen Normzusammenhängen zu einer bestimmte Rechtsfolge führen, bei der auszulegenden Norm in *noch stärkerem Maße* eingreifen; dann ist diese Norm so auszulegen, daß die gleiche Rechtsfolge eintritt. Beispielsweise muß die Frage, ob wegen fahrlässiger Tötung (§ 222 StGB) strafbar ist, wer eine Waffe ungesichert aufbewahrt und so einem anderen ermöglicht, Suizid zu begehen, verneint werden, weil, wie aus §§ 216 und 212, 27 StGB (lesen!) erhellt, straflos ist, wer *vorsätzlich* bloße Beihilfe zu einem Suizid leistet; dann muß *erst recht* der *fahrlässig* „Beihilfe" Leistende straflos sein, weil er geringeres Unrecht verwirklicht und geringere Schuld hat als der vorsätzlich Handelnde[40]. Wie das Beispiel zeigt, bedarf der Erst-recht-Schluß stets einer *Wertung*. Nur diese grenzt ihn von seinem Gegenteil, dem Umkehrschluß, ab. Der Umkehrschluß gelingt, wenn die Gründe, die in anderen Normenzusammenhängen zu einer bestimmten Rechtsfolge führen, bei der auszulegenden Norm *nicht* eingreifen; dann ist diese Norm so auszulegen, daß die Rechtsfolge *nicht* eintritt[41]. Beispielsweise wird die Frage, ob ein Verein mehrere

---

[39] Diese Schlußformen werden auch als „spezielle juristische Argumentformen" bezeichnet und sollen nicht zur Auslegungs-, sondern zur Argumentationslehre gehören (vergleiche ALEY, S. 341 mit Fn. 187). Aber die Schlußformen haben *allgemeine* logische Geltung, und die Logik ist eine der Grundlagen der Systembildung, also auch der *systematischen Auslegung.*

[40] BGHSt 24, 342 (343 f.).

[41] Dies kann auch so ausgedrückt werden, daß in anderem Normzusammenhang gegebenen Gründe *nur* dort vorliegen, die andere Norm also *abschließend* ist. Beispielsweise war der Verbotsirrtum früher nur in einzelnen Vorschriften des *Neben*strafrechts als entlastend anerkannt, was zu dem Umkehrschluß einlud, daß er im *Kern*strafrecht unbeachtlich sein sollte, weil die Gründe für seine Anerkennung vermeintlich nur im rechtlich diffizilen Nebenstrafrecht gegeben waren. - Siehe nunmehr aber § 17 StGB.

Sitze haben kann, überwiegend verneint, weil § 24 BGB dies im
Unterschied zur Regelung bei natürlichen Personen in § 7 Abs. 2
BGB nicht ausdrücklich zuläßt, was einen Umkehrschluß erlaubt,
da bei natürlichen Personen an den räumlichen Schwerpunkt der
Lebensverhältnisse angeknüpft wird (was die Möglichkeit von
Mehrfachwohnsitzen begrenzt und Mißbrauch erschwert), Vereine
ihren Sitz hingegen frei und auch fiktiv (mit entsprechenden Miß-
brauchsmöglichkeiten) bestimmen können.

Damit ist das *innere* System und sind Stufenbau und Einheit der
Rechtsordnung erreicht. Jener wird durch die *dem höherrangigen Recht
konforme Auslegung* verwirklicht. Sie besagt, daß niederrangiges Recht
im Lichte der Regeln, Prinzipien und Wertungen des höherrangigen
auszulegen ist. Ihre Hauptanwendungsfall ist die *verfassungskonforme
Auslegung* gesetzlichen und untergesetzlichen Rechts: Lassen anerkannte Auslegungsgrundsätze mehrere Auslegungen zu, von denen
aber nur eine zu einem verfassungsgemäßen Ergebnis führt, so ist
diese geboten (und eine Norm darf nur dann für [teil-] verfassungswidrig erklärt werden, wenn sich der Auslegende mit dem eindeutigen Wortlaut und dem klar erkennbaren Willen des Gesetzgebers in
Widerspruch setzen müßte)[42]. Die verfassungskonforme Auslegung
gehört mittlerweile zu den wichtigsten Auslegungsmethoden, vor
allem im Bereich von Generalklauseln und unbestimmten Rechtsbegriffen, die in sämtlichen Rechtsgebieten - auch dem Zivilrecht -
verfassungskonform konkretisiert werden müssen[43]. Daneben gibt
es die *völkerrechtskonforme* (siehe oben Fall 2) und die *europarechts-
konforme Auslegung*, die, weil immer mehr deutsches Recht auf europäischen Richtlinien beruht, immer stärker an Bedeutung gewinnt[44]
und auf die Auslegung des Europarechts nach *dessen* Regeln[45] verweist. Beispielsweise widerspricht es europäischem Richtlinien-
recht, wiederverwertbare Stoffe aus dem „Abfall"begriff in § 326
StGB auszuschließen[46].

---

[42] Ständige Rechtsprechung des Bundesverfassungsgerichts, statt aller BVerfGE
88, 145 (166). - Die Literatur ist unüberschaubar; bis heute grundlegend
HARALD BOGS: Die verfassungskonforme Auslegung von Gesetzen, 1966.

[43] Die Beispiele sind Legion - hier muß der Verweis auf Fälle 3, 6 und 10 genügen.

[44] Grundlegend VOLKMAR GÖTZ, in: NJW 1992, 1849 (1853 f.) mit Nachweisen.

[45] Hierzu statt aller THOMAS OPPERMANN: Europarecht, 1991, Rdn. 577 ff.

[46] BGHSt 37, 333 (336).

Die Einheit der Rechtsordnung wird durch systematische Auslegung nach dem *Gebot der Vermeidung von Wertungswidersprüchen*[47]
verwirklicht. Beispielsweise liegt ein Wertungswiderspruch in der
früheren Rechtsprechung, wonach ein todkranker Patient, der ster-
ben will, ärztliche Hilfe von Rechts wegen ablehnen darf, solange er
bei Bewußtsein ist, der Arzt aber in dem Moment lebensrettungs-
pflichtig wird (§ 13 StGB), in dem der Patient das Bewußtsein verliert; ersichtlich muß der Wille des Patienten fortwirken, etwa kraft
mutmaßlicher Einwilligung[48]. Besondere Bedeutung hat der Ein-
heitsgedanke im Verfassungsrecht (*„Einheit der Verfassung"* und
„praktischen Konkordanz")[49]: Es muß so interpretiert werden, daß
Widersprüche zu anderen Verfassungsnormen und zu verfassungsrechtlichen Grundentscheidungen vermieden werden. Beispielsweise kann es nicht zutreffend sein, daß vorbehaltlos gewährleistete
Grundrecht wie die Kunstfreiheit (Art. 5 Abs. 3 GG) unter keinen
Umständen eingeschränkt werden können; vielmehr bilden kollidie-
rende Verfassungsgüter - wie etwa das Persönlichkeitsrecht (Art. 1
Abs. 1 mit 2 Abs. 1 GG) - „verfassungsimmanente Schranken".
Systematische Auslegungen führen zur Bildung eines äußeren Sy-
stems der Begriffe und Konstruktionen sowie eines inneren der
Werte oder Prinzipien: der *Dogmatik* eines bestimmten Gesetzes
oder Rechtsgebiets[50]. Eine Dogmatik deckt Sinnzusammenhänge
innerhalb des Gesetzes oder Rechtsgebiets sowie dessen Werte und
Prinzipien in ihrem Zusammenhang auf und bringt sie auf den
Begriff[51]. Beispielsweise stellt der in der Dogmatik des Sachen-

---

[47] In rhetorischer Sicht werden Wertungswidersprüche nicht selten durch ein
„*argumentum ad absurdum*" aufgedeckt, indem gezeigt wird, daß eine bestimmte
Rechtauffassung zu einem „absurden", „unerträglichen" Ergebnis führt. Da-
hinter steht der Appell an Wertevidenzen.

[48] BGHSt 40, 257 ff.

[49] Näher und mit Nachweisen MÜLLER, Rdn. 383 ff., 392.

[50] Die Literatur zum Begriff der Dogmatik ist uferlos. Hier sei nur auf ALEXY,
S. 307 ff. (mit umfassenden Nachweisen zum älteren Schrifttum) verwiesen.

[51] Dies geschieht häufig in Gestalt von „*Theorien*" wie der „Saldotheorie" zu § 818
BGB oder der „Schuldtheorie" zu §§ 16, 17 StGB. Derartige Theorien sind
allerdings keine Metatheorien über das Recht (Rechtstheorien im engeren Sinne).
Vielmehr handelt es sich um Theorien in einem sehr weiten wissenschaftstheoretischen Sinne von auf Konsistenz und Prüfbarkeit angelegten Aussagen-
zusammenhängen zu einzelnen Rechtsnormen oder -instituten. Freilich sollte

rechts entwickelte Begriff des „Anwartschaftsrechts" so scheinbar disparate Vorschriften wie (lesen!) §§ 161, 455, 873 Abs. 2, 878, 883 Abs. 2, 888, 925 BGB, 17 GBO in *einen* Sinn- und Wertzusammenhang: Sie ermöglichen rechtlich gesicherte Aussichten auf Erwerb eines Rechts, eben Anwartschaftsrechte. Das Verständnis von Dogmatiken als „Speicher" von Sinnzusammenhängen erlaubt, ihnen sinnvolle Funktionen zuzubilligen: Dogmatiken machen das Recht lehr- und handhabbar und entlasten und stabilisieren es; sie ermöglichen Konsistenzkontrolle (Gleichheit und Gerechtigkeit) und können zu neuen Einsichten, also zu Fortschritt, führen[52].

c) Die *teleologische Auslegung* nach dem *Zweck* des Gesetzes wird vielfach als Krone der Auslegung angesehen, teils aber auch als unscharfes Konzept kritisiert. In der Tat werden die Fragen, was unter Zweck zu verstehen ist, wie er ermittelt wird und in welcher Weise er die Auslegung beeinflußt, selten mit der wünschenswerten Klarheit beantwortet. Um sie zu gewinnen, ist es hilfreich, zwischen *konkreten Gesetzeszwecken* und *allgemeinen Rechtszwecken* zu trennen[53]:

aa) Gesetze sind Mittel zur Verfolgung konkreter Zwecke. Beispielsweise bezweckt der Formzwang des § 313 Satz 1 BGB (lesen!), die Parteien auf die Bedeutung des Geschäfts hinzuweisen und vor Übereilung zu schützen (Warnfunktion), den Beweis der Vereinbarung zu sichern (Beweisfunktion) und durch Beteiligung des Notars die Gültigkeit des Geschäfts sowie die sachgerechte Beratung (siehe § 17 Beurkundungsgesetz) zu gewährleisten (Gültigkeits- und Beratungsgewährleistungsfunktion); oder mit dem Verbot der Trunkenheitsfahrt (§ 316 StGB) sollen Verkehrssicherheit sowie Leib und Leben von Verkehrsteilnehmern geschützt werden. Diese konkreten Zwecke sind zugleich *Grund* der Gesetze (weshalb auch von *„ratio legis"* gesprochen wird) und ihrer verfassungsrechtlichen Legitimation: Ein Gesetz, für das sich kein

---

nicht jeder Auslegungsvorschlag mit systematischen Bezügen als „Theorie" bezeichnet werden; beispielsweise verdient die „Lagertheorie", ein nicht sehr überzeugender Vorschlag zu einer Spezialfrage der Betrugsdogmatik bei Dreieckskonstellationen, ihren Namen nicht. - Vertiefend RALF DREIER: Recht - Moral - Ideologie, 1981, S. 70 ff.; LARENZ/CANARIS, S. 275 ff. (und bereits 267 ff. zur „Konstruktion").

[52] Näher ALEXY, S. 326 ff.
[53] Vergleiche WANK (Fn. 7), S. 90 ff.

konkreter Zweck angeben ließe, wäre verfassungswidrig, weil un-
verhältnismäßig.

Konkrete Zwecke sind zu vielgestaltig, als daß sie auf einen Begriff gebracht werden könnten. Sie können aber oftmals als *Schutz
konkreter Rechte, Güter, Interessen oder Belange* („Schutzzweck der
Norm") formuliert werden. Besonders augenfällig ist dies im Strafrecht, das sich auf den *Schutz von Rechtsgütern* festgelegt hat, weshalb
Straftatbestände vom Rechtsgut her ausgelegt werden.

Gesetzeszwecke können anhand des Wortlauts, des Systems und
der Geschichte des Gesetzes ermittelt werden[54]. Neuere Gesetze
enthalten keineswegs selten ausdrückliche Zweckbestimmungen
(siehe etwa §§ 1 Tierschutzgesetz, Pflanzenschutzgesetz, Bundes-
waldgesetz, Bundesnaturschutzgesetz). Systematisch kann mit
Zwecken anderer Normen argumentiert werden, mit denen äußer-
lich-systematisch oder innerlich ein Zusammenhang besteht
(beispielsweise spricht vieles dafür, daß der im Abschnitt „Betrug
und Untreue" eingestellte § 265 b StGB [„Kreditbetrug"] kein anderes Rechtsgut schützt als Betrug und Untreue, nämlich das Vermögen [des Kreditgebers]). Vor allem aber trägt die Entstehungsgeschichte (sogleich d) zur Erhellung der Zwecke bei, die der
Gesetzgeber der Regelung beilegte.

Der Rekurs auf die Auslegung scheint die Gefahr eines logischen
Zirkels („Inversionsmethode") heraufzubeschwören[55]. Doch liegt
die Selbständigkeit der teleologischen Methode in ihrer *eigenständigen
Perspektive*, der Orientierung an *Rechts- und typischen Realfolgen*[56] der
gesetzlichen Regelung. Sie können ermittelt werden, indem das
Gesetz in seiner konkreten Gestalt weggedacht wird. Gäbe es beispielsweise § 313 Satz 1 BGB nicht, so könnten Grundstückskauf-
verträge jederzeit und mündlich ohne Mitwirkung des gestaltenden
und beratenden Notars abgeschlossen werden; die Rechts- und
typischen Realfolgen, die § 313 Satz 1 BGB bewirkt, liegen also in
der typischerweise eintretenden Verzögerung und in der rechtlich

---

[54] Siehe HASSOLD (Fn. 6), S. 229.

[55] Tatsächlich wird der teleologische Auslegung der Rang eines selbständigen
Auslegungskriteriums auch abgesprochen; vergleiche erneut HASSOLD (Fn. 6),
S. 229 f. mit Nachweisen.

[56] Zum Verhältnis von Folgenberücksichtigung und objektiv-teleologischer Auslegung KOCH/RÜßMANN, S. 227 ff.

zwingenden Beurkundung, Gestaltung und Beratung durch den Notar; dies muß dann auch als Zweck des § 313 BGB angesehen werden[57]. Freilich bedarf der Schritt von der Rechts- oder Realfolge zur Zweckhaftigkeit der Rückbindung an das Gesetz: Eine Rechts- oder Realfolge kann auch als bloßer *„Schutzreflex"* außerhalb des Normzusammenhanges liegen (beispielsweise spielen die Verdienstmöglichkeiten der Notare für die Auslegung des § 313 BGB keine Rolle). Erst recht gilt dies für *rechtlich unerwünschte* Rechts- oder Realfolgen (beispielsweise ist es zwar Rechts- und typische Realfolge des Betäubungsstrafrechts, daß Drogenabhängige in Illegalität und Beschaffungskriminalität abgedrängt werden, aber kein auslegungsrelevanter Zweck).

Der Zweck bestimmt die Auslegung in der Weise, daß diejenige Auslegungsvariante vorzuziehen ist, die dem Zweck am weitestgehenden entspricht. Gemessen am Wortlaut, muß dies keineswegs eine *weite* (extensive), sondern kann ebenso eine *enge* (restriktive) Auslegung sein[58]. Beispielsweise ist die sog. Ersatzhehlerei an nur mittelbar aus einer Vortat stammenden Sachen (etwa dem mit gestohlenem Geld bei einem gutgläubigen Juwelier gekauften Schmuck) straflos, weil bei ihnen keine rechtswidrigen Vermögenslage mehr besteht, deren Vertiefung zu verhindern Zweck des § 259 StGB ist; die Wendung „durch eine ... rechtswidrige Tat erlangt" wird also eng ausgelegt.

Häufig dienen Gesetze *mehreren* Zwecken (wie das Beispiel des § 313 Satz 1 BGB zeigt), und insbesondere soll häufig ein *Ausgleich* zwischen einander zuwiderlaufenden Zwecken (vor allem dem „praktisch konkordanten" Schutz einander zuwiderlaufender Rechte, Güter, Interessen oder Belange) erreicht werden. In diesen Fällen bedarf es im Rahmen der teleologischen Auslegung einer *Abwägung* (eingehend unten § 9 III).

bb) Weit weniger konturiert sind die *allgemeinen Rechtszwecke.* Hierzu werden vielfältige, disparate Topoi gezählt[59]: „Sachgemäßheit"

---

[57] Das vielangefeindete Konzept des „objektiven" Zwecks „des Gesetzes" meint also diejenigen Rechts- und Realfolgen der gesetzlichen Regelung, die im jeweiligen Regelungszusammeng als zweckhaft gesetzt gedacht werden können.

[58] Zum Begriffspaar „enge" und „weite" Auslegung siehe ENGISCH, S. 127 ff.; LARENZ/CANARIS, S. 174 ff.

[59] Statt aller LARENZ/CANARIS, S. 153 ff.

oder „Sachangemessenheit"; Gerechtigkeit; Gleichbehandlung des
wesentlich Gleichen und Ungleichbehandlung des wesentlich Ungleichen; rechtsethische Prinzipien. Es geht also einerseits um die
Ergänzung der vom Gesetz her denkenden Auslegungslehre durch
Fall- und Sachdenken (eingehend unten § 9 I), andererseits und in
moderner, verfassungsorientierter Sicht um die Verwirklichung des
Gleichheitsgrundsatzes aus *Art. 3 Abs. 1 GG.*

Die Gefahr des Rückgriffs auf allgemeine Rechtszwecke liegt
darin, daß so verdeckte Rechtspolitik betrieben werden kann. Dies
wird besonders augenfällig bei der *ökonomischen Analyse des Rechts*[60].
Diese postuliert den allgemeinen Rechtszweck, eine effiziente,
Transaktionkosten vermeidende und paretooptimale Allokation
ökonomischer Ressourcen zu gewährleisten. Beispielsweise soll die
Frage, ob jemand fahrlässig (§ 276 Abs. 1 Satz 2 BGB) gehandelt
hat, nach dem Verhältnis des ökonomischen Aufwands für die
Schadensvorsorge zu den zu erwartenden Schäden beurteilt
werden. Rechtspolitischer Hintergrund hiervon ist ein unbedingter
Primat der Wirtschaft über Recht und Politik - ein Standpunkt, der
nicht derjenige des Grundgesetzes ist.

Dies bedeutet allerdings nicht, daß *Effektivität* und *Praktikabilität*
im Rahmen *konkreter* Gesetzeszwecke keine zulässigen Auslegungs-
kriterien seien. Ein bekanntes Beispiel ist die Frage, ob allgemeine
Geschäftsbedingungen, die einer Inhaltskontrolle nach §§ 9 ff.
AGB-Gesetz nicht standhalten, nach § 6 AGB-Gesetz mit dem
zulässigen Inhalt aufrechterhalten werden können[61]. Die ständige
Rechtsprechung verneint das im Grundsatz, weil andernfalls der
vom AGB-Gesetz bezweckte Schutz nicht effektiv gewährleistet
werde, da bei Zulassung einer „geltungserhaltenden Reduktion"
jeder Anreiz für Verwender entfiele, die Grenzen des AGB-Geset-
zes *von vornherein* bei Gestaltung ihrer Klauseln zu berücksichtigen.

---

60 Hierzu HEINZ DIETER ASSMANN/CHRISTIAN KIRCHNER/ERICH SCHANZE:
Ökonomische Analyse des Rechts, 1993; HANS-BERND SCHÄFER/CLAUS OTT:
Lehrbuch der ökonomischen Analyse des Zivilrechts, 2. Aufl. 1995; einführend
MARTINA DECKERT, in: JA 1996, 712 ff.; Hausarbeitsfall bei KLAUS WEHRT/
KLAUS MOHR, in: Jura 1995, 536 ff.
61 Siehe nur HELMUT HEINRICHS, in: PALANDT, Bürgerliches Gesetzbuch, 56. Aufl.
1997, Vorbem. v. § 8 AGBG Rdn. 9 mit Nachweisen.

d) Die *historische* Auslegung wird in die historische Auslegung *im weiteren Sinne* und die *genetische* unterteilt[62].

Diese ist die Auslegung anhand der *Entstehungsgeschichte* des Gesetzes, des äußeren und inneren Gesetzgebungsverfahrens. Herangezogen werden insbesondere die sog. *Materialien*[63]: Gesetzentwürfe; deren Begründungen; die Protokolle der Beratungen des Gesetzes in den Ausschüssen und im Parlament selbst. Beispielsweise ist eine der bekanntesten - und bis heute nützlichen - Materialiensammlungen diejenige von MUGDAN zum Bürgerlichen Gesetzbuch.

Die historische Auslegung im weiteren Sinne bezieht das *geschichtliche Umfeld des Gesetzes* jenseits des eigentlichen Gesetzgebungsverfahrens ein. Herangezogen wird insbesondere die tatsächliche und rechtliche Ausgangslage, die der Gesetzgeber vorfand und die das Gesetz regeln - festschreiben oder verändern - sollte. So kann der „ganz offenkundige" Kern der Menschenwürdegarantie des Art. 1 Abs. 1 GG daraus erschlossen werden, was dem Grundgesetzgeber 1948/49 *tatsächlich* als historische Erfahrung vor Augen stand und was ein für allemal (Art. 79 Abs. 3 GG) und unter allen Umständen („unantastbar") verboten werden sollte: Sklaverei, Massenvertreibung, Völkermord, Erniedrigung, Brandmarkung, politische Verfolgung, Ächtung[64]. Oder es muß die unmittelbare Bindungswirkung der Grundrechte (Art. 1 Abs. 3 GG) als bewußte Abkehr vom *Rechtszustand* der Weimarer Reichsverfassung verstanden werden, wonach viele Grundrechte als bloße Programmsätze eingestuft wurden, aus denen Bürger und Gerichte rechtlich nichts herleiten konnten; deshalb müssen Grundrechte als gerichtlich durchsetzbare subjektive Rechte der Bürger verstanden werden[65].

---

[62] Vergleiche MÜLLER, Rdn. 360 ff. (der freilich die historische Auslegung im weiteren Sinne auf Vorläufervorschriften - also die *rechtliche* Ausgangslage - beschränken will; siehe demgegenüber sogleich im Text).

[63] Wichtigste Quelle hierfür sind bei Bundesgesetzen die *Bundestags- und Bundesratsdrucksachen*, bei Landesgesetzen die *Landtagsdrucksachen*.

[64] GÜNTER DÜRIG, in: MAUNZ/DÜRIG, Grundgesetz, Stand 1958, Art. 1 Abs. 1 Rdn. 30.

[65] Statt aller HANS JARASS/BODO PIEROTH: Grundgesetz, 4. Aufl. 1997, Art. 1 Rdn. 14.

In verfassungsrechtlicher Sicht hat die historische Auslegung einen *Sonderstatus*, weil sie am unmittelbarste Fragen der Gesetzesbindung, Gewaltenteilung und des Demokratieprinzips betrifft[66]. Nach der Rechtsprechung des Bundesverfassungsgerichts gilt: Einerseits sind *subjektive Vorstellungen der am Gesetzgebungsverfahren beteiligten Organe oder einzelner ihrer Mitglieder* nicht entscheidend, können eine Auslegung freilich bestätigen oder anders nicht zu beseitigende Auslegungszweifel ausräumen, vor allem, wenn sie zumindest andeutungsweise im Gesetzestext zum Ausdruck gekommen sind[67]. Andererseits darf dem Gesetz kein Sinn unterlegt werden, den der Gesetzgeber *offensichtlich* nicht hat verwirklichen wollen, den er nicht ausgedrückt hat und den das Gesetz auch nicht im Verlaufe einer Rechtsentwicklung aufgrund gewandelter Anschauungen erhalten hat; der Auslegende darf nicht eigene rechtspolitische Vorstellungen, die im Parlament nicht erreichbar waren, an die Stelle *eindeutiger* Entscheidungen des Gesetzgebers setzen und sich so objektiv und unter Verletzung von Art. 20 Abs. 3 GG in dessen Rolle begeben[68]. Mit anderen Worten muß unterschieden werden: An *feststellbare rechtspolitische Konsense*, die das Gesetz tragen, in ihm zum Ausdruck gekommen sind und seinen Hintergrund,

---

[66] Deshalb sind Rang und Gewicht der historischen Auslegung in der Methodenlehre unter den Schlagworten *„objektive"* oder *„subjektive"* Auslegungslehre ausgesprochen streitig. Kritisch wird vor allem vorgebracht, „den" Gesetzgeber gebe es nicht, und es sei aussichtslos, nach den Regelungsabsichten, -zwecken und -vorstellungen der am Gesetzgebungsverfahren Beteiligten zu forschen (deren Vorstellungen ja irrig sein können); auch sei der Gesetzgeberwille nur maßgeblich, soweit er im Gesetz zum Ausdruck gekommen sei; und schließlich könne der Gesetzgeber nicht alles für alle Zukunft bedenken, und zumindest müsse ein Wandel der tatsächlichen und rechtlichen Verhältnisse für die Auslegung beachtlich sein, andernfalls eine den Gesetzgeberwillen sogar verfälschende „Versteinerung" des Rechtszustandes eintrete. Diese Kritik trifft weithin zu und wird vom Bundesverfassungsgericht berücksichtigt. Doch ist im Grundsatz festzuhalten, daß Gesetze Ergebnisse der sie erzeugenden politischen und juristischen *Diskurse* sind, welche den „Sinnzusammenhang", in dem das Gesetz steht, maßgeblich mitprägen. Deshalb müssen auch „Objektivisten" historische Bezüge maßgeblich berücksichtigen (und tun es denn auch durchweg!).

[67] Seit BVerfGE 1, 299 (312) ständige Rechtsprechung.

[68] Statt aller BVerfGE 86, 59 (64); 87, 273 (280); siehe bereits 82, 6 (12 - für Analogie).

seine „*Tendenz*" [69] bilden, ist der Ausleger vorbehaltlich eines Tatsachen- oder Wertwandels gebunden. Besonders deutlich wird dies, wenn ein Änderungsvorschlag im Parlament verworfen worden ist; dann geht es nicht an, der Auslegung die „Tendenz" des Änderungsvorschlages zugrundezulegen. Keine Bindung besteht hingegen an (Einzel-) Auffassungen, die zwar in den Materialien, nicht aber (auch) im Gesetz zum Ausdruck gekommen sind. Plakativ und zusammenfassend kann vom „*Vorrang der intersubjektiven*" und vom „*Nachrang der subjektiven Auslegung*" gesprochen werden. Was dies bedeutet, zeigt

II. Fall 7 - Auslegung des Begriffs „Eisenbahn" (RGZ 1, 247 ff.)

1. Der Fall betraf die Auslegung des Begriffs „Eisenbahn" im Sinne des § 1 Reichshaftpflichtgesetz[70]: Geschah der Unfall beim Betrieb einer „Eisenbahn" (oder nicht vielmehr nur beim *Bau* einer *noch nicht betriebenen* Eisenbahn) und war U deren „Betriebsunternehmer" (oder nicht vielmehr nur Eisenbahn*bau*unternehmer)? Das Reichsgericht bejahte die Frage. Unter Eisenbahn sei zu verstehen

> „Ein Unternehmen, gerichtet auf wiederholte Fortbewegung von Personen oder Sachen über nicht ganz unbedeutende Raumstrecken auf metallener Grundlage, welche durch ihre Konsistenz, Konstruktion und Glätte den Transport großer Gewichtsmassen, bezw. die Erzielung einer verhältnismäßig bedeutenden Schnelligkeit der Transportbewegung zu ermöglichen bestimmt ist, und durch diese Eigenart in Verbindung mit den außerdem zur Erzeugung der Transportbewegung benutzten Naturkräften (Dampf, Elektrizität, tierischer oder menschlicher Muskelthätigkeit, bei geneigter Ebene der Bahn auch schon der eigenen Schwere der Transportgefäße und deren Ladung etc.) bei dem Betriebe des Unternehmens auf derselben eine verhältnismäßig gewaltige (je nach den Umständen nur in bezweckter Weise nützliche, oder auch Menschenleben vernichtende und die menschliche Gesundheit gefährdende) Wirkung zu erzeugen fähig ist",

---

[69] Treffend LARENZ/CANARIS, S. 150.

[70] „Wenn bei dem Betriebe einer Eisenbahn ein Mensch getötet oder körperlich verletzt wird, so haftet der Betriebsunternehmer für den dadurch entstandenen Schaden, sofern er nicht beweist, daß der Unfall durch höhere Gewalt oder durch eigenes Verschulden des Getöteten oder Verletzten verursacht ist", RBGl. 1871, S. 207. - Siehe nunmehr § 1 Haftpflichtgesetz.

und diese Eigenschaften habe auch das provisorische Geleise gehabt. Insoweit sei U nicht *nur* Eisenbahnbauunternehmer, sondern *zugleich* Betriebsunternehmer einer Eisenbahn - nämlich des provisorischen Geleises - gewesen (S. 252).

2. Wegen Stil und Grammatik wird das Urteil nicht selten der Lächerlichkeit preisgegeben[71] und als Auswuchs schlimmer Begriffsjurisprudenz abgetan. Aber in Wahrheit ist es *grundlegend für die bis heute anerkannte Auslegungsmethodik* und hat nichts mit überholtem Begriffsdenken zu tun[72]:

a) Bereits bei der das Urteil einleitenden Schilderung des *Meinungsstandes* (S. 248) wies das Reichsgericht mit bemerkenswerter Offenheit auf den rechtspolitischen Hintergrund hin: Eine enge Auslegung des Reichshaftpflichtgesetzes liege „im Sonderinteresse von Kreisen, welchen bedeutende materielle Mittel und thätige Organe zur Verfügung stehen" und welche einen Teil der Literatur beeinflußten[73]. Selten hat ein Gericht deutlicher den Mißstand angeprangert, daß Unternehmen und Unternehmensverbände durch angestellte oder ihnen nahestehende Juristen „herrschende Meinungen" zu ihrem Vorteil hervorzubringen versuchen!

b) Sodann (S. 250 f.) folgt eine Auseinandersetzung mit dem von U maßgeblich verwendeten subjektiv-historischen Argument[74], die zugleich eine bis heute gültige *methodische Grundlegung* darstellt: Der Rechtsprechung obliege die Aufgabe, „die dem ... Gesetze immanenten Begriffsbestimmungen, -unterschiede und -konsequenzen"

---

[71] Siehe etwa FRITJOF HAFT: Juristische Rhetorik, 3. Aufl. 1985, S. 60 f.

[72] Allenfalls kann dem Reichsgericht vorgeworfen werden, *zu viel* entschieden, nämlich eine auf Vollständigkeit bedachte und nicht durchweg vom Fall veranlaßte Definition gegeben zu haben. Beispielsweise hätte nicht ausgesprochen werden müssen, daß auch mit *Muskelkraft* betriebene Eisenbahnen dem Gesetz unterfallen; im Fall ging es um *Dampflokomotiven*.

[73] Lies etwa die einflußreiche Kommentierung von GEORG EGER (Das Reichs-Haftpflicht-Gesetz, 3. Aufl. 1886, § 1 Anm. 3 auf S. 50 ff.), dem *Justiziar der königlichen Eisenbahn-Direktion zu Breslau.*

[74] Bei der Beratung des Gesetzentwurfs in der Sitzung des Deutschen Reichstags vom 28.4.1871 hatte der preußische Bundeskommissar Dr. Falk Ausführungen zum Begriff „Eisenbahn" gemacht, die auf eine restriktive Handhabung hinausliefen (Stenographische Berichte I S. 451; auch abgedruckt bei EGER [Fn. 73], S. 45 f.). Ablehnend bereits WILHELM ENDEMANN: Die Haftpflicht der Eisenbahnen (...), 2. Aufl. 1876, § 1 Anm. 1 auf S. 12/f.

(Folgenberücksichtigung!) „unter Verwertung der ... sich oft gegenseitig als Probe dienenden Anregungen der Doktrin" (Diskurs!) „und der mannigfachen, den Lebensverhältnissen entspringenden Streitfällen" (Falldenken!) „allmählich schärfer zu entwickeln" (Konkretisierung!). Subjektive Ansichten einzelner am Gesetzgebungsverfahren Beteiligter seien „von keinem entscheidenden Gewicht gegenüber den Konsequenzen der richterlichen Auslegung des Gesetzes aus dessen Worten, Normenzusammenhang, Grundprinzipe und Endzwecke", und der Zweck solle maßgeblich aus dem Normzusammenhang und nur bestärkend aus den Motiven des Gesetzentwurfs und den Erklärungen der am Gesetzgebungsverfahren Beteiligten hergeleitet werden.

c) In *Anwendung* dieser Grundsätze legte das Reichsgericht dar (S. 251), daß die strenge, verschuldensunabhängige Schadensersatzhaftung des Reichshaftpflichtgesetzes sich als *Gefährdungs*haftung darstelle, nämlich in Verbesserung der früheren, unzureichenden Rechtslage den Schutz gegen die „besonderen Gefahren" für Leib und Leben bezwecke, „welche dadurch entstehen, daß (infolge der Ausbildung der Industrie und Technik der Neuzeit) den menschlichen Sonderzwecken (soweit sie zu bändigen sind, höchst nützliche, bei Entfesselung ihrer, an sich rücksichtslosen, Gewalt bei hohem Grade verletzend wirkende) Naturkräfte dienstbar gemacht werden" (historischer Hintergrund!). Bei Eisenbahnen resultierten derartige Gefahren im wesentlichen daraus, daß mittels Naturkräften große Gewichtsmassen in verhältnismäßig bedeutender Geschwindigkeit bewegt werden.

Aus diesen (in moderner Terminologie objektiv-teleologischen) Überlegungen leitete das Reichsgericht als *Auslegungsergebnis* die eingangs wiedergegebene Definition der Eisenbahn her. Sie zielt darauf ab, in subsumtionsfähiger Form diejenigen Eigenschaften einer „Eisenbahn" im haftungsrechtlichen Sinne anzugeben, welche deren besondere Gefährlichkeit für Leib oder Leben begründen, und ist im Kern bis heute maßgeblich[75].

---

[75] Näher WERNER FILTHAUT: Haftpflichtgesetz, 4. Aufl. 1994, § 1 Rdn. 4, 16.

III. *Gesetzesergänzung*

1. Der Sinnzusammenhang des Gesetzes muß nicht mit dem Wortlaut zusammenfallen, sondern dieser kann, gemessen an jenem, zu eng oder zu weit sein. Beispielsweise haftet nach dem Wortlaut des § 463 Satz 2 BGB nur der Verkäufer, der einen Fehler arglistig *verschweigt*; aber die Arglisthaftung muß ihrem Sinn und Zweck nach auch (und erst recht) eingreifen, wenn der Verkäufer die Abwesenheit eines Fehlers oder das Vorhandensein einer günstigen Eigenschaft (zwar nicht zusichert, § 463 Satz 1 BGB, aber) arglistig *vorspiegelt*. Oder es hat § 181 BGB den Sinn und Zweck, der Gefahr eines Interessenkonflikts in der Person des auf beiden Seiten des Geschäfts beteiligten Vertreters vorzubeugen; aber ihrem Wortlaut nach ist die Vorschrift auch in Fällen anwendbar, in denen es an einem derartigen Interessenkonflikt fehlt, etwa bei lediglich rechtlich vorteilhaften Geschäften wie einer Schenkung des Vertreters (Eltern!) an den Vertretenen (Kinder!).
In derartigen Fällen kann das Gesetz unter Übergehung des Wortlauts nach Maßgabe seines Sinns und Zwecks im Wege der *„gesetzesergänzende"*, *„-konkurrierende"* oder *„-immanente"*, *„intra"*, *„secundum"* oder *„praeter legem"* erfolgende *Rechtsfortbildung* angewendet (oder nicht angewendet) werden. Sie wirft zum einen die im engeren Sinne methodische Frage nach ihrer Struktur auf, zum anderen die verfassungsrechtliche Frage nach ihrer Zulässigkeit.

2. Gesetzesergänzende Rechtsfortbildung ist *strukturgleich mit der Auslegung nach dem Sinnzusammenhang*, also mit systematischer, teleologischer und historischer Auslegung[76].

a) Allerdings stellt die herkömmliche Methodenlehre die gesetzesergänzende Rechtsfortbildung als *„Lückenfüllung"* in einen gewissen methodischen Gegensatz zur Auslegung[77].
Hiernach muß in einem ersten Schritt eine *„planwidrige Lücke"* oder Unvollständigkeit im Gesetz festgestellt werden. Lücken können *„anfänglich"* seit Erlaß des Gesetzes bestehen oder *„nachträglich"* infolge eines Tatsachen- bzw. Wertwandels entstehen. Bei *„be-*

---

[76] Treffend LARENZ/CANARIS, S. 187: „Gesetzesauslegung und ... Rechtsfortbildung dürfen nicht als wesensverschieden angesehen werden".
[77] Zusammenfassend LARENZ/CANARIS, S. 191 ff.

wußten" Lücken hat der Gesetzgeber eine Frage der Klärung durch Rechtsprechung und Lehre überlassen, bei *„unbewußten"* hat er die Frage übersehen; *„offene"* Lücken bestehen bei zu engem, *„verdeckte"* bei zu weitem Wortlaut.

Sodann muß in einem zweiten Schritt die Lücke durch eine dem Plan des Gesetzes entsprechende Regelung *ausgefüllt* werden. Dies geschieht bei „offenen" Lücken durch *Analogie*[78]. Bei der *„Gesetzes-"* oder *„Einzelanalogie"* wird eine bestimmte Gesetzesvorschrift wie beispielsweise § 463 Satz 2 BGB (oben 1.) auf Fälle angewendet, die, ohne dem Gesetzeswortlaut zu unterfallen, den vom Wortlaut erfaßten Fällen „ähnlich" sind, das heißt mit ihnen in allen nach dem Sinnzusammenhang der Vorschrift maßgeblichen Hinsichten übereinstimmen wie beispielsweise *alle* Fälle der Arglist des Verkäufers. Demgegenüber wird bei der *„Rechts-"* oder *„Gesamtanalogie"* aus mehreren *punktuellen* Gesetzesvorschriften eine *allgemeine* Regel hergeleitet. Beispielsweise kann aus (lesen!) §§ 542 bis 544, 553, 554 a, 605, 626 723 Abs. 1 Satz 2 BGB hergeleitet werden, daß Dauerschuldverhältnisse, welche Zusammenarbeit, Einvernehmen oder Vertrauen erfordern, jederzeit, wenn auch nicht zur Unzeit, aus wichtigem Grund gekündigt werden können, wenn die Grundlagen der Zusammenarbeit, des Einvernehmens oder des Vertrauens so schwerwiegend erschüttert sind, daß eine Fortsetzung nicht mehr zumutbar erscheint[79]. „Verdeckte" Lücken bei zu weitem Wortlaut wie beispielsweise bei § 181 BGB (oben 1.) werden durch *teleologische Reduktion* ausgefüllt: Die Gesetzesvorschrift wird auf Fälle, die zwar dem Gesetzeswortlaut unterfallen, aber nach Sinn und Zweck in keiner Hinsicht gemeint sein können, nicht angewendet. Beispielsweise läßt sich die Anwendung des § 181 BGB auf lediglich rechtlich vorteilhafte Geschäfte nicht rechtfertigen[80]. Dieses Verfahren ist dem der Analogie spiegelbildlich strukturgleich: Das Gesetz wird gewissermaßen um ungeschriebene Ausnahmen

---

[78] Eingehend LARENZ/CANARIS, S. 202 ff.

[79] BGHZ 9, 157 (161 ff.).

[80] Zwar dient § 181 BGB nicht nur als Schutz vor Interessenkollisionen, sondern muß mit Rücksicht auf den Rechtsverkehr und Dritte auch als „formale Ordnungsvorschrift" verstanden werden, die nicht schon dann unanwendbar wird, wenn es im Einzelfall an einer Interessenkollision fehlt. Doch ist das Kriterium „lediglich rechtlich vorteilhaft" selbst formaler Natur.

ergänzt, bei § 181 BGB etwa um die Wendung „oder für die Vertretenen lediglich rechtlich vorteilhaft ist".

b) Aber diese herkömmliche Methodik der „Lückenfüllung" muß
auf die Methodik der systematischen, teleologischen und historischen Auslegung zurückgeführt werden: Nur *hierdurch* kann die entscheidende Frage beantwortet werden, ob die Lücke „planwidrig"
ist und wie sie „dem Plan des Gesetzes entsprechend" ausgefüllt
werden kann. Das „Plan"kriterium bindet im übrigen Lückenfest-
stellung und -ausfüllung aneinander; beide Schritte können methodisch gar nicht getrennt werden[81].

3. Die *verfassungsrechtlichen Grenzen* gesetzesergänzender Rechtsfortbildung verlaufen wie folgt:

a) Im Strafrecht (und vielfach im übrigen öffentlichen Recht,
etwa im Steuerrecht) ist sie wegen des strafrechtlichen (und allge-
mein-rechtsstaatlichen) Gesetzesvorbehalts (Art. 20 Abs. 3, 103
Abs. 2 GG) unzulässig, soweit sie sich zum Nachteil des Bürgers
auswirkt. Dies gilt gleichermaßen für Analogie und teleologische
Reduktion (unten IV) und bereits, wenn ernsthafte Zweifel bestehen, ob die Wortlautgrenze berührt ist (oben I 3 c).

b) Im übrigen ist sie ebenso und mit denselben Grenzen zulässig
wie die Auslegung: Der Richter hat die Befugnis (und ggf. Pflicht),
das Gesetz ergänzend fortzubilden, insbesondere analog anzuwenden oder teleologisch zu reduzieren[82], sofern er sich herkömmlicher
Methoden bedient, um den Sinn und Zweck des Gesetzes sowie
dessen Wertungen nachzuvollziehen, und die Rechtsfortbildung
hierauf stützt. Den erkennbaren Willen des Gesetzgebers darf er
aber nicht beiseiteschieben und eindeutige Entscheidungen des
Gesetzgebers weder durch eine autarke Interessenabwägung ersetzen noch aufgrund eigener rechtspolitischer Vorstellungen verändern noch durch eine judikative Lösung ersetzen, die so im Parlament nicht erreichbar war[83]. Eine Ausnahme gilt (nur) bei gewan-
delten tatsächlichen und rechtlichen Verhältnissen (unten V, VI).

---

[81] Grundlegend CLAUS-WILHLEM CANARIS: Die Feststellung von Lücken im
Gesetz. 2. Aufl. 1983, besonders § 84.

[82] Statt aller BVerfGE 82, 6 (11 ff. - Analogie); 88, 145 (167 - teleologische Reduktion).

[83] Siehe erneut BVerfGE 82, 6 (11 ff.).

c) Besonderer verfassungsrechtlicher Beurteilung bedarf das *„gesetzesvertretende Richterrecht"*, nämlich die ergänzende Rechtsfortbildung in Bereichen, die der Gesetzgeber (nicht selten aus politischen Gründen) nicht regelt, beispielsweise in weiten Teilen des Arbeitskampfrechts. Hier rechtfertigt der Zwang zur Entscheidung, das materielle Recht mit den anerkannten Methoden der Rechtsfindung aus den allgemeinen Rechtsgrundlagen - insbesondere der verfassungsmäßigen Ordnung - abzuleiten[84].

IV. Fall 8 - Analogie und teleologische Reduktion bei der sog. „actio libera in causa" (BGHSt 42, 235 ff.)

1. Obwohl alkoholische Berauschung und die hierdurch bewirkte Enthemmung von größter kriminologischer Bedeutung sind, regelt das Strafgesetzbuch die Frage, inwieweit *schuldhafte* Berauschung die Bestrafung *wegen der Rauschtat* hindert, nur *lückenhaft*. § 323 a StGB (Vollrausch) betrifft die Strafbarkeit *wegen des Sichberauschens* und ist subsidiär, also unanwendbar, wenn der Täter wegen der Rauschtat bestraft werden kann; §§ 20, 21 StGB (Schuldfähigkeit)[85] regeln derzeit (Ende 1997, siehe Fall 15) die *Vorverschuldensfrage* nicht.

2. In der Sache und *wertungsmäßig* besteht allerdings Einigkeit, daß die volle Vorsatzstrafe verdient, wer - wie A - eine Rauschtat vorsätzlich begeht und sich zuvor mit dem Vorsatz, die Tat zu begehen, vorsätzlich berauscht und in einen die Schuldfähigkeit beeinträchtigenden Zustand versetzt hat. Denn in dieser Konstellation, die üblicherweise als vorsätzliche *„actio libera in causa"* bezeichnet wird, ist die Vorsatzschuld bei Licht besehen nicht vermindert: Zwar fehlt dem Täter bei unmittelbarer Begehung der Rauschtat die Einsichts- oder Steuerungsfähigkeit. Jedoch hat der Täter diesen Defekt vorsätzlich-final herbeigeführt, so daß ihm die Rauschtat gleichwohl als bewußte Entscheidung für das Unrecht kraft Vorsatzschuld vorgeworfen werden kann.

---

[84] BVerfGE 84, 212 (226 f.); siehe bereits oben § 6 I 4.

[85] Im Grundsatz ist anerkannt, daß alkoholische Berauschung zu einer „tiefgreifenden Bewußtseinsstörung" und zum Verlust oder zur wesentlichen Verminderung insbesondere der Steuerungsfähigkeit („nach dieser Einsicht zu handeln") führen kann; statt aller THEODOR LENCKNER, in: SCHÖNKE/ SCHRÖDER (Fn. 2), § 20 Rdn. 16 ff. mit Nachweisen.

3. Jedoch waren und sind die Konstruktion der teleologisch möglichen Lückenfüllung einerseits und ihre verfassungsrechtliche Zulässigkeit andererseits umstritten:

a) Methodisch naheliegend ist der Literaturvorschlag einer *teleologischen Reduktion der §§ 20, 21 StGB*[86]: Die nach dem Wortlaut „bei Begehung der Tat" erforderliche Einsichts- und Steuerungsfähigkeit sei verzichtbar, wenn der Defekt dem Täter nach den oben 2. entwickelten Grundsätzen vorgeworfen werden könne.

Dieses „Ausnahmemodell" ist vom Bundesgerichtshof jedoch als Art. 103 Abs. 2 GG zuwiderlaufend verworfen worden (BGHSt 42, 235 [241 f.]). Abgesehen von der uneingeschränkten Anwendung der Garantien des Art. 103 Abs. 2 GG auf den Allgemeinen Teil ist hieran bemerkens- und begrüßenswert, daß die teleologische Reduktion zum Nachteil des Täters nicht anders als die Analogie zu seinen Lasten behandelt wird - was der Strukturgleichheit beider Rechnung trägt.

b) Die wohl überwiegende Gegenauffassung setzt konstruktiv beim Tatbestand an[87]: Beginn der Tathandlung sei das Sichberauschen, und weil der Täter zu *diesem* Zeitpunkt noch schuldfähig sei, griffen §§ 20, 21 StGB von vornherein nicht ein.

Gegen dieses „Tatbestands-" oder „Vorverlagerungsmodell" ist in der Literatur seit langem eingewendet worden, es laufe auf eine nach Art. 103 Abs. 2 GG verbotene *analoge Anwendung von Straftatbeständen* hinaus: Sichbetrinken ist kein Beginn tatbestandsmäßigen Verhaltens etwa eines Diebstahls oder einer Vergewaltigung. Die-

---

[86] Grundlegend JOACHIM HRUSCHKA, in: JuS 1968, 554 ff.; JZ 1989, 310 ff.; siehe weiterhin die Nachweise in BGHSt 42, 235 (239).
Nur konstruktiv abweichend ist die Variante, wonach die Wendung „bei Begehung der Tat" in § 20 StGB *analog* auf das Sichberauschen angewendet werden solle (so FRANZ STRENG, in: JZ 1994, 709 [711]).

[87] Umfassende Nachweise in BGHSt 42, 235 (239).
Weitere Literaturstimmen (GÜNTHER JAKOBS: Strafrecht Allgemeiner Teil, 2. Aufl. 1991, 17/64) und auch die Rechtsprechung (RGSt 22, 413 [415]) verwenden das Bild, daß der sich berauschende Täter sich als schuldlos handelndes „Werkzeug" einsetzt und so eine Art mittelbarer Täter ist. Dies läuft methodisch auf eine *analoge Anwendung von § 25 Abs. 1 zweite Alternative StGB* hinaus: Der Rauschtäter begeht die Tat nicht „durch einen anderen", sondern durch sich selbst. In verfassungsrechtlicher Sicht ist dies nicht anders als das offene „Tatbestandsmodell" zu beurteilen.

sen Einwand hat BGHSt 42, 235 (239) für solche Straftatbestände als durchgreifend erachtet, die nicht (auch) als Herbeiführung eines durch ein Verhalten verursachten, von ihm trennbaren Erfolges begriffen werden können. Zu ihnen zählen insbesondere Straßenverkehrsdelikte wie § 316 StGB; hier bleibt nur der Rückgriff auf § 323 a StGB. Das „Tatbestandsmodell" bleibt freilich (trotz aller Bedenken) tragfähige Grundlage bei Erfolgsdelikten wie Totschlag (§ 212 StGB), bei denen im Grundsatz jede Handlung, die eine Ursache für den Erfolg setzt, tatbestandsmäßig sein kann[88].

4. Im *Ergebnis* hat sich A also nach § 212 (nicht nach § 323 a) StGB strafbar gemacht, indem er seine Ehefrau tötete, und nach § 323 a (nicht nach § 316) StGB, indem er die Trunkenheitsfahrt unternahm.

V. Gesetzesberichtigung

1. Gegen seinen Wortlaut *und* gegen seinen Sinnzusammenhang darf das Gesetz im Grundsatz nicht angewendet werden. Derartige *„gesetzesberichtigende"*, *„-korrigierende"* oder *„contra legem"* erfolgende *Rechtsfortbildung* ist wegen Art. 20 Abs. 3, 97 Abs. 1 GG im Grundsatz ausgeschlossen[89]. Beispielsweise durfte das Bundesarbeitsgericht nicht gegen Wortlaut und Sinn des § 61 Konkursordnung zugunsten von sozialplanberechtigten Arbeitnehmern in die gesetzliche Rangfolge der Konkursgläubiger eingreifen[90].

Dies schließt allerdings eine verfassungsrechtliche Überprüfung des Gesetzesrechts nicht aus, die zwar grundsätzlich gemäß Art. 100 Abs. 1 GG dem Bundesverfassungsgericht vorbehalten ist, jedoch bei *„vorkonstitutionellem"* (vor Inkrafttreten des Grundgesetzes verkündetem und nicht nachträglich - etwa durch Neuverkündung - vom Bundesgesetzgeber bestätigtem und in seinen Willen aufgenommenem) Recht von *jedem* Rechtsanwender vorgenommen werden kann.

---

[88] BGH NStZ 1997, 230 mit Anm. HANS-JOACHIM HIRSCH, in: JR 1997, 391 ff.
[89] Und, wie oben I 3 c) dargelegt, auch nicht als verfassungskonforme Auslegung möglich.
[90] BVerfGE 65, 182 (190 ff.).

2. Außerhalb dessen und ausnahmsweise darf sich der Rechtsanwender gegen Wortlaut und Sinn des Gesetzes stellen, wenn es durch die tatsächliche und rechtliche Entwicklung seit seinem Erlaß seine Fähigkeit, für alle Fälle, auf die seine Regelung abzielt, eine gerechte Lösung bereits zu halten, verloren hat, nunmehr Regelungslücken aufweist und hierdurch ergänzungsbedürftig und zugleich -fähig geworden ist[91], vorausgesetzt, es werden keine verfassungsrechtlich geschützten Rechtspositionen verkürzt[92], höherrangiges, insbesondere Verfassungsrecht spricht für die Rechtsfortbildung[93] und sie geht nicht weiter als unbedingt nötig[94]. So liegt es (freilich bestrittenermaßen[95]) in

VI. Fall 9 - Ersatz für Immaterialschäden bei Persönlichkeitsverletzungen durch Medien (BGHZ 128, 1 ff., BGH NJW 1996, 984 ff.)

1. Die Eltern des Bürgerlichen Gesetzbuchs mißtrauten zu großer richterlicher Freiheit. Deshalb (und in bewußtem Kontrast zum französischen Code Civil) kennt das Bürgerliche Gesetzbuch keine umfassende deliktsrechtliche Generalklausel (lies §§ 823 ff. BGB) und gewährt Ersatz für immaterielle Schäden nur in wenigen, enumerativ aufgezählten Fällen (lies §§ 253, 847 BGB).

2. Auf dem Weg zum Immaterialschadensersatz für Persönlichkeitsverletzungen durch Medien mußte das Gesetz also *zweifach* fortgebildet werden:

a) *Haftungs*rechtlich mußte (soweit nicht über §§ 823 Abs. 2, 826 BGB gegangen werden konnte) das Persönlichkeitsrecht als „*sonstiges Recht*" im Sinne von § 823 Abs. 1 BGB begründet und ausgestaltet werden.

Mit „sonstigen Rechten" meinte der Gesetzgeber Rechte, die wie Leben oder Eigentum (spezial-)gesetzlich gegenüber jedermann (absolut, ausschließlich) geschützt sind. Deshalb anerkannte das

---

[91] Siehe BVerfGE 82, 6 (12 f.) und bereits 34, 269 (278 f., 290 f.).
[92] BVerfGE 69, 315 (371 f.).
[93] BVerfGE 65, 182 (190 ff.); 71, 354 (362 f.); siehe bereits 34, 269 (292).
[94] BVerfGE 34, 269 (292).
[95] Kritisch etwa KLAUS STERN: Das Staatsrecht der Bundesrepublik Deutschland, Bd. II, 1980, S. 584.

Reichsgericht nur (spezial-)gesetzlich geregelte *einzelne* Persönlichkeitsrechte wie das Recht am eigenen Bild (§ 22 Kunsturhebergesetz)[96]. Ein *allgemeines* Persönlichkeitsrecht schuf erst der Bundesgerichtshof in seiner „Leserbriefentscheidung"[97] aus dem Jahre 1954. Methodisch handelte es sich um eine verfassungskonforme Auslegung und Fortbildung von § 823 Abs. 1 BGB mit Blick auf Art. 1 Abs. 1, 2 Abs. 1 GG. Dies billigte das Bundesverfassungsgericht insbesondere wegen der „Lücken im Persönlichkeitsschutz", die „im Laufe der Zeit ... immer fühlbarer geworden waren", also wegen eines Werte- und Tatsachenwandels[98].

Seitdem ist das Persönlichkeitsrecht als Quellrecht auf Achtung und Entfaltung der Persönlichkeit in ihrer Individual-, Privat- und Intimsphäre in unzähligen Entscheidungen ausdifferenziert worden[99]. Es verbietet unter anderem, über jemandes Privatsphäre, zu welcher der Gesundheitszustand gehört, wissentlich unwahre Angaben zu machen[100], aber auch, jemandem - insbesondere in Form eines erdichteten Interviews - Aussagen in den Mund zu legen, die er nicht gemacht hat[101].

b) *Schadens*rechtlich mußte sich die Rechtsprechung über den klaren Wortlaut der §§ 253, 847 BGB und den klaren Willen des Gesetzgebers hinwegsetzen, daß Immaterialschäden *nur* bei Körper- und Freiheitsverletzungen ersatzfähig seien.

Diese Rechtsfortbildung contra legem geht auf das „Herrenreiter-Urteil"[102] aus dem Jahre 1958 zurück, wo der Bundesgerichtshof § 847 BGB trotz des in § 253 BGB enthaltenen Analogieverbots *analog* auf Fälle der Persönlichkeitsrechtsverletzung anwendete, da andernfalls der nach Art. 1 Abs. 1, 2 Abs. 1 GG gebotene wirksame Schutz des Persönlichkeitsrechts nicht gewährleistet werden könne.

---

[96] Gegen ein allgemeines Persönlichkeitsrecht zuletzt RGZ 113, 413 ff.

[97] BGHZ 13, 334 (besonders 338).

[98] BVerfGE 34, 269 (281).

[99] Siehe nur HEINZ THOMAS, in: PALANDT, Bürgerliches Gesetzbuch, 56. Aufl. 1997, § 823 Rdn. 176 ff. mit Nachweisen.

[100] Siehe BGH NJW 1996, 984 (985).

[101] Siehe bereits BVerfGE 34, 269 (286).

[102] BGHZ 26, 349 ff. („Herrenreiter", weil der Kläger photographiert worden war, wie er mit einem Springpferd über ein Hindernis setzte, was die Beklagte ohne Einwilligung für eine Potenzmittel-Werbung verwendet hatte).

In der Folgezeit wurde der Anspruch *unmittelbar auf Verfassungsrecht* gestützt und die Abweichung vom Gesetz mit dem Wandel der technischen und sozialen Entwicklung gerechtfertigt, der für den historischen Gesetzgeber unvorhersehbare neuartige Möglichkeiten nachhaltig wirkender Verletzungen des Persönlichkeitsrechts geschaffen habe[103]. Dies billigte das Bundesverfassungsgericht 1973 in seinem „Soraya-Beschluß"[104]: Der Bundesgerichtshof habe „nicht das System der Rechtsordnung verlassen und keinen eigenen rechtspolitischen Willen zur Geltung gebracht, sondern lediglich Grundgedanken der von der Verfassung geprägten Rechtsordnung mit systemimmanenten Mitteln weiterentwickelt"[105].

Freilich band und bindet die Rechtsprechung den Anspruch an strenge Voraussetzungen: Er ist *subsidiär*, also nur gegeben, wenn Unterlassung oder Widerruf nicht möglich oder ausreichend sind; und es muß eine *schwerwiegende* Beeinträchtigung der Persönlichkeit vorliegen[106]. So liegt es aber bei erdichteten Interviewpassagen, die unwahre Tatsachen über den Gesundheitszustand des Interviewten enthalten.

3. Zur *Höhe* des Anspruchs orientierten sich die Gerichte in Fortentwicklung der Dogmatik zu § 847 BGB lange Zeit an (Ausgleich und vorrangig) der Genugtuung für das Opfer. Auf dieser Grundlage wurden Summen zwischen 2.000,- und 40.000,- DM ausgeurteilt[107]. Dies bezahlt die Medienindustrie „aus der Portokasse". Deshalb hat der Bundesgerichtshof in seinen Entscheidungen „Caroline von Monaco I und II"[108] aus den Jahren 1994 und 1995 nach dem Haftungsgrund auch die Haftungshöhe unter Berufung

---

[103] BGHZ 39, 124 ff.

[104] BVerfGE 34, 269 ff.

[105] BVerfGE 34, 269 (292). - Die Entscheidung läßt anklingen, daß §§ 253, 847 BGB verfassungswidrig sind, soweit sie für schwere Persönlichkeitsverletzungen keinen Immaterialgüterschadensersatz zulassen; daß der Bundesgerichtshof dies feststellen durfte, da es um vorkonstitutionelles Recht geht; und daß die Regelungslücke wegen des Rechtsverweigerungsverbots richterrechtlich ausgefüllt werden durfte, als der Gesetzgeber untätig blieb.

[106] Ständige Rechtsprechung seit BGHZ 35, 363 ff.

[107] Eingehend ERICH STEFFEN, in: NJW 1997, 10 (11 f.).

[108] BGHZ 128, 1 ff. (siehe hierzu das Endurteil OLG Hamburg NJW 1996, 2870 ff.); BGH NJW 1996, 984 ff.; siehe auch MATTHIAS PRINZ, in: NJW 1996, 953 ff.; STEFFEN (Fn. 107), besonders S. 12 ff.

auf Art. 1 Abs. 1, 2 Abs. 1 GG dogmatisch verselbständigt: Neben der Genugtuung sei der Aspekt der *Prävention* zu bedenken. Der Gefahr einer rücksichtslosen Zwangskommerzialisierung der Persönlichkeit durch die Medienindustrie zwecks Gewinnerzielung könne nur durch *„fühlbare"* Geldentschädigungen begegnet werden. Obwohl keine Gewinnabschöpfung betrieben werden solle, sei der durch die Persönlichkeitsverletzung erzielte *Gewinn* ein Bemessungsfaktor. Seitdem sind die ausgeurteilten Summen deutlich angestiegen[109]. Freilich fragt sich, ob die Grenzen der Gesetzesberichtigung - mag sie sich auch auf einen verfassungsrechtlichen Schutzauftrag stützen - überschritten sind: Hat der Bundesgerichtshof mit seiner neuen Rechtsprechung das „System der Rechtsordnung" verlassen, indem er dem Schadensrecht Haftungsfolgen mit punitivem und Sanktions-Charakter hinzugefügt hat? Hat er hierdurch „eigenen rechtspolitischen Willen" zur Geltung gebracht? Die Frage harrt verfassungsgerichtlicher Klärung.

4. Solange dies nicht geschehen ist, dürfte sich im *Ergebnis* der Anspruch des F auf bis zu 100.000,- DM belaufen.

---

[109] Prinzessin Caroline von Monaco erhielt für drei erdichtete Titelgeschichten immerhin 180.000,- DM (OLG Hamburg wie Fn. 108).

§ 9. Umgang mit Gesetzesrecht (II): Notwendige Ergänzungen

Fall 10: Nicht selten übernehmen einkommens- und vermögenslose oder -schwache nahe Angehörige eines Schuldners auf Drängen von Banken Bürgschaften (§ 765 BGB) für erhebliche Schulden. Unter welchen Voraussetzungen ist das sittenwidrig (§ 138 Abs. 1 BGB)? Analysieren Sie BVerfGE 89, 214 ff. und die daran anknüpfende Rechtsprechung des IX. und XI. Zivilsenats des Bundesgerichtshofs in methodischer Hinsicht als Konkretisierung einer Generalklausel durch Fallvergleich und Typenbildung!

Fall 11: Nicht selten vertreiben Pharmahersteller Original-Arzneimittel im Ausland zu deutlich geringeren (Fest-) Preisen als im Inland; die höheren Inlandspreise dienen auch der Subventionierung von Forschung und Arbeitsplätzen. - Importeur I kauft ein erfolgreiches Original-Arzneimittel („A") im Ausland zum Auslandspreis auf, importiert es und will es im Inland zu einem den Inlandspreis unterbietenden Preis vertreiben. Dabei ist I darauf angewiesen, daß Großhändler G das importierte „A" in sein Sortiment aufnimmt, weil Apotheken ihre Arzneimittel ganz überwiegend über Großhändler beziehen. G lehnt ab: Zwar erwartet er trotz geringerer Gewinnspanne durchaus einigen Umsatz, da Apotheken, die unter bestimmten Voraussetzungen zumindest berechtigt sind, preisgünstige Importarzneimittel an Endabnehmer abzugeben, ihm das importierte „A" abkaufen werden; jedoch droht die Pharmaindustrie, G werde „Belieferungsprobleme" bekommen, wenn er mit I zusammenarbeite. Kann I gemäß § 26 Abs. 2 Gesetz gegen Wettbewerbsbeschränkungen (GWB) verlangen, daß G das importierte „A" zu den üblichen Bedingungen in sein Sortiment aufnimmt? Analysieren Sie die erforderliche Abwägung!

I. Falldenken - insbesondere Konkretisierung von Generalklauseln und unbestimmten Rechtsbegriffen durch Fallvergleich und Typenbildung

1. Die soeben (§ 8) geschilderte „Methodentrias" ist dem *Denken vom Gesetz her* verpflichtet. Dies korrespondiert mit der verfassungsrechtlichen Gesetzesbindung und verwirklicht sie. Deshalb kann das Denken vom Gesetz her nicht *grundsätzlich* diskreditiert und nicht durch die Suche nach einer billigen, gerechten oder vernünf-

tigen Entscheidung des Einzelfalles *ersetzt* werden[1]. Aber niemand kann die große Bedeutung des *Denkens vom Fall her (Falldenken)* leugnen, und zwar nicht nur für Fallrechtsordnungen wie das Römische Recht oder das common law, sondern auch für durch Gesetze und Kodifikationen geprägte Rechtsordnungen wie das geltende deutsche Recht:

a) Auf der Hand liegt die Notwendigkeit, von Fall her zu denken[2], wenn das Denken vom Gesetz her wegen dessen Inhaltsarmut versagt. So liegt es insbesondere bei *unbestimmten Rechtsbegriffen* und *Generalklauseln*: Während es für die „guten Sitten" in § 138 Abs. 1 BGB noch den hilflosen Definitionsversuch des „Anstandsgefühls aller billig und gerecht Denkenden" gibt (siehe bereits oben vor § 7), wird eine Definition von „Treu und Glauben" (§ 242 BGB) schon gar nicht mehr versucht. Solche Begriffe sind vielmehr in hohem Maße *konkretisierungs-* und *wertausfüllungsbedürftig*, und die Konkretisierung bzw. Wertausfüllung kann nur anhand konkreter Fälle gelingen.

b) Freilich gehören Anwendungsfälle zur Extension (zum Begriffsumfang) und damit zu *jedem* Begriff, und einen Begriff verstanden hat nur, wer (zumindest einige) Anwendungsfälle aufzählen kann[3]. Ausdruck dieser grundsätzlichen und umfassenden Bedeutung des Falldenkens ist die vordringende „Beispiels-" oder „Regelbeispielstechnik", etwa im mietrechtlichen Kündigungsschutz (lies § 564 b Abs. 1 und 2 BGB) oder in vielen Straftatbeständen (lies § 213 oder § 243 Abs. 1 Sätze 1 und 2 StGB). Es kann sogar *jede* Auslegungsfrage falldenkend (um-) formuliert werden: Sind die Unterschiede des „neuen" Falles zu den „anerkannten" Fällen bedeutsam oder nicht? Beispielsweise kann die Frage, ob ein spitzer Bleistift, mit dem der Täter das Opfer ins Gesicht sticht, ein „gefährliches Werkzeug" ist, als Auslegungsfrage zu § 224 Abs. 1 Nr. 2 StGB, aber auch so gestellt werden, ob die Unterschiede

---

[1] Zu Methodenlehren mit dieser Tendenz (JOSEF ESSER, WOLFGANG FIKENTSCHER, THEODOR VIEHWEG, GERHARD STRUCK) LARENZ, S. 137 ff.

[2] Genauer: vom eindeutigen Fall zum zweifelhaften voranzuschreiten und durch Fallvergleich zu Fallgruppen oder Typen bzw. Typenreihen zu gelangen: sogleich 2. und 3.

[3] Eine Regel verstehen, heißt nichts anderes, als sich regelgerecht verhalten (können).

zwischen einem so verwendeten Bleistift und einer „Waffe" - etwa
einem Messer - rechtlich bedeutsam sind oder nicht.

Jedoch spielt Falldenken bei der Auslegung eine *andere* und *weniger
wichtige* Rolle als bei unbestimmten Rechtsbegriffen und Generalklauseln[4]: Jeder Fallvergleich setzt einen Vergleichsmaßstab voraus
(„tertium comparationis"), der in einem rechtlichen, wertenden
Kriterium (im Beispiel des § 224 Abs. 1 Nr. 2 StGB in der konkreten Gefährlichkeit des eingesetzten Werkzeugs) besteht. Dieses
Kriterium kann bei *Auslegungs*fragen durchaus *vom Gesetz her denkend*
bestimmt werden (im Beispiel etwa aus Wortlaut und Systematik
des § 224 StGB). Bei unbestimmten Rechtsbegriffe und Generalklauseln ist dies, wie gezeigt, kaum möglich, und der Rechtsanwender muß sich weit stärker auf die Fall- oder Normbereichsanalyse, die „Eigengesetzlichkeit des Falles", einlassen (unten 2. b).

2. Die Methode des Falldenkens kann als *Fallvergleich* mit dem
Ziel der *Fallgruppenbildung* beschrieben werden[5].

a) Ihr Ausgangspunkt sind prima facie *eindeutige*, „typische" oder
„paradigmatische" Fällen der Anwendung und auch Nichtanwen-
dung der Vorschrift (siehe bereits oben § 7 I). Beispielsweise ist es
gewiß „Religionsausübung" im Sinne von Art. 4 Abs. 2 GG
(lesen!), wenn ein katholischer Priester das Hochamt feiert, gewiß
nicht, wenn die katholische Kirche ein Grundstück kauft, um auf
ihm ein Verwaltungsgebäude zu errichten.

b) Anhand dieser eindeutigen Fälle können die zugrundeliegenden *Wertungskriterien* zunächst vom Fall her denkend angegeben werden - ein Schritt, der durchaus als Ermittlung der
„Eigengesetzlichkeit des Falles" oder als „Normbereichsanalyse"
bezeichnet werden kann[6]. Im Beispiel der Religionsausübung ist
eines der maßgebenden Kriterien offenbar das Selbstverständnis
der katholischen Kirche, wonach das Hochamt zum engsten religiösen, der Grundstückskauf aber zum weltlichen Bereich gehört.

---

[4] Anderer Auffassung ist ARTHUR KAUFMANN: Analogie und „Natur der Sache",
2. Aufl. 1982.

[5] Oder als „Typenvergleich": ZIPPELIUS, S. 65 ff.

[6] Manche sprechen auch von „Natur der Sache" (insbesondere KAUFMANN
[Fn. 4]). Da dieser Begriff erkenntnistheoretisch hochbelastet ist (und einen
naturalistischen Fehlschluß vom Sein aufs Sollen impliziert), wird er hier vermieden.

Jedoch muß das Wertungskriterium selbst *rechtlich bewertet* werden:
Es muß mit dem Recht, insbesondere mit anerkannten Rechts-
grundsätzen und Rechtswerten, vereinbar sein. Im Beispiel spricht
das Grundrecht der Religionsfreiheit selbst dafür, daß es auf das
„Selbstverständnis einer Religionsgemeinschaft" ankommen soll:
Wie anders soll religiöse Autonomie gewährleistet werden[7]?

c) Mittels der „eindeutigen" Fällen und der Wertungskriterien
kann eine *Fallvergleichsskala* errichtet werden, auf welcher zweifelhafte Fälle eingeordnet werden können. Dabei bedarf es *komparati-*
ven oder *analogischen* Denkens[8]: Der Fall kann „näher" am einen
oder am anderen Ende des Skala liegen, und ein Wertungskritierum
kann „mehr oder weniger" erfüllt sein oder nicht. Auch kann ein
zweifelhafter Fall in einer Hinsicht näher, in anderer Hinsicht fer-
ner zu einem anerkannten liegen, oder es können mehrere Wert-
kriterien in unterschiedlicher Weise erfüllt; dann bedarf es der Abwägung (sogleich III.). Schließlich kann ein zweifelhafter Fall *neue*
Wertungskriterien ans Licht bringen oder zu *Korrekturen* führen.
Wenn es beispielsweise nach dem Selbstverständnis der katholischen Kirche „Religionsausübung" ist, daß die Vereinigung
katholischer ländlicher Jugend Deutschlands zur Spende von Alt-
kleidern usf. für karitative Zwecke aufruft („Aktion Rumpelkammer") und hierdurch gewerblichen Altkleidersammlern ruinö-
sen Wettbewerb macht[9], zeigt dies, daß das Wertungskriterium
„Selbstverständnis einer Religionsgemeinschaft" im Rahmen des
Art. 4 Abs. 2 GG nicht *grenzenlos* gelten kann, sondern mit Blick auf
die Schutzbereiche anderer Grundrechte - hier des Art. 12 GG -
systematischer Korrekturen bedarf[10].

d) Ergebnis des Falldenkens ist die Fallgruppenbildung. Eine
Fallgruppe faßt Fälle zusammen, die in tatsächlicher *und* rechtlich-
wertender Hinsicht gleich liegen. Das Wertungselement unterscheidet eine Fallgruppe von schlichter Kasuistik. Beispielsweise sind
„Knebelungsverträge", welche „die wirtschaftliche Handlungsfrei-

---

[7] BVerfGE 24, 236 (248).
[8] Siehe ZIPPELIUS, S. 68 f.
[9] Siehe BVerfGE 24, 236 (248).
[10] Zum Problem ROMAN HERZOG, in: MAUNZ/DÜRIG, Grundgesetz, Art. 4
   Rdn. 103 f. (Stand November 1988). BVerfGE 24, 236 ff. hielt die „Aktion
   Rumpelkammer" aber im Ergebnis für von Art. 4 Abs. 2 gedeckt.

heit einer Partei so sehr beschränken, daß diese ihre freie Selbstbe-
stimmung verliert", eine Fallgruppe des § 138 Abs. 1 BGB; werden
aber einzelne Fälle von Knebelungsverträgen in alphabetischer
Ordnung (von „Bierlieferungsvertrag, langfristiger" bis „Treu-
handverhältnis, drückendes") zusammengestellt, so ist dies
schlichte Kasuistik (und der Rechtsfindung nur im allerersten
Zugriff dienlich!).

e) In der höchstrichterlichen Rechtsprechung entwickelte Fallgruppen überformen und konkretisieren unbestimmte Rechtsbegriffe und Generalklauseln. Deren methodengerechte Anwendung
läuft also auf die Zuordnung des Falles zu einer anerkannten Fallgruppe (oder, selten, auf die Entwicklung einer neuen Fallgruppe)
hinaus[11].

3. Das soeben pragmatisch beschriebene Fallvergleichsverfahren
kann rechtstheoretisch als Bildung von *Typen* und *Typenreihen* präzi-
siert werden[12]. Für einen Typus kennzeichnend ist zum einen die
Verschränkung von Tatsache und Bewertung. Beispielsweise wird
der Typus des erwähnten „Knebelungsvertrags" durch wertende
Begriffe wie „wirtschaftliche Handlungsfreiheit" oder „freie Selbst-
bestimmung" konstituiert. Zum anderen sind Typenbegriffe nicht
im strengen Sinne der Definition und Subsumtion fähig, sondern
„offen" und werden im Wege wertender und vergleichender
(„komparativer" oder „analogischer") Zuordnung des Falles zum
Typus angewendet. Deshalb können sie zu Typenreihen mit flie-
ßenden Übergängen angeordnet werden, und neuartige Typen können bruchlos eingeordnet werden. Beispielsweise kann eine Ver-
tragstypenreihe von *einmaligen* Schuldverhältnissen wie Kauf bis zu
*Dauer*schuldverhältnissen wie Miete erstellt werden; zwischen ihnen
liegt der sog. Sukzessivlieferungsvertrag (etwa die Subskription
einer in Einzellieferungen erscheinenden Gesamtausgabe), der trotz
zeitlicher Streckung „näher" am einmaligen Schuldverhältnis liegt
und dessen Regeln folgt (etwa nicht gekündigt werden kann).

---

11 Deshalb ist der Rat, bei der Fallösung Vorschriften wie §§ 138 oder 242 BGB
nur *in anerkannten Fällen* anzuwenden, methodisch ganz zutreffend.
12 Vertiefend LARENZ/CANARIS, S. 290 ff.; freilich ist die Typenlehre wissenschaftstheoretisch umstritten, kritisch etwa KOCH/RÜßMANN, S. 73 ff.

II. Fall 10: Bürgschaften naher Angehöriger (BVerfGE 89, 214 ff.)

1. Als das Bundesverfassungsgericht im Jahre 1993 zur Frage der Bürgenhaftung einkommens- und vermögensloser Angehöriger[13] Stellung nehmen mußte, fand es eine gespaltene Rechtsprechung des Bundesgerichtshofs vor: Während der (für Bürgschaftsrecht zuständige) IX. Zivilsenat nach dem Sprichwort „Den Bürgen mußt du würgen" judizierte[14], hielt der (für Bankrecht zuständige) XI. Zivilsenat Sittenwidrigkeit (§ 138 Abs. 1 BGB) für möglich[15].

2. Der Aufgabe, aus dem Normtext des Art. 2 Abs. 1 GG (lesen!) verfassungsrechtliche Vorgaben für die Frage zu entwickeln, kam das Bundesverfassungsgericht im Wege eines *Fallvergleichs* nach:

a) Zur gemeinsamen Entscheidung verbunden waren *zwei Fälle*. Im ersten Fall - *der offensichtlich anstößig war!* - bezog sich die Bürgschaft auf einen Geschäftskredit über 100.000,- DM nebst erheblichen jährlichen Kosten und Zinsen, der dem Vater der Bürgin zu spekulativen Grundstücksgeschäften diente und der nach drastischer Ausweitung voll verloren ging. Die Bürgin war 21 Jahre alt, die überwiegende Zeit arbeitslos und hatte keine Berufsausbildung, und ein Bankmitarbeiter hatte ihr erklärt: „Hier bitte, unterschreiben Sie mal, Sie gehen dabei keine große Verpflichtung ein, ich brauche das für meine Akten". - Die Bürgschaft im zweiten Fall - *der offensichtlich unanstößig war!* - bezog sich auf ein Versicherungsdarlehen über 30.000,- DM, das der Ehemann der Bürgin aufgenommen hatte und das durch Rückkauf der finanzierten Lebensversicherung immerhin auf ca. 16.000,- DM zurückgeführt werden konnte; die sachgerecht aufgeklärte Bürgin war Hausfrau mit zwei Kindern, und auch ihr sollten Darlehen und Versicherung zugutekommen.

---

[13] Banken lassen sich solche Bürgschaften aus einem guten und einem schlechten Grund geben: Dieser besteht darin, zweifelhafte Kredite innerhalb der Bank als gesichert etikettieren zu können; jener, dem Schuldner die Möglichkeit zu nehmen, sein Vermögen durch Übertragung auf Angehörige dem Vollstreckungszugriff der Bank zu entziehen.

[14] Allen Ernstes zitierte der damalige Senatspräsident dieses Sprichwort in einem Fernsehinterview. - Zur juristischen Argumentation näher BVerfGE 89, 214 (216 f.) mit Nachweisen.

[15] Siehe seinerzeit BGH NJW 1991, 923 ff.

b) Von den Fällen und ihrer „Eigengesetzlichkeit" her gedacht, liegen die wertungsrelevanten *Unterschiede* darin, daß im ersten Fall die Bürgschaftsverpflichtung ungleich höher, riskanter sowie auch schwerer einzuschätzen war als im zweiten und daß nur im ersten Fall ein manipulatives, täuschungsähnliches Verhalten der Bank vorlag. Damit sind bereits die *Wertungskriterien* benannt, die für das Bundesverfassungsgericht entscheidend waren: „Ungewöhnlich stark belastende" („als Interessenausgleich offensichtlich unangemessene") Verträge, die das Ergebnis „strukturell ungleicher Verhandlungsstärke" („gestörter Vertragsparität") sind, bedürfen von Verfassungs wegen einer Inhaltskontrolle[16]. Die (verfassungs-) rechtliche Relevanz dieser Wertungskriterien begründete das Bundesverfassungsgericht aus der wohlverstandenen, nicht nur auf ein „Recht des Stärkeren" hinauslaufenden Privatautonomie, die verletzt sei, wenn einer der Vertragspartner den Vertragsinhalt faktisch einseitig bestimmen könne, was für den anderen Vertragsteil Fremdbestimmung bewirke[17].

c) Die *Zuordnung der Fälle* versteht sich praktisch von selbst, da die verfassungsrechtlichen Bewertungskriterien aus den Fällen herausdestilliert worden sind[18]: Im ersten Fall war die Bürgschaft ungewöhnlich belastend, im zweiten nicht, da hier die Belastung einem gewöhnlichen Konsumentenkredit entsprach und der Bürgin ein Gegenwert zufloß. Im ersten Fall war die Vertragsparität gestört, da für die Bürgin das Haftungsrisiko außerordentlich schwer abschätzbar war und auch verschleiert wurde; so lag es im zweiten nicht.

3. Die Wertungskriterien anhand neuer Fälle zu präzisieren, zu skalieren und Fallgruppen zu bilden, oblag nun (und obliegt bis heute!) dem IX. und dem XI. Zivilsenat des Bundesgerichtshofs[19].

a) Dabei hat sich die bereits in BVerfGE 89, 214 ff. angedeutete Trennung zwischen *Kinder-* und *Ehegatten*bürgschaften verfestigt:

---

[16] BVerfGE 89, 214 (Leitsatz und 232, 234).

[17] BVerfGE 89, 214 (232) und bereits 81, 242 (255).

[18] BVerfGE 89, 214 (234 ff.).

[19] Rechtstechnisch verwirklicht der Bundesgerichtshof die vom Bundesverfassungsgericht geforderte „Inhaltskontrolle" im Rahmen der Generalklausel des § 138 Abs. 1 BGB (und auch des § 242 BGB, siehe unten Fn. 22).

Jene sind strenger zu behandeln und bilden eine gesonderte Fallgruppe, da zugleich ein Verstoß gegen § 1618 a BGB vorliegt[20].

b) Das Wertungskriterium der „ungewöhnlich starken Belastung"
ist in der Rechtsprechung vor allem des IX. Zivilsenats in Art einer
„gegriffenen Größe" rechnerisch (und „subsumtionsfähig") konkretisiert worden: Der vermögenslose Ehegattenbürge sei überfordert,
wenn nicht erwartet werden könne, daß er aus seinem pfändungs-
freien Einkommen (lies § 850 c ZPO) innerhalb von fünf Jahren
nach Bürgschaftsfälligkeit mindestens ein Viertel der Hauptschuld
abtragen könne[21].

c) Weniger konturiert ist bislang das Wertungskriterium der
„strukturell ungleichen Verhandlungsstärke" oder der „gestörten
Vertragsparität". In Betracht kommen vor allem täuschungs- oder
nötigungsähnliche Fälle[22].

III. *Abwägung, Ermessen*

1. Gesetze sind nicht nur Texte, die mit theoretischem Erkenntnis-
interesse ausgelegt, ergänzt oder berichtigt werden, sondern auch
*Regelungen von Konflikten zwischen Rechten, Gütern, Interessen oder Belangen
der Beteiligten*[23].

---

[20] BGHZ 125, 206 (213 ff.); NJW 1997, 52 ff.

[21] BGHZ 132, 328 ff. (für § 242 BGB); BGH NJW 1997, 3372 (3373 für § 138
Abs. 1 BGB - für die Amtliche Sammlung bestimmt); kritisch zur Berechnungs-
methode ELMAR KÖNIG, in: NJW 1997, 3290 ff.

[22] Vergleiche HELMUT HEINRICHS, in: PALANDT, Bürgerliches Gesetzbuch,
57. Aufl. 1998, § 138 Rdn. 38b. - Fehlt es hieran, so ist umstritten, welche Rolle
der Gesichtspunkt möglicher Vermögensverschiebungen unter den Ehegatten
spielt (siehe bereits oben Fn. 13). Während der XI. Zivilsenat (BGHZ 120, 272
[278]) dem keine Rechtfertigungswirkung beimißt, meint der IX. Zivilsenat
(BGHZ 132, 328 ff.), der Gesichtspunkt könne eine *Sittenwidrigkeit* ausschließen;
doch könne der Ehegatte *nach § 242 BGB* Befreiung von der Bürgschaft verlangen, wenn die Gefahr von Vermögensverschiebungen und damit die Geschäftsgrundlage - etwa wegen Scheidung - wegfalle.

[23] Diese Einsicht wird vielfach auf die sog. Interessenjurisprudenz zurückgeführt
(näher hierzu und zu ihrer Weiterentwicklung zur sog. Wertungsjurisprudenz
LARENZ, S. S. 49 ff., 119 ff.). Aber das Recht war schon immer der Inbegriff der
Bedingungen, nach denen die Freiheit des einen mit der des anderen nach
allgemeinen Gesetzen zusammenbestehen kann!

a) Dies liegt im Zivilrecht auf der Hand, etwa im Vertragsrecht, das Interessenkonflikte der Vertragsparteien regelt. Aber es kann *jede* Rechtsnorm als Regelung eines Konflikts zwischen Rechten, Gütern, Interessen oder Belangen der Beteiligten (um-) formuliert werden: Grundrechte setzen staatlichen Eingriffsinteressen Grenzen; Strafgesetze setzen der Handlungs-, Meinungs-, Berufs(usf.)-freiheit des Täters im Interesse von Opfer oder Allgemeinheit Grenzen. Dementsprechend kann *jede* Rechtsfrage als Frage nach der Entscheidung eines derartigen Konflikts (um-) formuliert werden. Beispielsweise könnte die soeben (II.) behandelte Frage der Bürgschaft naher Angehöriger auch als Frage nach Gewicht und Bewertung des Interesses der Bank am Schutz vor Vermögensverschiebungen innerhalb der Familie des Schuldners[24] formuliert werden.

b) Soll über die konfligierenden Rechte, Güter, Interessen oder Belange nicht willkürlich entschieden werden, so müssen sie gegeneinander *abgewogen* werden. Deshalb können Rechtsnormen als *generalisierte* Güter- bzw. Interessenabwägungen verstanden werden. Dann bedeutet Rechtsanwendung, daß diese Güter- bzw. Interessenabwägung *im Einzelfall* anhand des generalisierten Abwägungsmaßstabes des Gesetzes nachvollzogen wird. Wenn beispielsweise Willenserklärungen unter Abwesenden erst mit Zugang wirksam werden (§ 130 Abs. 1 Satz 1 BGB), so stellt der Gesetzgeber grundsätzlich das Interesse des Erklärungsempfängers an einem späten Zeitpunkt des Wirksamwerdens über das Interesse des Erklärenden an einem frühen, weil dieser die Erklärung und deren Übermittlungsweg zu verantworten hat; die Interessenabwägung kehrt sich um, wenn der Macht-, Herrschafts- oder Verantwortungsbereich des Empfängers erreicht ist; und in Zweifelsfällen müssen die Interessen von Erklärendem und Empfänger nach diesen Grundsätzen umfassend gegeneinander abgewogen werden.

c) Tatsächlich ist die Abwägung von Rechten, Gütern, Interessen oder Belangen im Einzelfall *eine fundamentale und ubiquitäre juristische Methode.* Bemerkenswerterweise ist sie methodisch weniger im

---

[24] Siehe oben Fn. 13 und 22.

Zivilrecht[25] und Strafrecht[26] denn im öffentlichen Recht[27] strukturiert worden. Dort steht sie im Mittelpunkt des Rechts der öffentlichen *Planung*, bei der - wie § 1 Abs. 6 Baugesetzbuch für Bauleit-
pläne vorschreibt - „die öffentlichen und privaten Belange gegeneinander und untereinander gerecht abzuwägen" sind. Vor allem
aber hat das *Verfassungsrecht* der Abwägungsmethodik und -dog-
matik wesentlichen Impulse gegeben: Zum einen geht es um die
häufigen Fälle von *Grundrechtskollisionen*, bei denen zwischen den
kollidierenden Grundrechten im Einzelfall abgewogen und die nach
den Grundsätzen der „praktischen Konkordanz" und des
„schonendsten Ausgleichs" behoben werden müssen. Werden beispielsweise Soldaten als „Mörder" bezeichnet, so kollidiert das
Persönlichkeitsrecht der Soldaten (Art. 2 Abs. 1 mit Art. 1 Abs. 1
GG) als Opfer mit der Meinungsfreiheit des Täters (Art. 5 Abs. 1
GG), und es bedarf einer Abwägung, die zugunsten der Meinungsfreiheit ausfällt, wenn kein Bezug zu *bestimmten* Soldaten (etwa zu
solchen der Bundeswehr) hergestellt wird[28]. Zum anderen müssen
bei der Prüfung der *Verhältnismäßigkeit* staatlicher Maßnahmen *im
engeren Sinne* („Angemessenheit") die verfolgten und die beeinträch-
tigten Belange gegeneinander abgewogen werden. Wird beispielsweise der Besitz geringer, zum gelegentlichen Eigenverbrauch bestimmter Mengen Haschisch strafverfolgt, so kollidiert der hierdurch bewirkte (geringe) Zuwachs an Rechtsgüterschutz mit den
(erheblichen) Beeinträchtigungen der Grundrechte des Strafverfolgten, und die Abwägung fällt zumindest auf strafprozessualer
Ebene (und wenn keine Fremdgefährdung vorliegt) zu dessen
Gunsten aus[29].

---

[25] Was erstaunt, da Kern einer Interessenjurisprudenz die Interessenabwägung ist;
vergleiche bereits oben vor § 7 (bei und mit Fn. 14) sowie HEINRICH HUBMANN,
in: Archiv für die civilistische Praxis 155 (1956), 85 ff.; WOLFGANG MÜNZBERG:
Verhalten und Erfolg als Grundlagen der Rechtswidrigkeit und Haftung, 1966,
S. 259 ff.; GERHARD STRUCK, in: Dogmatik und Methode. Josef Esser zum
65. Geburtstag, 1975, S. 171 ff.

[26] Wo vor allem die dogmatische Stufe der *Rechtswidrigkeit* Abwägungen impliziert;
siehe vorerst § 34 StGB und noch unten 2.

[27] Grundlegend ROBERT ALEXY: Theorie der Grundrechte, 1985.

[28] BVerfGE 93, 266 (292 ff.).

[29] BVerfGE 90, 145 (185 ff., 189 f.).

2. Abwägungen können methodisch - nach dem Vorbild des öffentlichen Planungsrechts[30] - durch die Gebote der Vornahme, der Vollständigkeit und der Proportionalität strukturiert werden. Die beiden zuerstgenannten Gebote betreffen den Abwägungs*vorgang*, das zuletztgenannte das Abwägungs*ergebnis*.

a) Das Gebot der *Vornahme der Abwägung*[31] (bzw. Verbot des „Abwägungsausfalles") umschreibt den methodischen und rechtlichen Anwendungsbereich von Abwägungen:

Zahlreiche Rechtsvorschriften enthalten *ausdrückliche* Abwägungsgebote. Zu ihnen zählen - neben dem genannten § 1 Abs. 6 Baugesetzbuch - etwa die Notstandsregeln in §§ 228, 904 BGB, 34 StGB.

Weit häufiger sind aber *stillschweigende (konkludente) Abwägungsgebote*. Vor allem bei unbestimmten Rechtsbegriffen und Generalklauseln - wie „(un)zumutbar", „berechtigte Interessen", „(un)billig", „sachlich gerechtfertigt" und dergleichen - fordert der Gesetzgeber stillschweigend eine Abwägung der auf dem Spiele stehenden Interessen. Dies gilt auch, wenn dem Rechtsanwender Ermessen eingeräumt ist (unten 3.), sowie im Rahmen des Verhältnismäßigkeitsgrundsatzes auf der Stufe der Verhältnismäßigkeit im engeren Sinne (Angemessenheit) (oben 1. c).

Schließlich zwingen *Kollisionen von Rechten oder Rechtsprinzipien gleicher Stufe* schon aus logischen Gründen zu einer Abwägung. Hauptbeispiel sind Grundrechtskollisionen (oben 1. c).

b) Das Gebot der *Vollständigkeit der Abwägung* (bzw. Verbot des „Abwägungsdefizits") bedeutet, daß in sie *sämtliche* Rechte, Güter,

---

[30] Immer noch grundlegend: BVerwGE 34, 301 ff.; 45, 309 ff.

[31] Es gibt allerdings auch *Abwägungsverbote*. Das bekannteste ist das unscharf so genannte Verbot der Abwägung *Leben gegen Leben*. Genaugenommen geht es darum, daß eine *durch aktives Tun* begangene Tötung nicht mit der Rettung anderen Lebens gerechtfertigt werden kann, selbst wenn viele durch den Tod weniger gerettet werden könnten (statt aller JOHANNES WESSELS: Strafrecht Allgemeiner Teil, 27. Aufl. 1997, Rdn. 316 f. mit Nachweisen). Dies ist freilich umstritten und zumindest für Gefahrengemeinschaften auch fragwürdig; so sind die Befehle „Schotten dicht" bzw. „Frauen und Kinder zuerst" seegewohnheitsrechtlich anerkannt, obwohl sie zum Tode der Besatzung im lecken Teil des Schiffers bzw. von Männern führen können, HELLMUTH MAYER: Strafrecht Allgemeiner Teil, 1963, S. 179; THEODOR LENCKNER, in: SCHÖNKE/SCHRÖDER, Strafgesetzbuch, 25. Aufl. 1997, § 34 Rdn. 39 am Ende.

Interessen oder Belange *sämtlicher* Beteiligter einzustellen sind, soweit sie nach dem Schutzzweck der Norm *abwägungsrelevant* sind.

Nicht abwägungsrelevant sind insbesondere Interessen und Belange, die von vorn herein rechtlich mißbilligt sind, da sie gegen gesetzliche Vorschriften oder rechtliche Wertungen verstoßen. Beispielsweise braucht das Interesse eines Anliegers, als Zuhälter (§ 181 a StGB) ein Bordell zu betreiben, bei einer Bauleitplanung nicht berücksichtigt zu werden.

c) Das Gebot der *Proportionalität der Abwägung* bezieht sich einerseits auf die *einzelnen* abwägungsrelevanten Rechte, Güter, Interessen oder Belange, die nicht unrichtig gewichtet werden dürfen (Verbot der „Abwägungsfehleinschätzung"), andererseits auf das *Verhältnis* der einzelnen Rechts usf. *zueinander*, das nach Maßgabe des Abwägungsmaßstabs[32] nicht unrichtig bestimmt werden darf (Verbot der „Abwägungsdisproportionalität" im engeren Sinne). „Unrichtig" meint dabei häufig *unvertretbar*, und bei vielen Abwägungen gibt es kein „richtiges", sondern nur ein „vertretbares" Ergebnis, also einen *Beurteilungsspielraum*.

Im einzelnen müssen in einem ersten Schritt die jeweiligen Rechte, Güter, Interessen oder Belange *abstrakt* gewichtet werden. Die abstrakte Gewichtung richtet sich nach der Wertordnung des Grundgesetzes und kann auch griffweise anhand des Strafgesetzbuchs (Strafrahmenvergleich!) beurteilt werden. Beispielsweise sind Persönlichkeitsgüter (Leib, Leben usf.) abstrakt in der Regel höher als Sachgüter zu gewichten. „Höchstes" Gut ist (nicht das Leben, in das nach Art. 2 Abs. 2 Satz 3 GG durch Gesetz eingegriffen werden kann, sondern) die unantastbare Menschenwürde (Art. 1 Abs. 1 GG).

In einem zweiten und bedeutsameren Schritt muß die *konkrete* Betroffenheit der jeweiligen Rechte usf. bestimmt und zueinander ins Verhältnis gesetzt werden. Beispielsweise greift das Verbot des Schwangerschaftsabbruchs zwar tiefgreifend in das Persönlichkeitsrecht der Schwangeren ein; aber die Erlaubnis zum Schwanger-

---

[32] In der Regel kommt es auf das *einfache* Überwiegen der einen Rechte usf. über die anderen an; es kann aber auch ein *wesentliches* Überwiegen erforderlich sein (§ 34 StGB); oder es sind *bestimmte* Rechte usf. bevorzugt zu berücksichtigen (wie bei § 26 Abs. 2 GWB die Freiheit des Wettbewerbs; unten IV.).

schaftsabbruch führt zur Vernichtung menschlichen Lebens[33]. Regelmäßig werden an dieser Stelle Prognoseurteile über Grad und Umfang der einem Recht usf. drohenden Gefahren bzw. über die Eignung einer bestimmten Maßnahme zur Sicherung oder Förderung eines Rechts usf. erforderlich.

Drittens muß die *Schutzwürdigkeit* der jeweils auf dem Spiele stehenden Rechte usf. bestimmt werden. Sie können für die Abwägung insbesondere deshalb an Gewicht verlieren, weil ihre Beeinträchtigung von dem Träger des Rechts (usf.) zu *verantworten* ist, etwa von ihm schuldhaft herbeigeführt wurde, oder er aus anderen Gründen für das Recht usf. einzustehen hat. Beispielsweise beurteilt sich im Rahmen der nach § 34 StGB erforderlichen Abwägung das Gewicht einer dem Notstandstäter drohenden Gefahr jeweils anders, wenn der Notstandstäter die Gefahr nicht verschuldet, verschuldet oder gar absichtlich herbeigeführt hat; oder auf Wegfall der Geschäftsgrundlage (§ 242 BGB) kann sich nicht berufen, wer das Risiko des Wegfalles vertraglich übernommen hat (wie etwa der Bürge das Risiko einer - auch: gänzlich unvorhersehbaren - Vermögenslosigkeit des Hauptschuldners).

3. Strukturelle Parallelen zur Methodik der Abwägung weist schließlich der Umgang mit *Ermessens*vorschriften[34] auf.

a) Zahlreiche Ermächtigungsgrundlagen des öffentlichen Rechts räumen der Behörde die Möglichkeit ein zu wählen, ob und welche Rechtsfolge sie anordnet. Beispielsweise ordnet § 15 Abs. 2 Versammlungsgesetz an, daß die Behörde eine nicht angemeldete Versammlung auflösen „kann"; oder in vielen Polizeigesetzen ist bestimmt, daß die Polizei die zur Gefahrenabwehr erforderlichen Maßnahmen „nach pflichtgemäßem Ermessen" anordnet. Derartige, auf das „Ob" bzw. „Wie" von Rechtsfolgen bezogene Wahlfreiheit wird als *Entschließungs*- bzw. *Auswahlermessen* bezeichnet. Für seine Ausübung gelten Grundsätze, die denjenigen zur Abwägung vergleichbar sind:

---

[33] BVerfGE 39, 1 (43) - an *dieser* Stelle und *abwägungsmethodisch* ist die einschlägige Bundesverfassungsgerichtsrechtsprechung *nicht* zu beanstanden!

[34] Zur Ermessenslehre siehe statt aller HARTMUT MAURER: Allgemeines Verwaltungsrecht, 11. Aufl. 1997, § 7 Rdn. 6 ff. mit Nachweisen.

b) Das Ermessen muß überhaupt ausgeübt werden (Verbot des Ermessensnichtgebrauchs oder der *Ermessensunterschreitung*); es muß also überhaupt eine Abwägung der für und gegen das Tätigwerden bzw. eine bestimmte Maßnahme sprechenden Rechte, Güter, Interessen oder Belange vorgenommen werden.

Weiterhin muß es vollständig und zweckentsprechend ausgeübt werden (Verbot des Ermessensfehlgebrauchs oder *Ermessensmißbrauchs*); es müssen also die widerstreitenden Rechte usf. vollständig und proportional abgewogen werden. Dabei ergeben sich aus Gesetz, Grundrechten und allgemeinen Grundsätzen des Verwaltungsrechts bindende Abwägungsgrundsätze (*Ermessensbindung*).

Ähnlich wie die Abwägung führt die Ermessensausübung in der Regel nicht zu einem eindeutigen, sondern nur zu einem vertretbaren Ergebnis. Aber ausnahmsweise führen Ermessensbindungen dazu, daß nur *ein* Ergebnis vertretbar ist; dann liegt eine *Ermessensreduzierung* auf dieses Ergebnis („auf Null") vor.

IV. Fall 11 - Kontrahierungszwang aus § 26 Abs. 2 GWB (BGH WuW/E BGH[35] 2990 ff. „Importarzneimittel")

1. Im Bürgerlichen Recht gilt der Grundsatz der Vertragsschlußfreiheit, und ein sog. *Kontrahierungszwang* ist seltene Ausnahme. Eine der wenigen Vorschriften, die einen Kontrahierungszwang begründen können - vielleicht deren praktisch wichtigste, weshalb sie auch Anfängern bekannt sein sollte! -, ist das in § 26 Abs. 2 GWB („Kartellgesetz") verankerte Verbot, eine marktbeherrschende Stellung durch *Diskriminierung* und *Behinderung* zu mißbrauchen. Seiner Struktur nach ist das Diskriminierungs- und Behinderungsverbot eine Generalklausel mit unbestimmten Rechtsbegriffen: Die Diskriminierung (Ungleichbehandlung) bzw. Behinderung ist nur verboten, wenn sie „*ohne sachlich gerechtfertigten Grund*" erfolgt bzw. „*unbillig*" ist[36].

---

[35] Wirtschaft und Wettbewerb, Entscheidungssammlung zum Kartellrecht, Rechtsprechung BGH.

[36] Beide Tatbestände werden nicht näher unterschieden, weil sie sich weithin überschneiden und in der Sache demselben Maßstab folgen; näher KURT MARKERT, in: IMMENGA/MESTMÄCKER, Gesetz gegen Wettbewerbsbeschränkungen, 2. Aufl. 1992, § 26 Rdn. 182 mit Nachweisen. - Die übrigen Tatbe-

2. Nach ständiger Rechtsprechung und allgemeiner Lehre implizieren diese Wendungen, daß eine *Abwägung der Interessen der Beteiligten unter Berücksichtigung der auf die Freiheit des Wettbewerbs gerichteten Zielsetzung des GWB* stattfinden muß: Gebot der Vornahme einer Abwägung bei Generalklauseln und unbestimmten Rechtsbegriffen! Dabei greift ein Kontrahierungszwang zwar in besonderer Weise in Rechtskreis und wirtschaftliche Entscheidungsfreiheit des Verpflichteten ein und muß auch im Rahmen des § 26 Abs. 2 GWB die Ausnahme bleiben; jedoch genügt es, daß die Interessen des marktbeherrschenden Unternehmens - hier: des G - die anderen auf dem Spiele stehenden Interessen, insbesondere diejenigen des von der Norm Geschützten - hier: des I - nicht überwiegen[37].

3. Gemäß dem Gebot der Vollständigkeit der Abwägung sind alle Interessen aller Beteiligten zusammenzustellen, soweit sie nach dem Schutzzweck der Norm zu berücksichtigen sind.

a) *Beteiligte* der im Rahmen des § 26 Abs. 2 GWB vorzunehmenden Interessenabwägung sind unmittelbar das diskriminierende bzw. behindernde Unternehmen - also *G* - und das diskriminierte bzw. behinderte - also *I* -. Die Interessen anderer Marktteilnehmer können berücksichtigt werden, soweit sie sich hierauf auswirken[38]; mit dieser Einschränkung kommen also auch Interessen der *Pharmaindustrie*, der *Apotheken* und der *Endabnehmer* in den Blick.

b) Im einzelnen kommen folgende *Interessen* in Betracht[39]:
- auf seiten des G das Interesse an ungetrübten Geschäftsbeziehungen zur Pharmaindustrie, an freier Sortimentsgestaltung und das Interesse, durch den Vertrieb der teureren Inlandsmedikamente höchstmögliche Gewinne zu erzielen;

---

standsmerkmale des § 26 Abs. 2 GWB (und deren im einzelnen komplizierte Dogmatik) sollen vorliegend außer Betracht bleiben (und sind vorliegend erfüllt, BGH WuW/E BGH 2990 (2293-2295) „Importarzneimittel"): „marktbeherrschende" Stellung des Normadressaten G (siehe § 22 GWB); „Abhängigkeit" des von der Norm geschützten I (siehe § 26 Abs. 2 Satz 2 GWB); „Geschäftsverkehr, der gleichartigen Unternehmen üblicherweise zugänglich ist".

[37] BGH WuW/E BGH 2990 (2995) „Importarzneimittel"; ständige Rechtsprechung.

[38] Zur nicht ganz eindeutigen Kartellrechtsprechung vergleiche MARKERT, in: IMMENGA/MESTMÄCKER (Fn. 36), § 26 Rdn. 197 mit Nachweisen.

[39] Siehe BGH WuW/E BGH 2990 (2995) „Importarzneimittel".

- auf seiten des I das Interesse am Marktzugang (Vertrieb von Importarzneimitteln);
- auf seiten der Pharmaindustrie das Interesse, vom Wettbewerb mit Importarzneimitteln verschont zu werden und hierdurch Arbeitsplätze und Forschung zu subventionieren;
- auf seiten der Apotheken das Interesse, preisgünstige Importarzneimittel wie gesetzlich zumindest erlaubt[40] abzugeben;
- auf seiten der Endabnehmer das Interesse, billigere Importarzneimittel kaufen zu können und so unmittelbar oder mittelbar über Krankenversicherungsbeiträge Kosten zu sparen.

c) Allerdings gilt auch im Rahmen von § 26 Abs. 2 GWB, daß nur Interessen berücksichtigt werden können, die *nicht gegen gesetzliche Vorschriften oder rechtliche Wertungen verstoßen*; insbesondere sind Individualinteressen nicht anzuerkennen, die gegen die Zielsetzung des GWB selbst gerichtet sind[41]. Dies ist aber hinsichtlich des Interesses der Pharmaindustrie, von Wettbewerb mit Importarzneimitteln verschont zu bleiben, und mittelbar des Interesses des G an insoweit ungetrübten Geschäftsbeziehungen zur Pharmaindustrie der Fall[42]. Vielmehr zielt die Drohung der Pharmaindustrie gegenüber G auf eine selbst kartellrechtswidrige Liefersperre (lies § 26 Abs. 1 Satz 1 GWB), gegen die sich G notfalls im Rechtsweg wehren muß.

4. Die eigentliche Abwägung steht unter dem Gebot der Proportionalität: Die zu berücksichtigenden Interessen müssen abstrakt und in ihrer konkreten Betroffenheit und Schutzwürdigkeit bewertet werden; dabei muß „die auf die Freiheit des Wettbewerbs gerichtete Zielsetzung des GWB" berücksichtigt werden[43].

---

[40] Zum Zeitpunkt des BGH-Beschlusses waren Apotheken nach § 129 Abs. 1 Nr. 2, Abs. 2 Fünftes Sozialgesetzbuch damaliger Fassung i.V.m. § 4 des mit Wirkung zum 1.1.1993 geschlossenen Rahmenvertrages sogar *verpflichtet*, bei bestimmten Preisdifferenzen das preisgünstigere Importarzneimittel abzugeben.

[41] Ständige Kartellrechtsprechung (Nachweise bei MARKERT, in: IMMENGA/ MESTMÄCKER [Fn. 36], § 26 Rdn. 198, 200).

[42] BGH WuW/E BGH 2990 (2996) „Importarzneimittel". - Dies gilt auch unter Berücksichtigung der Subventionierung von Forschung und Arbeitsplätzen, die nur durch kartellrechtsgemäßes Verhalten möglich ist.

[43] Ständige Kartellrechtsprechung (Nachweise bei MARKERT, in: IMMENGA/ MESTMÄCKER [Fn. 36], § 26 Rdn. 201 ff., besonders 204).

a) Die abstrakt betroffene und nach dem GWB gewiß schutzwürdige *Sortimentsfreiheit des G* ist konkret nur teilweise, nämlich betreffend Importarzneimittel, betroffen. Vor allem läuft G kein erhebliches unternehmerisches Absatzrisiko, da „A" ein erfolgreiches Arzneimittel ist und Apotheken gesetzlich unter bestimmten Voraussetzungen zumindest berechtigt[40] sind, Importarzneimittel abzugeben. Es verbleibt aber ein (auf einen festen Umsatz bezogenes) *Gewinnmaximierungsinteresse des G.*

b) Ihm steht allerdings das abstrakt betroffene, nach dem GWB schutzwürdige *Marktzugangsinteresse des I* entgegen, das auch konkret schwer betroffen ist: I wird zwar nicht gänzlich vom Marktzutritt abgeschnitten, da er das importierte „A" direkt an Apotheken vertreiben könnte; weil dies aber gänzlich unüblich und wirtschaftlich nicht sinnvoll ist, wird I schwerwiegend in seiner wirtschaftlichen Betätigung beeinträchtigt[44].

c) Hinzu kommt, daß hinter dem Marktzugangsinteresse des I die oben (3. b) beschriebenen *Interessen der Apotheken und Endabnehmer* stehen, wobei der Gesetzgeber Apotheken zur Abgabe von Importarzneimitteln zumindest berechtigt und damit deren unbeschränkten Marktzutritt vorausgesetzt hat[45].

5. Unter diesen Umständen ist das Abwägungsergebnis mindestens vertretbar, daß die Interessen des G nicht überwiegen, sondern zurücktreten müssen und ein Kontrahierungszwang besteht. Als Kontrolle mag die doch wohl zu verneinende Frage dienen, ob sich das Vorgehen des G als „objektiv sachgemäß", „wettbewerbskonform" und „mildestes Mittel" darstellt[46].

---

[44] BGH WuW/E BGH 2990 (2997) „Importarzneimittel".

[45] BGH WuW/E BGH 2990 (2997 f.) „Importarzneimittel". - Dogmatisch bewegt sich der Bundesgerichtshof hier freilich auf schwankendem Boden, da allgemeine wirtschafts- oder sozialpolitische Zielvorstellungen im Rahmen des § 26 Abs. 2 GWB grundsätzlich keine Rolle spielen dürfen, näher MARKERT, in: IMMENGA/MESTMÄCKER (Fn. 36), § 26 Rdn. 213 mit Nachweisen aus der Kartellrechtsprechung.

[46] Zu diesen in der Kartellrechtsprechung entwickelten Kriterien MARKERT, in: IMMENGA/MESTMÄCKER (Fn. 36), § 26 Rdn. 210, 214 mit Nachweisen. - Das Problem der Arzneimittelreimporte darf eben nicht durch Kartellrechtsverstöße, sondern muß anderweitig - etwa durch direkte Forschungssubventionierung oder europaweit vereinheitlichte Mindestfestpreise - gelöst werden.

§ 10. Umgang mit Richterrecht

Fall 12: Im Oktober 1988 kaufte K mit Sitz in X. bei V mit Sitz in Y. einen Lastzug. Im Vertrag war vereinbart, daß V den Lastzug am 25.10.1988 auf seinem
Betriebsgelände bereitstellen und K ihn an diesem Tage abholen mußte. Am
25.10.1988 stellte V den Lastzug bereit und unterrichtete K, der den Lastzug
aber erst am 12.3.1990 abholte und hierbei Mängel feststellte, die er sofort rügte
und wegen der er die Wandelung des Kaufvertrages erklärte (§§ 459, 462 BGB).
V wendete Verjährung ein (§ 477 Abs. 1 Satz 1 BGB): Der Lastzug sei nach
Maßgabe von BGH NJW 1988, 2608 ff. am 25.10.1988 „abgeliefert" worden.
Trifft das zu? Analysieren Sie das „distinguishing" in BGH NJW 1995, 3381 ff.!

I. Ermittlung des Richterrechts

1. Im Unterschied zu Gesetzesrecht hat Richterrecht im oben (§ 6)
dargelegten Sinne keinen verbindlichen Text oder feststehenden
Inhalt; es bedarf vielmehr erst der textlichen und inhaltlichen Ermittlung anhand von *Gerichtsentscheidungen.*

a) Weil diese Entscheidungen (Urteile oder Beschlüsse) schriftlich
niedergelegt und begründet werden müssen (vergleiche für Zivil-
und Strafurteile §§ 313 ZPO und 267 StPO), ist Richterrecht zwar
ebenso wie Gesetzesrecht *geschriebenes* Recht. Doch gibt es für Gerichtsentscheidungen von Rechts wegen kein Erfordernis und auch
kein Organ der *Publikation*[1]. Immerhin bestehen sog. „amtliche
Sammlungen"[2] der Rechtsprechung der obersten Gerichtshöfe des
Bundes und anderer Obergerichte (also derjenigen Gerichte, die
zur Vereinheitlichung und Fortbildung des Rechts berufen sind
und Richterrecht schaffen!), die in dem Sinne „amtlich" sind, als sie
von den Mitgliedern der Gerichte selbst herausgegeben werden und
jeweils die wesentlichen, rechtsgrundsätzlichen Entscheidungen
enthalten.

---

[1] Eine Ausnahme besteht bei gesetzeskräftigen Entscheidungen des Bundesverfassungsgerichts, deren Tenor im Bundesgesetzblatt veröffentlicht werden muß
(§ 31 Abs. 2 Sätze 3, 4 Bundesverfassungsgerichtsgesetz).
[2] Außerhalb ihrer sorgen *Fachzeitschriften*, von Verlagen veranstaltete, teils
kommentarähnlich nach Paragraphen geordnete *Entscheidungssammlungen* sowie
elektronische Medien wie JURIS für die Publikation der Rechtsprechung.

b) Nicht der *gesamte* Text einer Gerichtsentscheidung enthält Rechtssätze und Rechtsgrundsätze des Richterrechts, die „verallgemeinerungsfähigen Rechtsregeln"[3] des Falles.

Abgesehen von Rubrum[4] und Tenor[5] befaßt sich ein Gutteil jeder Gerichtsentscheidung mit den *Tatsachen* des Falles. Bei *Zivilurteilen* ergeben sie sich teils - vor allem soweit sie unstreitig sind - aus dem „Tatbestand" (lies § 313 Abs. 1 Nr. 5, Abs. 2 ZPO), teils aber auch - vor allem soweit Beweise gewürdigt werden - erst aus den eigentlichen „Entscheidungsgründen"[6]; bei *Strafurteilen* stehen die für erwiesen erachteten Tatsachen hingegen noch vor Beweis- und rechtlicher Würdigung am Beginn der (einheitlichen) Urteilsgründe (§ 267 Abs. 1 Satz 1 StPO).

Aber auch die eigentlichen *rechtlichen* Entscheidungsgründe bestehen nicht *nur* aus Richterrechts- und -rechtsgrundsätzen. Diese finden sich vielmehr logisch (und häufig auch dem Aufbau nach) als „Zwischensätze" zwischen dem Gesetz, auf das die Entscheidung gestützt wird, und der eigentlichen Subsumtion des Falles.

Als richterliche *Rechtssätze* im engeren Sinne bezeichnet werden können diejenigen dieser Sätze, die rechtliche *Ergebnisse* oder Schlußfolgerungen zusammenfassend und mit Geltungsanspruch feststellen. Sie sind regelmäßig rechtssatzförmig und subsumtionsfähig („leitsatzförmig" oder „-fähig"[7]) formuliert, und als Test mag dienen, ob sie Teil einer gesetzlichen Regelung (und handele es sich nur um eine Legaldefinition) sein könnten. Beispielsweise könnte

---

3 Treffend KATJA LANGENBUCHER: Die Entwicklung und Auslegung von Richterrecht, 1996, S. 76 (und öfter).

4 Der (früher mit roter Tinte geschriebenen - deshalb der Begriff von lat. rubrum) Bezeichnung der Verfahrensbeteiligten. In veröffentlichten deutschen Entscheidungen sind die Namen der Beteiligten aus Gründen des Persönlichkeits- und Datenschutzes regelmäßig getilgt; im common law und im europäischen Recht dienen sie hingegen, didaktisch sinnvoll, als Namensgeber für Entscheidungen („Miranda versus Arizona", „Öztürk").

5 Der Entscheidungsformel, der im einzelnen angeordneten Rechtsfolge.

6 In Zeitschriften werden Zivilurteile üblicherweise untergliedert in einen „Sachverhalt" und in die „Gründe" abgedruckt. Aber nicht selten ist der „Sachverhalt" nur eine Zusammenfassung des Tatbestandes und als solche unvollständig, und wichtige Tatsachen finden sich erst in den Gründen (was freilich bei Revisionsentscheidungen die Ausnahme sein sollte!).

7 Zu den Leitsätzen siehe oben § 4 III 3.

der Kern- und Leitsatz von BGHSt 38, 214: „Ist der Vernehmung
des Beschuldigten durch einen Beamten des Polizeidienstes nicht
der Hinweis vorausgegangen, daß es dem Beschuldigten freistehe,
sich zu der Beschuldigung zu äußern oder nicht zur Sache auszusa-
gen ..., so dürfen Äußerungen, die der Beschuldigte in dieser Vernehmung gemacht hat, nicht verwertet werden" ohne weiteres in
§ 136 StPO eingefügt werden (siehe auch § 136 a Abs. 3 Satz 2
StPO!), und das Nähere wird in der Entscheidung mit unverhoh-
lenem Geltungs- und Rechtsetzungsanspruch vorgetragen: „Für die
Anwendung und Begrenzung des Verwertungsverbots *gilt* folgen-
des: ..." (S. 224). Tatsächlich können sich solche Richterrechtssätze
- vor allem wenn sie auf einer „ständigen", „gesicherten",
„anerkannten" Rechtsprechung beruhen - bis in die Wortwahl hinein formelhaft verfestigen und werden dann nicht anders als Gesetzestexte verwendet. Beispielsweise wendet die Rechtsprechung
§ 166 BGB auf „Wissensvertreter" entsprechend an, und nach
formelhaft feststehender Wendung ist Wissensvertreter, wer „nach
der Arbeitsorganisation des Geschäftsherrn dazu berufen ist, als
dessen Repräsentant im Rechtsverkehr bestimmte Aufgaben in
eigener Verantwortung zu erledigen und die dabei anfallenden In-
formationen zur Kenntnis zu nehmen und weiterzugeben"[8].

Richterrechtliche *Rechtsgrundsätze* sind diejenigen Sätze der Entscheidung, die einerseits Geltungsanspruch erheben, andererseits
aber keine für sich der Anwendung und Subsumtion fähige Ergebnisse und Schlußfolgerungen enthalten, sondern zu deren Herleitung und *Begründung* dienen. Ihr Geltungsanspruch liegt darin,
daß sie beanspruchen, auch in anderen Herleitungs- und Begrün-
dungszusammenhängen mit gleichem Inhalt als Herleitungs- und
Begründungsregel zu gelten. Zu ihnen zählen, um das Beispiel von
BGHSt 38, 214 aufzugreifen, Sätze wie „Die Entscheidung für oder
gegen ein Verwertungsverbot ist aufgrund einer umfassenden Abwägung zu treffen" (S. 219 f.) oder „Andererseits liegt ein Verwertungsverbot nahe, wenn die verletzte Verfahrensvorschrift dazu
bestimmt ist, die Grundlagen der verfahrensrechtlichen Stellung
des Beschuldigten ... im Strafverfahren zu sichern" (S. 220).

---

[8] Vergleiche HELMUT HEINRICHS, in: PALANDT, Bürgerliches Gesetzbuch,
56. Aufl. 1997, § 166 Rdn. 6 mit Nachweisen.

2. Im übrigen muß der Inhalt des Richterrechts durch *Auslegung* der Gerichtsentscheidungen ermittelt werden[9].

a) Sie beginnt - ebenso wie die Gesetzesauslegung - mit dem *Wortlaut* der Entscheidungen. Jedenfalls bei höchstrichterlichen Entscheidungen sind die tragenden Gründe und insbesondere die rechtlichen Ergebnisse regelmäßig mit größter Sorgfalt formuliert[10].

b) Maßgeblich für die Auslegung einer Entscheidung sind zudem die *Tatsachen des Falles*. Denn Gerichte beantworten nicht abstrakte Rechtsfragen, sondern entscheiden konkrete Fälle. Diese aber setzen denkmöglicher Abstraktion und Ausweitung richterrechtlicher Rechts(grund)sätze Grenzen. Um dies an einem englischen Fall, dem auch methodisch vieldiskutierten „snail's case"[11], zu verdeutlichen: Die Klägerin war an Magen-Darm-Entzündung erkrankt, weil sie aus einer dunklen Flasche mit Ginger-Ale getrunken hatte, die aus der Produktion des schottischen Beklagten stammte, vom Freund der Klägerin bei einem Einzelhändler gekauft worden war und in der sich verweste Reste einer Schnecke befanden. Die Frage, ob eine Sorgfaltspflicht des Beklagten gegenüber der Klägerin bestand und verletzt worden war[12], bejahte das House of Lords. Welche Reichweite hatte die damit richterrechtlich geschaffenen Sorgfaltspflicht? Zwar wäre die Beschränkung auf die Pflicht gerade „schottischer" Hersteller gerade von „Ginger-Ale in dunklen Flaschen", gerade keine „toten Schnecken" in ihr Produkt gelangen zu lassen, sinnwidrig, und sinnvolle Tatsachenauslegung ergab, daß zumindest eine Sorgfaltspflicht von *Lebensmittel-*

---

[9] Zum folgenden LANGENBUCHER (Fn. 3), S. 77 ff.

[10] Dies, um der in der Methodenlehre (siehe LARENZ, S. 358; PAWLOWSKI, Rdn. 449) vielbeschworenen Gefahr zu weiter oder zu enger Formulierungen, die anderen oder künftigen Fällen nicht angemessen sind, zu entgehen. - Die Meinung von LANGENBUCHER (Fn. 3), S. 78, in Entscheidungen werde das einzelne Wort „nicht mit so viel Bedacht gewählt, daß ihm besonderes Gewicht im Rahmen der Interpretation zukommen sollte", verfehlt die Entscheidungspraxis des Bundesverfassungsgerichts, der Obersten Gerichtshöfe des Bundes und vieler anderer deutscher Gerichte.

[11] Donough v. Stevenson, 1932 A.C. 562 ff.; näher LANGENBUCHER (Fn. 3), S. 79 f., 82 f. mit Nachweisen. - Vergleiche im deutschen Recht den ähnlichen „Brunnensalz-Fall" RGZ 87, 1 ff.

[12] Sie stellt sich auch zum deutschen Recht: § 823 Abs. 1 BGB; siehe nunmehr aber das Produkthaftungsgesetz.

herstellern anerkannt wurde, ihre Produkte nicht mit unerkennbaren *gesundheits*gefährdenden Stoffen zu kontaminieren. Die Interpretation, es gebe eine Sorgfaltspflicht *jedes* Herstellers *jedweden* Produkts zur Verhütung *jeglicher* Gefahren, die für den Verbraucher beim Umgang mit dem Produkt bestehen, wurde von den Tatsachen hingegen nicht gestützt[13].

c) Da Richterrecht üblicherweise nicht in vereinzelten Entscheidungen[14], sondern in *Entscheidungsketten* entwickelt wird, sind für die Auslegung einer Entscheidung auch andere Entscheidungen der Kette zu berücksichtigen. So ist die allein aufgrund der Tatsachen nicht mögliche weite Auslegung des „snail's case" in einem späteren Fall, bei dem es um abfärbende Kleidungsstücke ging, nachgeholt worden[15]. Dies stellt eine Art systematische Auslegung der Rechtsprechung mit historischen Elementen dar und beschränkt sich nicht auf gleichsam lineare Ketten, sondern umfaßt gleichsam vieldimensional die *gesamte* „einschlägige" Rechtsprechung.

d) Schließlich und entscheidend gehört zur Ermittlung und Auslegung des Richterrechts die *teleologische Analyse* der Entscheidungen.

Anders als Gesetze argumentieren Gerichtsentscheidungen - und zwar gerade dann, wenn sie Recht vereinheitlichen oder fortbilden und so Richterrecht schaffen - *explizit* aus dem *Sinn und Zweck* von Gesetz und Recht. Die Analyse dieser expliziten teleologischen Argumente ist für das Verständnis von Richterrecht entscheidend und trägt maßgeblich zur Klarheit über seine Reichweite und ggf. Fortbildung bei. Beispielsweise hat der Große Senat des Bundesarbeitsgerichts[16] die Schadensersatzhaftung des Arbeitnehmers auch bei anderer als „gefahrgeneigter" Arbeit mit der Begründung beschränkt, daß der Arbeitnehmer bei *jeder* Arbeit einem „unzumutbar hohen Schadensrisiko" ausgesetzt sein könne, das der Arbeitgeber kraft seiner „Verantwortung für die Organisation des Betriebs und die Gestaltung der Arbeitsbedingungen in rechtlicher und tatsächlicher Hinsicht" (mit-) tragen müsse. Dann aber müssen maßgeb-

---

[13] Anders Lord ATKIN: Donough v. Stevenson, 1932 A.C. 562 (599).

[14] Derartige *Einzelfall- oder Billigkeitsentscheidungen* haben nur geringes argumentatives Gewicht.

[15] Grant v. Australian Knitting Mills 1936 A.C. 85 ff.; vergleiche LANGENBUCHER (Fn. 3), S. 83.

[16] BAG (GS) NJW 1995, 210 ff.

liche Faktoren der für die Schadensverteilung erforderlichen Abwägung das Verhältnis von Schadenshöhe und Höhe des Arbeitsentgelts und das vom Arbeitgeber geschaffene, einkalkulierte oder durch Versicherung abdeckbare Risiko sein[17].

Freilich kommt es vor, daß Gerichte keine teleologischen Erwägungen anstellen oder Scheinbegründungen geben. Beispielsweise operiert die Zivilrechtsprechung nicht selten mit fragwürdigen, ja sogar fiktiven Willenserklärungen und Vertragsschlüssen, um unerwünschte Gesetzeslagen zu berichtigen; so wurde die Haftung des Auskunftgebers gegenüber Dritten, die im Vertrauen auf die Auskunft schädigende Verfügungen vornehmen, in der älteren Rechtsprechung auf stillschweigende Auskunftsverträge mit den Dritten gestützt[18]. Teleologische Analyse kann hier zu anderen Begründungen (und Ergebnissen) führen. So wird vorgeschlagen, die Auskunftshaftung gegenüber Dritten (nicht auf mehr oder weniger fiktive Verträge, sondern) auf das Vertrauensschutzprinzip zurückzuführen[19].

II. Anwendung des Richterrechts, insbesondere „distinguishing"

1. Gesicherte („subsumtionsfähige") Rechtssätze des Richterrechts können im ersten Zugriff im Wege der *Subsumtion* des (neuen) Falles unter sie angewendet werden. Beispielsweise kann unter die oben (I 1 c) mitgeteilte Definition des „Wissensvertreters" subsumiert werden; ihr unterfällt etwa der Versicherungsagent (siehe auch § 43 Nr. 1, 2 Versicherungsvertragsgesetz).

2. Zudem - und ohnehin, wenn „subsumtionsfähige" Rechtssätze des Richterrechts (noch) nicht vorliegen - ist aber eine Wertungskontrolle in Form eines *Fallvergleichs* zwischen Präjudizien und neuem Fall erforderlich. Führt sie dazu, daß die Präjudizien *nicht* angewendet werden, sondern eine differenzierte und *neue* Regel entsteht,

---

17 So denn auch BAG (GS) 1995, 210 (213 unter IV. 1.).
18 Siehe aus methodischer Sicht LARENZ/CANARIS, S. 85; LANGENBUCHER (Fn. 3), S. 91 f. - Nunmehr geht die Rechtsprechung über (Auskunfts-) Verträge mit Schutzwirkung zugunsten der Dritten.
19 CLAUS-WILHELM CANARIS, in: JZ 1995, 526 ff.

so wird mit einem aus der Methodenlehre des common law stammenden Begriff von *„distinguishing"* gesprochen[20].

a) Obwohl die Methode des „distinguishing" vor dem rechtlichen Hintergrund eines Fallrechts mit wirklicher Präjudizienbindung entwickelt worden ist, hat sie auch im deutschen Recht *erhebliche praktische Bedeutung.* Den (Ober-) Gerichten ermöglicht sie behutsame (und nicht selten verdeckte) Rechtsprechungskorrekturen; für Rechtsanwälte ist sie ein unverzichtbares Instrument, um dem Mandanten ungünstige Rechtsprechung zu umgehen.

b) Wie jeder Fall- und Typenvergleich (oben § 9 I) beruht „distinguishing" auf der *wertenden Beurteilung und Zuordnung der Tatsachen zum Recht,* insbesondere zu den Rechts(grund)sätzen des Präjudizes, die im deutschen Recht freilich selbst auf Gesetz und Recht zurückgeführt werden können und müssen. Daher beginnt „distinguishing" mit einem *Tatsachenvergleich,* dem Vergleich der Tatsachen des Präjudizes und denen des neuen Falles mit dem Ziel, tatsächliche Unterschiede herauszufinden, *möglicherweise* rechts- und wertungsrelevant sind (was festzustellen ein Vorverständnisses von den Rechts- und Wertungsfragen des Falles voraussetzt). Das „distinguishing" gelingt, wenn in einem zweiten Schritt, der als *Wertungsvergleich* bezeichnet werden kann, der Nachweis geführt werden kann, *daß* die Tatsachenunterschiede rechts- und wertungsrelevant sind. Maßstab hierfür sind vor allem Sinn und Zweck des Gesetzes, wie sie im Präjudiz bestimmt worden sind, was sich wiederum aus einer teleologischen Analyse des Präjudizes ergibt.

c) Das geschilderte „reine distinguishing" setzt voraus, daß es *ein* bestimmtes Präjudiz (oder *eine* bestimmte Präjudizienkette) gibt. Nicht selten gibt es aber auch einander widersprechende Präjudizien oder gar einander zuwiderlaufende Präjudizienketten; dann ist ein *„auswählendes distinguishing"* anhand der (wertend beurteilten) überwiegenden Nähe der Tatsachen des neuen Falles zum jeweiligen Präjudiz bzw. zur jeweiligen Präjudizienkette erforderlich[21].

---

[20] Näher FIKENTSCHER, Bd. II, S. 95 ff.; LANGENBUCHER (Fn. 3), S. 99 f.; je mit Nachweisen.

[21] Siehe FIKENTSCHER, Bd. II, S. 101 ff. - Zudem spricht FIKENTSCHER (S. 103) von *„entwickelndem distinguishing"* in modernen, noch wenig erschlossenen Gebie-

III. Fortbildung und Berichtigung des Richterrechts

1. Ähnlich wie - und, rechtlich gesehen, sogar leichter als - Gesetze kann Richterrecht (nicht nur ausgelegt und angewendet, sondern) fortgebildet und berichtigt werden.

2. a) Dies liegt für das soeben erörterte „distinguishing" auf der Hand: Es kann als eine Art *teleologische Reduktion* von (zumindest dem Wortlaut nach) zu weitgehendem Richterrecht verstanden werden.

b) Nicht immer gibt es Präjudizien, die genau dieselbe Rechts- und Wertungsfrage betreffen wie der neue Fall. Dann müssen durch ein „gründliches Umblicken nach allen Seiten"[22] *vergleichbare*, nämlich „ähnlich gelagerte" Fälle und Entscheidungen ermittelt werden. Deren Anwendung auf den neuen Fall kann methodisch als *Analogieschluß* in Art eines „umgekehrten distinguishing" rekonstruiert werden[23]: Die tatsächlichen Unterschiede rechtfertigen keine andere rechtliche Bewertung. Beispielsweise sprechen die Gründe, die Haftungserleichterungen zugunsten von *Arbeitnehmern* begründen (oben I 2 d), gleichermaßen (oder erst recht) für Haftungserleichterungen zugunsten eines *Vereinsmitglieds*, das ehrenamtlich für einen Verein in dessen Organisationsverantwortung eine Tätigkeit mit unzumutbar hohem Schadensrisiko verrichtet[24].

3. Während, wie gezeigt (oben § 8 V), die offene Berichtigung des Gesetzes dem Richter grundsätzlich verwehrt ist, dürfen Gerichte das von ihnen geschaffene Richterrecht grundsätzlich jederzeit aus besserer Einsicht *berichtigen*.

a) Ein derartiger *Rechtsprechungswandel* wird häufig offengelegt und (bereits im Leitsatz) als „Aufgabe" einer Rechtsprechung oder als „Abweichung" von einer älteren Entscheidung gekennzeichnet; in

---

ten, auf denen die Rechtsprechung zunächst zu schwanken geneigt ist, bei denen also wegen der sich schnell wandelnden gesellschaftlichen, technischen oder wirtschaftlichen Verhältnisse sich kurzfristig ändernde Erkenntnisse vorerst auch in juristischer Hinsicht auf der Hand liegen.

22 Treffend FIKENTSCHER, Bd II, S. 98.

23 Da freilich bei Richterrecht Rechtsetzung und -sanwendung zusammenfällt, wird die richterrechtliche Regel selbst verändert, nämlich ausgeweitet: LANGEN-BUCHER (Fn. 3), S. 95 mit Nachweisen.

24 BGHZ 89, 153 ff. (zur damaligen Rechtsfigur der „gefahrgeneigten" Arbeit).

der Methodenlehre des common law wird treffend von „overruling" gesprochen. So legt BGHSt 38, 214 bereits im ersten Leitsatz mit der Wendung „gegen BGHSt 31, 395" offen, daß sich die Rechtsprechung gewandelt hat.

b) Verfassungsrechtlich ist die Berichtigung von Richterrecht verfassungsrechtlich grundsätzlich jederzeit, auch mit Rückwirkung für „Altfälle" (siehe bereits oben § 6 II 2 a), zulässig[25]. Es genügt, daß - wie beispielsweise in BGHSt 38, 214 - gute Gründe für die Unrichtigkeit der Rechtsprechung angeführt werden können und nicht ausnahmsweise weit überwiegende Gründe des Vertrauensschutzes entgegenstehen[26]. Ein Wandel der tatsächlichen oder rechtlichen Verhältnisse kann zwar einen Rechtsprechungswandel fördern, ist aber von Verfassungsrechts wegen nicht erforderlich.

IV. Fall 12 - „distinguishing" (BGH NJW 1988, 2608 ff. und 1995, 3381 ff.)

1. Als der VIII. Zivilsenat des Bundesgerichtshofs im Jahre 1995 den in Fall 12 vereinfacht geschilderten Sachverhalt zu entscheiden hatte (NJW 1995, 3381 ff.), mußte er sich im wesentlichen mit einem eigenen Urteil aus dem Jahre 1988 (NJW 1988, 2608 ff.)[27] auseinandersetzen.

Diesem *Präjudiz* lag vereinfacht folgender *Sachverhalt* zugrunde: K mit Sitz in X. hatte von V mit Sitz in Y. eine Partie chinesischer Stockschwämmchen gekauft. In dem Vertrag war vereinbart, daß V die Schwämmchen „frei Y." zu liefern - das heißt sie auf eigene Kosten und eigenes Risiko von China nach Y. zu schaffen - und dort einzulagern hatte und X sie gegen Vorkasse beim Lagerhalter abzuholen hatte. Nachdem die Schwämmchen in Y. eingetroffen und bei Lagerhalter L eingelagert worden waren, teilte V dies K am 21.8.1984 mit. Aber erst am 13.5.1985 holte K die Stockschwämmchen bei L ab und stellte Mängel fest, die er rügte und wegen der er die Wandelung erklärte. V berief sich auf Verjährung.

---

[25] Näher zu dem (nur in engen Grenzen bestehenden) „Gebot der Kontinuität der Rechtsfortbildung" LANGENBUCHER (Fn. 3), S. 116 ff. mit Nachweisen.
[26] Näher und mit Beispielen LANGENBUCHER (Fn. 3), S. 126 ff.
[27] Mit ablehnender Anmerkung KLAUS TIEDTKE, in: NJW 1988, 2578 ff.

Der Senat hielt seinerzeit dafür, daß Mängelgewährleistungs-
ansprüche verjährt waren, weil die Kaufsache bereits am 21.8.1984
im Sinne des § 477 Abs. 1 Satz 1 BGB „abgeliefert" worden war.
Die das Ergebnis und die Begründung *tragenden* (Rechts- und
Rechtsgrund-) *Sätze* des Präjudizes lauten: „Hat der Verkäufer die
Verwendung der Kaufsache übernommen und der Käufer sie am
Bestimmungsort abzuholen, so ist ihr Übergang in die Verfügungsgewalt des Käufers und damit die Ablieferung der Ware spätestens
dann erfolgt, wenn sie nach Eintreffen am Bestimmungsort dem
Käufer in vertragsgemäßer Weise zur Verfügung gestellt wird, so
daß es nunmehr allein an diesem liegt, sich in ihren Besitz zu setzen. Wollte man demgegenüber ... auf den Zeitpunkt abstellen, an
dem der Käufer den Besitz der Ware tatsächlich erlangt, so hätte
dieser es in der Hand, nach Belieben durch Verzögerung seiner
vertraglich geschuldeten Leistung (sc. des Abholens) den Beginn
der Verjährung ... hinauszuschieben. Dies wäre mit dem Zweck ...
(sc. des § 477 BGB), die Abwicklung von Kaufverträgen ... zu be-
schleunigen, nicht vereinbar" (S. 2609).

2. Der für die Anwendung des Präjudizes bzw. für ein etwa mögliches oder gebotenes „distinguishing" erforderliche *Tatsachenvergleich* ergibt eine wesentliche Gemeinsamkeit und zwei Unterschiede, die möglicherweise wertungsmäßig relevant sind:

In *beiden* Fällen hat der Verkäufer, was die Zurverfügungstellung
der Kaufsache angeht, seine Vertrags*pflicht* erfüllt; der Käufer hat
hingegen seine *Pflicht*, die Kaufsache abzuholen, verletzt.

Unterschiede bestehen zum einen in der Art und Weise der Zurverfügungstellung: Im Präjudiz wurde die Kaufsache bei einem Dritten
eingelagert; im neuen Fall befand sie sich noch beim Verkäufer.
Zum anderen bestand im Präjudiz, nicht aber im neuen Fall, die
Verkäuferpflicht, die Kaufsache (sich erst zu verschaffen und) an
den Abholungsort zu schaffen.

3. Der für Anwendung bzw. „distinguishing" entscheidende
Wertungsvergleich ergibt:

a) Darauf, daß der Verkäufer im Präjudiz eine Beschaffungs- und
Versendungspflicht übernommen hatte, kann ein „distinguishing"
ersichtlich *nicht* gestützt werden. Unabhängig von der Streitfrage,
ob im Präjudiz ein Versendungskauf im technischen Sinne des

§ 447 BGB (lesen!) vorlag[28], hatte der Verkäufer diese Verpflichtung im Präjudiz *ebenso erfüllt* wie V seine schlichte Bereit-
stellungspflicht im neuen Fall.

b) Dies - und daß der Käufer in beiden Fällen seine Abholpflicht
verletzt hat - spricht vielmehr *gegen* ein „distinguishing", und zwar
auch unter einem tragenden wertenden Gesichtspunkt: Darf es im
Belieben des Käufers stehen, durch vertragspflichtwidriges Verhalten den Beginn der Verjährung hinauszuschieben und so den
Beschleunigungszweck des § 477 BGB zu vereiteln?

c) BGH NJW 1995, 3380 (3382 f.) hat dem entgegengehalten:
Der Beschleunigungszweck finde am „Erfordernis eines objektiv
erkennbaren Ablieferungsvorganges" seine Grenze. Deshalb müsse
der Verkäufer seine Verfügungsmacht über die Ware aufgeben.
Weil dies im neuen Fall - anders als im Präjudiz, wo die Kaufsache
bei einem Dritten eingelagert worden war - nicht geschehen sei,
fehle es an einer „Ablieferung" am 25.10.1988, und Gewährlei-
stungsansprüche seien nicht verjährt. Damit gelingt das „distinguishing", die im ersten Leitsatz so genannte „Abgrenzung" zum
Präjudiz[29].

---

[28] Verneinend TIEDTKE (Fn. 27); auch BGH NJW 1995, 3381 (3382): „Hat der
Käufer - *wie in dem Fall, der dem ... (sc. Präjudiz) zugrunde lag* - die Ware bei einem
Dritten ... abzuholen, so ist die tatsächliche Situation und Interessenlage *bei der
Holschuld* nicht anders als beim Versendungskauf ..." (Hervorhebungen von mir).

[29] Vertiefend und zur Kritik: Im Ausgangspunkt trifft es zu, daß bei Fristfragen
Rechtssicherheit, Rechtsklarheit und Bestimmtheit besonderes Gewicht haben.
Aber genügt nicht, daß ein Abholtermin vertraglich fixiert ist und/oder der
Käufer zur Abholung aufgefordert wird, wodurch er zumindest in Annahmever-
zug (lies §§ 293 ff. BGB) gerät? Was der Senat hierzu und zugunsten des von
ihm vorgenommenen „distinguishing" ausführt (S. 3383), überzeugt nicht:
Inwiefern soll es für den Käufer „zu eigenen Lasten" gehen, wenn er die Unter-
suchungsmöglichkeit hinauszögert? Welche Rolle soll der Umstand spielen, daß
Käufer, die eine Abholpflicht verletzen, regelmäßig nicht der „Absicht" der
Verjährungsverzögerung handeln und diese „nur Folge, nicht Zweck" der
Nichtabholung ist? Geradezu zirkulär ist die Erwägung des Senats, bei früherer
Abholung wäre der Verkäufer eben auch früher mit der Mängelrüge konfron-
tiert: Genau dies will § 477 Abs. 1 BGB doch erreichen! Doch mag die Entscheidung im Ergebnis zuzustimmen sein, und zwar aus dem schlichten Grund
des Wortlautes des § 477 Abs. 1 Satz 1 BGB: „Liefert" eine Kaufsache „ab", wer
sie nur auf eigenem Gelände bereitstellt?

4. Kapitel: Juristische Funktionen

Im Vordergrund traditioneller Methodenlehre steht die juristische Funktion[1] der Anwendung des Rechts auf den vergangenen Einzelfall (*Rechtsanwendung*). Praktisches Leitbild hierfür ist die Tätigkeit des durch Urteil oder Beschluß streitentscheidenden Richters, des durch Verwaltungsakt entscheidenden Verwaltungsbeamten oder des forensisch tätigen Rechtsanwalts.

Zu den juristischen Funktionen zählt es aber auch, Lebensverhältnisse für die Zukunft mit den Mitteln und in den Grenzen des Rechts zu gestalten (*rechtliche Gestaltung*). Diese Funktion obliegt Notaren, beratend tätigen Rechtsanwälten, Wirtschaftsjuristen und weithin auch Verwaltungsjuristen (etwa bei planender Tätigkeit). Weiterhin gehört es zu den juristischen Funktionen, Recht zu setzen (*Rechtsetzung*). Hiermit sind nicht nur in bezug auf Gesetzesrecht die Parlaments- und Regierungsjuristen, sondern in bezug auf Verordnungs- oder Satzungsrecht zahlreiche in der staatlichen Verwaltung oder in Körperschaften öffentlichen Rechts tätige Verwaltungsjuristen befaßt.

Daß rechtliche Gestaltung und Rechtsetzung in neuerer Zeit verstärkt in den Blickpunkt der Methodenlehre geraten sind, ist nicht nur wegen ihrer praktischen Bedeutung[2], sondern auch methodisch zu begrüßen: Denn bei rechtlicher Gestaltung und mehr noch bei Rechtsetzung stellen sich besondere Methodenprobleme, etwa das des Zukunftsbezugs und der erforderliche, gleichsam vorausschauenden Analyse der Anwendung des (geltenden oder noch zu setzenden) Rechts auf eine Gesamtheit von künftigen, hypothetischen Einzelfällen.

Allerdings dürfen die methodischen Differenzen zwischen Rechtsanwendung, rechtlicher Gestaltung und Rechtsetzung nicht übertrieben werden. Rechtsetzung kann als intensivste Form recht-

---

[1] Näher zum methodischen Konzept der juristischen Funktion MÜLLER, Rdn. 159 ff.; HÖHN, S. 3, 6 f.

[2] Im Schnitt widmen Rechtsanwälte den deutlich überwiegenden Teil ihrer Arbeitszeit der Beratung und rechtlichen Gestaltung (und verdienen hiermit auch deutlich mehr als mit forensischer Tätigkeit!); näher ALFRED RINKEN: Einführung in das juristische Studium, 3. Aufl. 1996, S. 68 mit Nachweisen.

licher Gestaltung begriffen werden, und umgekehrt kann Vertragsgestaltung insbesondere bei der Gestaltung maßgebender Allgemeiner Geschäftsbedingungen (wie beispielsweise der Allgemeinen
Geschäftsbedingungen der Banken - AGB-Banken) gesetzesver-
drängenden und rechtsetzenden Charakter haben. Weiterhin stellt
sich rechtliche Gestaltung zugleich als Rechtsanwendung dar, nur
eben nicht retrospektiv in die Vergangenheit, sondern prospektiv
und präventiv in die Zukunft gerichtet[3]. Selbst Rechtsetzung ist in
gewissem Sinne Rechtsanwendung, macht nämlich von höherrangigen Ermächtigungen Gebrauch, deren rechtliche Vorgaben be-
achtet werden müssen; beispielsweise können Gesetze als
„Konkretisierungen" des Verfassungsrechts - vor allem grund-
rechtlicher Vorgaben - verstanden werden[4]. Andererseits wirken
zahlreiche rechtsanwendend für den Einzelfall getroffene Entscheidungen in die Zukunft und gestalten Rechtsverhältnisse,
beispielsweise bei der nach dem Maßstab des Kindeswohls getroffenen Entscheidung, welchem der geschiedenen Elternteile die
Kindessorge übertragen wird (lies § 1671 BGB). Und daß die
„Anwendung" von Recht zumindest in nicht ganz einfach gelager-
ten Fällen ein rechtsschöpferisches Element mit dem Anspruch,
künftige vergleichbare Fälle in gleicher Weise zu entscheiden, und
deshalb durchaus rechtsetzenden Charakter hat, sollte aus den
bisherigen Ausführungen deutlich geworden sein.

Gleichwohl kann *idealtypisch* zwischen

- Rechtsanwendung (unten § 11),
- rechtlicher Gestaltung (unten § 12) und
- Rechtsetzung (unten § 13)

unterschieden und ihre jeweilige Methodik gesondert beschrieben
werden.

---

[3] BYDLINSKI, S. 609 f. mit Nachweisen.
[4] So insbesondere MÜLLER, Rdn. 160: „Verfassungskonkretisierung durch *gestaltende Normtextsetzung* ... in (der) *Legislative*" (Hervorhebungen vom Verfasser).

§ 11. Rechtsanwendung

Fall 13: Der zwölfjährige M hat die im Elternhaus gebotene Natur- und Voll-
wertkost satt und bestellt telefonisch in eigenem Namen bei Pizzabäcker P eine
Pizza „Tonno" für 12,- DM, die er aus seinem Taschengeld bezahlen will. Als P
gerade läutet, um die Pizza anzuliefern, treffen die Eltern des M ein, verbieten
ihm Abnahme und Bezahlung der Pizza und machen ihm und P Vorhaltungen.
Kann P von M aus Vertrag (§ 433 Abs. 2 mit § 651 Abs. 1 Satz 1, Satz 2 erster
Halbsatz BGB) Abnahme und Bezahlung der Pizza verlangen? Zeigen Sie die
syllogistische und Subsumtions-Struktur der Rechtsanwendung auf und erstellen
Sie ein Gutachten bzw. Urteil!

I. „Juristischer Syllogismus" und „Subsumtion"

1. Die Struktur (Logik) der Anwendung des Rechts auf den Einzelfall wird traditionell als „*Subsumtion*" des Einzelfalles unter das
Recht in Form eines Schlusses, des „*juristischen Syllogismus*",
beschrieben[1]. Obersatz des Syllogismus ist die Rechtsnorm: „Wenn
der Tatbestand T erfüllt ist, soll die Rechtsfolge R eintreten",
Untersatz die eigentliche Subsumtion: „Der (Einzelfall oder) Sachverhalt S ist ein Fall des Tatbestandes T" und Schlußsatz die Folge-
rung: „Für den (Einzelfall oder) Sachverhalt S soll die Rechtsfolge
R eintreten". Bildlich (und ohne logischen Anspruch!):

$$T \rightarrow R$$
$$S = T$$
$$S \rightarrow R.$$

Kern des Syllogismus ist die Subsumtion, die wiederum selbst
syllogistisch strukturiert ist. Obersatz ist die Entfaltung des Tatbestandes: „Der Tatbestand T ist (vollständig) durch die Merkmale
$M_1 ... M_n$ gekennzeichnet", Untersatz die Sachverhaltsprüfung „Der
(Einzelfall oder) Sachverhalt S weist die Merkmale $M_1 ... M_n$ auf",
Schlußsatz der Subsumtionsschluß: „Der (Einzelfall oder) Sachverhalt S ist ein Fall des Tatbestandes T". Bildlich:

$$T = M_1 ... M_n$$
$$S = M_1 ... M_n$$
$$S = T.$$

---

[1] Statt aller LARENZ/CANARIS, S. 92 ff.

Wer beispielsweise wissen will, ob der Angeklagte, der seine Ehefrau, die ihn zu verlassen drohte, hinterrücks erstach, mit lebenslanger Freiheitsstrafe zu bestrafen ist, geht von dem Rechtssatz des
§ 211 Abs. 1 StGB aus, entfaltet dessen Tatbestand („Mörder")
mithilfe des § 211 Abs. 2 StGB und der allgemeinen Lehren (etwa
über Vorsatz, Rechtswidrigkeit, Schuld), sucht in bezug auf alle
entfalteten Einzelmerkmale Entsprechungen im Sachverhalt (etwa
in bezug auf „heimtückisches" Handeln den Umstand, daß der
Angeklagte „hinterrücks" zustach), und kommt, sofern sich durch-
gängig Entsprechungen herstellen lassen, zum Schluß, daß der
Angeklagte mit lebenslanger Freiheitsstrafe zu bestrafen ist.

2. Anspruchs- und Harmlosigkeit sowie logische Schlichtheit[2]
dieser Analyse stehen in umgekehrtem Verhältnis zu dem Theorie-
aufwand, der um Syllogismus und Subsumtion getrieben worden
ist. Aus Sicht einer pragmatischen, positivistischen Methodik ist
hierzu zu sagen:

a) Syllogismus und Subsumtion sind in (Ausbildung und) Praxis
die *zwingende* Struktur (Logik) der *Darstellung*[3] von Rechtsanwendungen. Richter und Verwaltungsbeamte müssen ihre Entscheidungen
(syllogistisch) auf Rechtssätzen gründen und (subsumierend) die
Entsprechung zwischen deren Tatbeständen und den Einzelfällen

---

[2] Es ist vielfach unternommen worden, die Logik von Syllogismus und Subsumtion mittels der klassischen, Aussage-, Prädikaten-, Junktoren-, Quantoren- oder
deontischen Logik zu präzisieren: ALEXY, S. 273 ff.; KARL ENGISCH: Logische
Studien zur Gesetzesanwendung, 3. Aufl. 1973, passim; HERBERGER/SIMON,
S. 18 ff.; KOCH/RÜßMANN, S. 31 ff.; ULRICH KLUG: Juristische Logik, 4. Aufl.
1982, S. 48 ff.; RUPERT SCHREIBER: Logik des Rechts, 1962, S. 24 ff. Derartige
Grundlagenprobleme können und sollen hier nicht behandelt werden. Nur so
viel aus Sicht der klassischen Logik (vertiefend ENGISCH, S. 63 f.): „Subsumiert"
werden kann an sich nur ein (Unter-) *Begriff* unter einen (Ober-) *Begriff* (etwa
Pferd unter Wirbeltier usf.); *dies* ist die klassische Grundform des Syllogismus
(sog. *modus barbara I*: „Alle Wirbeltiere haben eine Wirbelsäule" - „Alle Pferde
sind Wirbeltiere" - „Alle Pferde haben eine Wirbelsäule"). Sollen Sachverhalts-
aussagen als *singuläre Urteile* unter Gesetzesbegriffe gefaßt werden, ist dies keine
Subsumtion, sondern eine *„Subordination"*. Sie kann extensional (der Einzelfall
gehört zur Klasse der Fälle, die vom Begriff erfaßt werden) oder intensional (der
konkrete Merkmalskomplex des Einzelfalles stimmt mit der abstrakten Begriffs-
definition überein) verstanden werden.

[3] Zur Trennung zwischen Darstellung und Herstellung siehe ULFRIED NEUMANN:
Juristische Argumentationslehre, 1986, S. 4 f., 17 f.

darlegen: §§ 313 Abs. 3 ZPO, 267 Abs. 3 Satz 1 StPO, 39 Abs. 1 Satz 2 VwVfG. Es wäre schlicht (verfahrens-)rechtsfehlerhaft, eine richterliche oder Verwaltungs-Entscheidung darauf zu stützen, sie ergebe sich aus der Gesamtschau von Topoi, für sie sprächen die besseren Argumente oder sie folge intuitiver Richtigkeitsüberzeugung, die dem hermeneutischen Prozeß standgehalten habe.

b) Eine andere Frage ist die Struktur (Logik) der *Herstellung*[3] von Rechtsanwendungen. *Hierauf* zielt die verbreitete, im Schlagwort „Subsumtionsideologie"[4] und im polemisch gemeinten Bild vom Rechtsanwender als „Subsumtionsautomaten" zugespitzte Kritik an Syllogismus und Subsumtion. So berechtigt diese Kritik *materiell* sein mag: *Kategorial* ist sie verfehlt (und sollte Studenten oder Rechtsanwender nicht davon abhalten, sich des Syllogismus zu bedienen und zu subsumieren!). Im einzelnen:

Zwar ist Rechtsanwendung fraglos kein „logisches" oder „begriffliches" Verfahren. Aber das behauptet das Subsumtionsmodell auch nicht (mehr). Keine Logik der Welt kann die Wahl des Obersatzes determinieren, und die für die Subsumtion erforderliche Entfaltung des Tatbestandes (darf sich zwar nicht mit Logik in Widerspruch setzen, ist aber) kein logisches Verfahren, sondern geschieht durch die im 3. Kapitel dargelegten Methoden.

Syllogismus und Subsumtion laufen auch nicht auf einen - allerdings zweifelhaften - „juristischen Determinismus" hinaus. Schon aus logischen Gründen kann der Obersatz nicht seine eigene Entfaltung im Untersatz steuern: Das Gesetz determiniert seine Anwendung nicht! Dies tun vielmehr die im 3. Kapitel dargelegten Methoden, deren Anwendung freilich ersichtlich nicht stets ein einzig richtiges, sondern häufig nur ein rechtlich mögliches oder vertretbares Resultat verbürgt[5].

Auch ist die im berühmten MONTESQUIEUschen Bild vom Richter als „Mund des Gesetzes" veranschaulichte Idee, Rechtsanwendung sei nicht kreativ, nur „Rechtserkenntnis" oder „Rechtsfindung", zwar irreführend, aber auch nicht, wie häufig behauptet,

---

4 Statt aller WINFRIED HASSEMER, in: Jahrbuch für Rechtssoziologie und Rechtstheorie Bd. 2 (1972), S. 467 (ff.); GERHARD STRUCK: Zur Theorie juristischer Argumentation, 1977.

5 KELSEN, S. 349 f. und bereits oben Einführung II 3 a.

im Syllogismus- und Subsumtionsmodell impliziert. Dieses gibt
weder vor, woher der Obersatz zu nehmen ist (läßt beispielsweise
richterrechtliche, rechtsfortbildend gewonnene Obersätze zu!),
noch, wie kreativ die bei der Subsumtion erforderliche Tatbe-
standsentfaltung sein darf. Deshalb ist die verbreitete Annahme, bei
unbestimmten Rechtsbegriffen und Generalklauseln, Typusbegrif-
fen oder Ermessensvorschriften versage das Subsumtionsmodell,
nicht richtig[6].

Weiterhin verschleiert das Subsumtionsmodell keineswegs den
hermeneutischen Zusammenhang zwischen Tatsachen und Recht;
vielmehr ist die hermeneutische Idee vom „Hin- und Herwandern
des Blickes" geradezu in seinem Rahmen entwickelt worden (oben
§ 1 II 2).

Und zwar begrenzen Syllogismus und Subsumtion die Reichweite, mit der „wahre" Motive (Überzeugungen, politische Einstellungen, Vorverständnisse) oder „eigentliche" Sachargumente
(Topoi, Folgenargumente usf.) des Rechtsanwenders eingebracht
und explizit gemacht werden können. Als „Scheinbegründung"
können Syllogismus und Subsumtion jedoch nicht abgetan werden[7]. Das Recht ist Maßstab seiner eigenen Anwendung (oben vor
§ 3). Deshalb *interessieren* Motive (usf.). des Rechtsanwenders - mögen sie auch fraglos die Rechtsanwendung faktisch maßgeblich
beeinflussen! - *von Rechts wegen nicht*, und der Richter, der sich aus
„Methodenehrlichkeit" zum maßgeblichen Wirken seiner Motive,
politischen Einstellungen oder Vorverständnisse (usf.) bekennen
würde, wäre möglicherweise sogar als *befangen* von der Entscheidung auszuschließen (§§ 42 Abs. 2 ZPO, 24 Abs. 2 StPO). Anders
ausgedrückt: Rechtlich maßgeblich sind nur Darstellungen bzw.
darstellbare Herstellungen[8].

---

[6] Eingehend hierzu KOCH/RÜßMANN, S. 67 ff.

[7] Näher NEUMANN (Fn. 3), S. 5 f.; PAWLOWSKI, Rdn. 136 ff.; je mit Nachweisen.

[8] Positiv-rechtlicher Ausdruck hiervon ist etwa, daß die mündliche Urteils-
begründung nicht revisibel und die Urteilsberatung nicht nur rechtlich nicht
nachprüfbar, sondern sogar geheim ist (§ 43 Deutsches Richtergesetz), wodurch
Freiraum auch für (noch) nicht darstellbare Argumente geschaffen werden soll.

c) Vielmehr sichert das im Modell des Syllogismus und der Subsumtion enthaltene „Deduktivitätspostulat" Gleichbehandlung, Rechtssicherheit und Kritisierbarkeit[9].

3. Freilich erscheint eine (weniger die Logik denn die Pragmatik betreffende) Kritik am Syllogismus berechtigt: Bei der Rechtsanwendung geht es nicht um Schlüsse aus dem Gesetz auf den Einzelfall *um des logischen Schließens willen*, sondern vielmehr darum, eine konkrete Rechtsfolge im Einzelfall - werde sie nun kategorisch oder hypothetisch behauptet - zu *begründen*, sie auf die Rechtsnorm und die Entsprechung von Sachverhalt und Tatbestand zu *stützen*[10]. Pragmatisch beginnt Rechtsanwendung mit dem kategorisch oder hypothetisch gefaßten Schlußsatz der Rechtsfolge im Einzelfall; dann wird als „Schlußregel" und Grund hierfür der Obersatz (die Rechtsnorm) angeführt, und die Subsumtion „stützt" und begründet wiederum deren Anwendung. Bildlich:

$$S \rightarrow R \text{ (kategorisch oder hypothetisch)}$$
$$T \rightarrow R$$
$$S = T.$$

II. Gutachten und „Urteil"

1. Dies ist zugleich die Struktur (Logik) von Gutachten[11] und „Urteil"[12]: Eine als hypothetisch (Gutachten) oder kategorisch

---

9 Näher KOCH/RÜßMANN, S. 112 ff.; kritisch NEUMANN (Fn. 3), S. 17 ff.

10 Vertiefend und mit Nachweisen NEUMANN (Fn. 3), S. 19 ff. gegen KOCH/RÜßMANN, S. 59 ff. - Der Gedanke ist theoretisch von STEPHEN TOULMIN: Der Gebrauch von Argumenten, 1975 ausgeführt worden. Nach TOULMIN taugen Syllogismen nicht pragmatisch als Begründungen. Wer den Schlußsatz bezweifelt, daß Sokrates, ein Mensch, sterblich ist, bezweifelt notwendig auch den Obersatz, daß alle Menschen sterblich sind. Im pragmatischen Kontext der Begründung wird der Obersatz vielmehr als „Schlußregel" für den Schlußsatz verwendet, und diese Schlußregel bedarf der Begründung oder „Stützung", etwa durch den Hinweis auf den Erfahrungssatz, daß noch kein Mensch älter als 130 Jahre geworden ist, oder auf Autoritäten usf.

11 Um Mißverständnisse zu vermeiden: Gutachten gibt es nicht nur in der universitären Fallösungen, sondern in vielen anderen Kontexten: Richter bereiten Entscheidungen gutachtlich vor („Voten"); Professoren erstellen problembezogene Gutachten in Rechtsstreitigkeiten; Unternehmen beauftragen Rechtsanwälte mit problembezogenen Rechtsgutachten; usf.

(Urteil) für den Einzelfall behauptete Rechtsfolge wird hypothetisch (Gutachten) oder kategorisch (Urteil) auf eine Rechtsnorm
gestützt, und diese Stützung vollzieht sich durch den Versuch der
(Gutachten) oder durch die Subsumtion (Urteil) des Einzelfalles
unter den Tatbestand der Rechtsnorm.

2. Gutachten und Urteil unterscheiden sich also nur modal und
pragmatisch: Jenes behandelt den noch offenen Weg zu den möglichen und darstellbaren Entscheidungen[13]; dieses stellt die getroffene Entscheidung dar. Deshalb ist die übertriebene Bedeutung, die
in der juristischen Ausbildung der Trennung von Gutachten und
Urteil *als Darstellungsformen* („Gutachten- und Urteilsstil") zugemes-
sen wird[14], methodisch nicht gerechtfertigt[15]. Aber auch *pragmatisch*
sind die Unterschiede nicht so groß, wie die Schulweisheit vermuten läßt:

a) Nach ihr muß ein Gutachten *alle* vom Fall aufgeworfenen
Rechtsfragen behandeln, während sich ein Urteil auf das *für die
Entscheidung Notwendige* beschränken kann. Verdeutlicht wird dies
anhand von Zivilrechtsgutachten und Zivilurteil: Jenes müsse *alle* in
Betracht kommenden Anspruchsgrundlagen *vollständig* erörtern;
dieses könne sich bei stattgebender Entscheidung auf *eine* den
Klaganspruch tragende Anspruchsgrundlage und bei Klagabweisung immerhin darauf beschränken, zu allen in Betracht kommenden Anspruchsgrundlagen je *einen* dem Anspruch entgegenstehenden Grund zu benennen, so daß an sich vorrangige Rechtsfragen „übersprungen" werden können. Ähnlich könne sich das
freisprechende Strafurteil im Unterschied zum strafrechtlichen
Gutachten darauf beschränken, unter „Überspringen" an sich vor-
rangiger Rechtsfragen *eine* Strafbarkeitsbedingung zu verneinen.

b) Aber hiermit wird einerseits die pragmatische Funktion des
Gutachtens als Weg zur Entscheidung verzeichnet. Je nach

---

[12] Richtigerweise muß es heißen: Entscheidungs(begründung), sei es durch Urteil,
Beschluß, Verwaltungsakt usf.

[13] Gutachten sind also nicht Herstellungen von Rechtsanwendungen, sondern
Darstellungen darstellbarer Rechtsanwendungen.

[14] Standardwerke (weniger für Studenten denn für Rechtsreferendare) sind: HANS
BERG/WALTER ZIMMERMANN: Gutachten und Urteil, 17. Aufl. 1997; WINFRIED
SCHUSCHKE: Bericht, Gutachten und Urteil, 32. Aufl. 1994.

[15] Vertiefend MÜLLER, Rdn. 458 ff.

pragmatischem und Entscheidungs-Kontext kann auch ein Gutachten den Schwerpunkt auf die naheliegendste oder erfolgversprechendste Anspruchsgrundlage legen oder darf „springen"[16]. Sogar das in der universitären Fallösung verlangte Gutachten muß in eine Entscheidung münden; dieser unterstellte pragmatische Kontext begründet Ratschläge wie „Selbstverständliches oder Abwegiges bedarf keiner Erörterung", „Unproblematisches oder nicht mehr Umstrittenes soll im Urteilsstil festgehalten werden" oder „nur Fallrelevantes darf erörtert werden"[17].

Andererseits legt die pragmatische Funktion des Urteils, Streit zu entscheiden, nahe, Umstrittenes auch dann in Form einer Praeteritio („Ob, wie der Kläger meint, der Anspruch auf ... gestützt werden kann, kann offenbleiben. Jedenfalls ...") oder sogar ausführlich („Zwar kann der Anspruch entgegen der Auffassung des Klägers nicht auf ... gestützt werden, weil ... Jedoch ...") zu erörtern, wenn es nicht unmittelbar entscheidungserheblich ist. Auch müssen im Urteil streitige Rechtsfragen als solche erörtert werden; hier besteht *kein* Unterschied zum Gutachten. Kann die Entscheidung auf mehrere rechtliche Gesichtspunkte gestützt werden, so sind „Doppel- oder Mehrfachbegründungen" rechtlich möglich und pragmatisch sinnvoll, um Überzeugungskraft (und Unangreifbarkeit) des Urteils zu erhöhen. Geradezu geboten sind Mehrfachbegründungen, wenn das Ergebnis trotz uneindeutiger Tatsachen- und/oder Rechtslage eindeutig ist. Beispielsweise ist der Darlehensnehmer zur fälligen Rückzahlung des (ihm ausbezahlten und noch in seinem Vermögen befindlichen) Darlehens*kapitals* verpflichtet, gleich, ob der Darlehensvertrag wirksam oder, was tatsächlich und/oder rechtlich umstritten sein mag, wegen wucherischen *Zinses* unwirksam ist: § 607 oder § 812 BGB[18]. Auch stößt das „Springen" im Urteil auf rechtliche Grenzen. Beispielsweise

---

16 Vertiefend hierzu FRANK HARDTUNG, in: JuS 1996, 610 ff., 706 ff., 807 ff.

17 Statt aller SCHMALZ, Rdn. 189 ff. Derartige Ratschläge sind freilich apokryph und ihrer Reichweite nach unsicher, weil das universitäre Gutachten (auch) im pragmatischen Kontext einer (auch) auf den Nachweis von Wissen gerichteten Prüfungssituation steht.

18 Siehe HEINZ THOMAS, in: PALANDT, Bürgerliches Gesetzbuch, 56. Aufl. 1997, § 817 Rdn. 23. - Zur sog. *Wahlfeststellung* im Strafrecht siehe nur ALBIN ESER, in: SCHÖNKE/SCHRÖDER, Strafgesetzbuch, 25. Aufl. 1997, § 1 Rdn. 58 ff.

darf im Strafrecht die Frage nach Tatbestandsmäßigkeit und Rechtswidrigkeit auch dann nicht übersprungen werden, wenn der Angeklagte eindeutig schuldunfähig ist, sei es wegen § 63 StGB (lesen!), sei es, weil der Angeklagte bei tatbestandslosem oder gerechtfertigtem Verhalten wegen seines Persönlichkeitsrechts beanspruchen kann, aus *diesem* Grund freigesprochen zu werden[19].

III. Fall 13 - beschränkte Geschäftsfähigkeit (Gutachten- und Urteilsstil)

1. a) Die Fallfrage - eine einzelfallbezogene Rechtsfolgenfrage (oben § 1 I 2 a) - enthält bereits den allein zu prüfenden *Schlußsatz* und gibt die zu allein[20] zu prüfende Rechtsnorm an, die als *Obersatz* die Subsumtion leitet: Wenn ein Werklieferungsvertrag über eine vertretbare Sache zustandegekommen ist, dann schuldet der Besteller Abnahme und Bezahlung der (mangelfreien) Sache.

b) Die im *Untersatz* vorzunehmende *Subsumtion* beginnt damit, daß der *Tatbestand* des Obersatzes, das Zustandekommen eines Werklieferungsvertrages über eine vertretbare Sache, *entfaltet* wird.

In fallbezogener pragmatischer Sicht problematisch ist allein[21], ob überhaupt ein Vertrag zustandegekommen ist - eine Frage, die nicht mehr zum Schuldrecht, sondern zum Allgemeinen Teil gehört und in dessen Rahmen weiter entfaltet werden muß.

Ein Vertrag kommt zustande, indem ein wirksamer Antrag wirksam angenommen wird (§§ 145 ff. BGB). Wiederum fallbezogen und pragmatisch gedacht ist allein problematisch, ob der Antrag

---

[19] So HARDTUNG (Fn. 16); anders GEORG FREUND, in: JuS 1997, 331 (332).

[20] Ansprüche gegen M aus Verschulden bei Vertragsschluß scheiden aus; näher HELMUT HEINRICHS, in: PALANDT (Fn. 18), § 108 Rdn. 3. Mangels Bereicherung des M scheiden auch an sich mögliche Bereicherungsansprüche des P (§§ 812 ff. BGB) aus. Und unabhängig von der Deliktsfähigkeit des M (§ 828 Abs. 2 BGB, siehe auch § 829 BGB) scheitern Deliktsansprüche des P gegen M daran, daß dieser bezahlen wollte und deshalb kein Fall des § 826 BGB vorliegt. Im Ergebnis bleibt P auf seiner Pizza sitzen - Minderjährigenschutz!

[21] Auf die Frage, ob der Vertrag über die Lieferung einer standardisierten Pizza Werklieferungsvertrag über eine vertretbare Sache ist, kommt es entscheidungsbezogen nicht an: *Diese Frage interessiert* keinen *Juristen, der den vorliegenden Fall zu entscheiden hat*. Nach den Regeln universitärer Fallösung müßte der Vertragstyp aber wohl spezifiziert werden, um eine „richtige" Anspruchsgrundlage benennen zu können.

des zwölfjährigen und deshalb nur beschränkt geschäftsfähigen (§§ 2, 106 BGB) M wirksam ist. Wie aus §§ 107-113 BGB folgt, ist dies nur *ausnahmsweise* der Fall. Im Gutachten (und auch im klagabweisenden Urteil) sind *alle* Ausnahmen zu entfalten, und zwar so weit, bis sich die (Un-) Möglichkeit des eigentlichen Subsumtionsschlusses - die (Nicht-) *Gleichsetzung von Norm- und Sachverhaltsmerkmal* - ohne weiteres ergibt und nur mehr festgestellt werden muß.

„Lediglich rechtlich vorteilhaft" im Sinne von § 107 erste Alternative BGB ist eine Willenserklärung nur, wenn sie keine unmittelbaren nachteiligen Rechtswirkungen hat. Das ist bei einer Willenserklärung, die auf den Abschluß eines gegenseitigen Vertrages gerichtet ist, nie der Fall, da stets auch eine Verpflichtung eingegangen werden soll - hier zu Abnahme und Bezahlung der Pizza.

„Einwilligung" im Sinne von § 107 zweite Alternative BGB ist die vorherige Zustimmung (§ 183 Satz 1 BGB - Legaldefinition!) der gesetzlichen Vertreter, bei Minderjährigen der Eltern (§ 1626 Abs. 1 BGB). Die Eltern des M hatten der Pizzabestellung aber nicht vorab zugestimmt[22]. Eine „Genehmigung" im Sinne von § 108 BGB ist die nachträgliche Zustimmung (§ 184 Abs. 1 BGB!). Vorliegend wurde sie von den Eltern nicht nur nicht erteilt, sondern von ihnen sogar verweigert, sowohl gegenüber M als auch konkludent gegenüber P[23], dem sie Vorhaltungen machten.

Der „Taschengeldparagraph"[24] 110 BGB setzt voraus, daß die vertragsmäßige Leistung „bewirkt", daß also, wie bei § 362 Abs. 1 BGB, der Leistungserfolg herbeigeführt wird, und zwar zu einem Zeitpunkt, zu dem das Geschäft noch schwebend unwirksam ist. M hatte die Pizza aber noch nicht abgenommen und bezahlt, als die Eltern ihre Genehmigung verweigerten und das Geschäft damit endgültig unwirksam wurde. Da auch §§ 112, 113 BGB nicht eingreifen, fehlt es mithin an einem wirksamen Vertrag.

---

22 Insbesondere nicht durch Überlassung von Taschengeld zur freien Verfügung, da hier § 110 BGB vorrangig ist; näher HEINRICHS, in: PALANDT (Fn. 18), § 108 Rdn. 9, § 110 Rdn. 1.

23 Siehe hierzu §§ 108 Abs. 2, 182 BGB.

24 Auf die Frage, ob das Taschengeld M „zur freien Verfügung" überlassen war (und ob „freie Verfügung" auch das objektiv Unvernünftige deckt - ist es freilich objektiv unvernünftig, sich mit einer Pizza „Tonno" zu ernähren?), kommt es entscheidungsbezogen nicht an.

2. Der vorstehend skizzierte Weg ist zugleich derjenige des Gutachtens mit seinen *vier Schritten*: von der *Norm (Rechtsfolge)* über ihre
Voraussetzungen (Tatbestand) zur *Subsumtion* und zum *Ergebnis*. „Schulmäßiger" Gutachtenstil ist durch konjunktivischen (hypothetischen!) Beginn mit der Norm (Rechtsfolge), durch anschließende
Entfaltung der Normvoraussetzungen (Tatbestandsmerkmale),
durch den Versuch der Subsumtion und durch das abschließend
schlußfolgernd und indikativisch festgestellte Ergebnis (mit dem
bekannten Testverfahren, ob sich die tragenden Schlußsätze mit
dem Wort „also" einleiten lassen!) gekennzeichnet. In etwa:

P könnte gegen M einen Anspruch aus Vertrag (§ 433 Abs. 2 mit § 651 Abs. 1
Satz 1, Satz 2 erster Halbsatz BGB) auf Abnahme der Pizza und Bezahlung der
12,- DM haben.

Dazu müßte zwischen M und P durch Antrag und Annahme (§§ 145 ff. BGB)
ein Werklieferungsvertrag über eine vertretbare Sache zustandegekommen sein.
Dazu wiederum müßte der Antrag des M, eine Willenserklärung, wirksam gewesen sein. Willenserklärungen einer Person, die das siebente, aber noch nicht das
achtzehnte Lebensjahr vollendet hat und deshalb nur beschränkt geschäftsfähig
ist (§§ 2, 106 BGB), sind nur nach Maßgabe von §§ 107 bis 113 BGB wirksam.
M war zwölf Jahre alt. Also sind §§ 107 bis 113 BGB anwendbar und zu prüfen:
Im Sinne des § 107 erste Alternative BGB „lediglich rechtlich vorteilhaft" ist
eine Willenserklärung, wenn sie für den Erklärenden keine unmittelbaren nachteiligen Rechtsfolgen hat. Mit seinem Antrag wollte M aber die Verpflichtung
eingehen, die Pizza abzunehmen und zu bezahlen. Dies ist rechtlich nachteilhaft.
„Einwilligung" im Sinne von § 107 zweite Alternative BGB ist die vorherige Zustimmung (§ 183 Satz 1 BGB) der gesetzlichen Vertreter, bei Minderjährigen der
Eltern (§ 1626 Abs. 1 BGB). Die Eltern des M hatten der Pizzabestellung aber
nicht vorab zugestimmt. Also war der Antrag des M nicht nach § 107 BGB
wirksam.
„Genehmigung" im Sinne von § 108 BGB ist die nachträgliche Zustimmung
(§ 184 Abs. 1 BGB). Die Eltern des M stimmten dem Vertragsschluß aber nicht
zu, sondern verweigerten die Genehmigung gegenüber M und auch konkludent
gegenüber P, indem sie ihm Vorhaltungen machten. Also ist der Antrag auch
nicht nach § 108 BGB wirksam geworden.
Der „Taschengeldparagraph" 110 setzt voraus, daß die vertragsmäßige Leistung
„bewirkt", daß also, wie bei § 362 Abs. 1 BGB, der Leistungserfolg herbeigeführt wird, und zwar zu einem Zeitpunkt, zu dem das Geschäft noch schwebend
unwirksam ist. M hatte die Pizza aber noch nicht abgenommen und bezahlt, als

die Eltern die Genehmigung verweigerten und das Geschäft damit endgültig unwirksam wurde. § 110 BGB verhilft dem Antrag nicht zur Wirksamkeit. Auch §§ 112, 113 BGB sind nicht erfüllt.

Also ist der Antrag des M insgesamt unwirksam. Also ist zwischen M und P kein wirksamer Vertrag zustandegekommen. Also kann P von M nicht aus Vertrag Abnahme und Bezahlung der Pizza verlangen.

3. Hiervon nur modal, nicht strukturell, unterschieden ist die Darstellung im Urteil. „Schulmäßiger" Urteilstil verwendet nur den Indikativ (kategorisch!), nimmt das Ergebnis vorweg und begründet es, indem es über die Norm und über ihre Voraussetzungen auf die (Nicht-) Subsumtion zurückgeführt wird (mit dem bekannten Testverfahren, ob sich die tragenden Sätze - sofern sie nicht auf gleicher logischer Ebene stehen - jeweils mit dem Wort „denn" einleiten lassen). Ein Urteil endet also mit den (festgestellten) Tatsachen und ihrer (Nicht-) Gleichsetzung mit der Norm, und der schlußfolgernde „Also-Teil" des Gutachtens fällt weg. In etwa:

P hat aus Vertrag (§ 433 Abs. 2 mit § 651 Abs. 1 Satz 1, Satz 2 erster Halbsatz BGB) keinen Anspruch gegen M auf Abnahme der Pizza und Bezahlung der 12,- DM.

Denn zwischen M und P ist kein wirksamer Vertrag zustandegekommen.

Denn der Antrag des M (§ 145 BGB), eine Willenserklärung, war nicht wirksam.

Denn Willenserklärungen des beschränkt geschäftsfähigen, weil zwölfjährigen (§§ 2, 106 BGB) M können nur unter den Voraussetzungen der §§ 107 bis 113 BGB wirksam sein. Diese Voraussetzungen sind aber vorliegend nicht erfüllt:

Denn der Antrag war nicht „lediglich rechtlich vorteilhaft" im Sinne des § 107 erste Alternative BGB, da er auf eine unmittelbar nachteilige Rechtswirkung, die Verpflichtung des M, die Pizza abzunehmen und zu bezahlen, abzielte.

Eine „Einwilligung", nämlich vorherige Zustimmung (§ 183 Satz 1 BGB) der Eltern als gesetzlicher Vertreter des M (§ 1626 BGB) zu der Pizzabestellung lag nicht vor (§ 107 zweite Alternative BGB). Auch nachträglich stimmten die Eltern nicht zu (§§ 108, 184 Abs. 1 BGB), sondern verweigerten die Genehmigung gegenüber M und konkludent auch gegenüber P, dem sie Vorhaltungen machten.

Auch ist die vertragsmäßige Leistung des M von diesem nicht „bewirkt" worden (§§ 110, 362 Abs. 1 BGB). Denn M hatte die Pizza noch nicht abgenommen und bezahlt, als die Eltern die Genehmigung verweigerten und das Geschäft damit endgültig unwirksam wurde.

Schließlich greifen §§ 112, 113 BGB nicht ein.

§ 12. Rechtliche Gestaltung

Fall 14: Bei Notar Dr. N geht ein Schreiben der Eheleute M und F ein, in dem es heißt: „Wir sind im Güterstand der Gütertrennung verheiratet und haben drei eheliche Kinder, I, K und L. Unser Vermögen besteht im wesentlichen aus einem Eigenheim im Wert von 600.000,- DM, das uns je zur Hälfte als Miteigentümer gehört. Wir wollen nun für das Alter vorsorgen, insbesondere für den Fall, daß einer von uns stirbt. Dann soll der Überlebende in unserem Eigenheim alt werden (oder, wenn er will, es verkaufen und sich vom Erlös eine altersgerechte Wohnung kaufen) können. Unsere Kinder sollen zu gleichen Teilen zum Zuge kommen, aber erst, wenn wir beide verstorben sind." Was wird Dr. N vorschlagen? Zeigen Sie eine Methodik rechtlicher Gestaltung auf!

I. „Kautelar"- und „Dezisionsjurisprudenz"

1. Eine bedeutende - in Studium und Methodenlehre freilich nach wie vor vernachlässigte[1] - juristische Funktion besteht darin, *Lebensverhältnisse für die Zukunft mit den Mitteln und in den Grenzen des Rechts zu gestalten*[2]. Beispielsweise mag ein Notar einen Ehevertrag beurkunden (lies §§ 1408, 1410 BGB), in dem die Brautleute für die Ehezeit und vorsorglich - und gütlich! - für den Fall einer etwaigen Scheidung güterrechtliche Vereinbarungen treffen.

2. a) Derartige rechtliche Gestaltung oder *„Kautelarjurisprudenz"* unterscheidet sich theoretisch und methodisch nicht unerheblich

---

[1] Unter den gängigen Methodenlehrbüchern widmen allein BYDLINSKI, S. 609 ff. sowie HÖHN, S. 31 ff. (vergleiche insoweit aber auch ERNST HÖHN/ROLF H. WEBER: Planung und Gestaltung von Rechtsgeschäften, 1986) einige Seiten der Kautelarjurisprudenz und rechtlichen Gestaltung.
Allerdings sind die Zeiten, in denen Kautelarjurisprudenz eine „Geheimwissenschaft" war (so BYDLINSKI, S. 613), vorbei. Die mittlerweile recht umfängliche Literatur zur *zivilrechtlichen* Vertrags- bzw. Rechtsgeschäftsgestaltung ist nachgewiesen und erläutert bei ECKART REHBINDER: Vertragsgestaltung, 2. Aufl. 1993, S. 113 ff. Neben diesem Werk und demjenigen von GERRIT LANGENFELD: Vertragsgestaltung, 2. Aufl. 1997 sind die Aufsätze von HARALD WEBER, in: JuS 1989, 636 ff., 818 ff. und ROLF DIETER ZAWAR, in: JuS 1992, 134 ff. hervorzuheben. Magerer ist die Literatur zur *öffentlich-rechtlichen* Gestaltung; einen praxisorientierten Einstieg gibt HANS WETTLING: Rechtliche Gestaltung in der öffentlichen Verwaltung, 1990.
[2] Treffend REHBINDER (Fn. 1), S. 1.

von der treffend so genannten[3] „*Dezisionsjurisprudenz*". Diese, die
Anwendung des Rechts auf den vergangenen, nicht mehr verän-
derbaren Einzelfall, vollzieht sich insbesondere im pragmatischen
Kontext der richterlichen Streitentscheidung und Konflikt-
erledigung, und bei ihr wird der Fall im Grundsatz rückblickend
(retrospektiv) und autoritativ anhand des positiven Rechts unter
Verwendung des Syllogismus und der Subsumtion (oben § 11)
beurteilt. Demgegenüber hat Kautelarjurisprudenz - wie der Begriff
(von mittellateinisch cautela: Vorsorgemittel) andeutet - wesentlich
vorsorgenden (präventiven) Charakter und zielt darauf ab, künftige
Konfliktlagen vorsorglich zu regeln, um so späteren Streit zu vermeiden. In dieser Perspektive, welche das Recht weniger als Kon-
flikt- denn als Lebens- und Gestaltungsordnung wahrnimmt, ist der
vor Gericht getragene Streitfall eine außerordentliche Krisen-
situation, ein „krankes" Lebensverhältnis[4].

b) Freilich bestehen durchaus *Wechselbeziehungen* zwischen Dezisi-
ons- und Kautelarjurisprudenz. Streit und Bedarf nach richterlicher
Entscheidung entstehen nicht selten, wenn vorsorgende rechtliche
Gestaltung versagt hat. Beispielsweise stellt sich die Streitfrage, ob
und inwieweit langfristige periodische Zahlungsverpflichtungen,
etwa Erbpachtzinsen, nach den Grundsätzen über die Anpassung
der Geschäftsgrundlage (§ 242 BGB) schleichender Geldentwer-
tung angepaßt werden müssen, nur, wenn (kunstfehlerhaft) ver-
säumt worden ist, eine Wertsicherungsklausel aufzunehmen[5]. Umgekehrt ist von Kautelarjuristen geschaffenes Recht[6] nicht selten
Gegenstand umfangreicher Rechtsprechung, insbesondere mit dem
Ziel, Gestaltungsgrenzen aus zwingendem Recht aufzuzeigen. Beispielsweise stoßen die von Bankjuristen entwickelten Global-
sicherungsverträge (etwa Verträge über die Sicherungsübereignung
eines Warenlagers mit wechselndem Bestand) an die Grenzen der
Sittenwidrigkeit wegen Übersicherung (§ 138 Abs. 1 BGB) einerseits, der fehlenden sachenrechtlichen Bestimmtheit andererseits
und müssen sich zudem am AGB-Gesetz messen lassen.

---

3 LANGENFELD (Fn. 1), S. 1 (Rdn. 1).
4 Treffend REHBINDER (Fn. 1), S. 8 mit Nachweisen.
5 Näher aus methodischer Sicht BYDLINSKI, S. 613.
6 Zur Rechtsfortbildung durch Kautelarjuristen REHBINDER (Fn. 1), S. 84 ff.

3. Spielräume für rechtliche Gestaltung bestehen insbesondere im vom Grundsatz der Privatautonomie beherrschten *Zivilrecht.* Dort, bei der Vertrags- bzw. Rechtsgeschäftsgestaltung durch Notare, Rechtsanwälte und Wirtschaftsjuristen, ist die klassische Kautelarjurisprudenz angesiedelt, und ganze Rechtsinstitute - wie beispielsweise Leasing oder Treuhand, die GmbH & Co. KG oder die vorweggenommene Erbfolge - sind Schöpfungen der Kautelarjurisprudenz. In zunehmendem Maße räumt aber auch das *öffentliche Recht* der Verwaltung Handlungs- und Gestaltungsspielräume ein, besonders im Bereich der Planung, aber auch sonst, wenn Freiräume für Abwägung oder Ermessen bestehen. Schließlich gibt es Ansätze zu kautelarjuristischer Praxis im (vor allem: Wirtschafts-) *Strafrecht,* etwa indem betriebliche Strukturen analysiert und so (um-)organisiert werden, daß Fahrlässigkeitsvorwürfe vermieden werden.

II. Methodik rechtlicher Gestaltung

1. Wie angedeutet, hat rechtliche Gestaltung in methodischer Hinsicht Gemeinsamkeiten mit, aber auch Besonderheiten gegenüber der (vor allem: richterlichen) Rechtsanwendung.

a) Da rechtliche Gestaltung mit den Mitteln und in den Grenzen des Rechts arbeitet, *ist sie zugleich Rechtsanwendung,* vor allem, soweit Gestaltungsgrenzen aus zwingendem Recht bzw. Gestaltungsmöglichkeiten aus abdingbarem (dispositivem) Recht in Rede stehen[7]. Wer beispielsweise ein Testament gestaltet, macht von der rechtlich gewährten Testierfreiheit in den vom Erbrecht zur Verfügung gestellten Formen und Inhalten Gebrauch.

b) Freilich wird das Recht bei rechtlicher Gestaltung nicht notwendigerweise mit dem Ziel gerechten Interessenausgleichs, sondern *instrumentell* zur bestmöglichen Verwirklichung außerrechtlicher, etwa wirtschaftlicher, Gestaltungsziele eingesetzt[8]. Wer

---

[7] BYDLINSKI, S. 609 f.; HÖHN/WEBER (Fn. 1), S. 4, 9 f.; REHBINDER (Fn. 1), S. 1 f. (einschränkend aber S. 42: „primär nicht Rechtsanwendung, sondern Rechtsverwendung und Rechtsetzung").

[8] Eingehend REHBINDER (Fn. 1), S. 46 ff.; vergleiche weiterhin BYDLINSKI, S. 614 ff.; fragwürdig LANGENFELD (Fn. 1), S. 158 ff.

beispielsweise von einer Brauerei mandatiert ist, einen möglichst langfristigen und für die Brauerei möglichst vorteilhaften Bierlieferungsvertrag mit einem Gaststättenpächter zu gestalten, darf (und muß!) hinsichtlich der Laufzeit oder der Pflicht, nur Bier der Brauerei auszuschenken, bis an die Grenzen des rechtlich Zulässigen gehen und muß (und darf!) sich nicht um Vertragsgerechtigkeit oder Interessen des Gaststättenpächters kümmern.

Allerdings kann positiv-rechtlich anderes gelten. So ist die öffentlich-rechtliche Gestaltung, insbesondere die öffentliche Planung, auf gerechten Interessenausgleich verpflichtet (lies etwa § 1 Abs. 6 Baugesetzbuch!). Auch sind Notare (und allseits beauftragte Rechtsanwälte) bei der Vertragsgestaltung auf den Ausgleich der rechtlichen - nicht freilich: wirtschaftlichen! - Interessen der Vertragsparteien - nicht freilich: Drittbetroffener! - verpflichtet[9]. Und schließlich gibt es auch für die Tätigkeit von „Interessenvertretern" standesrechtliche Grenzen (lies § 1 Bundesrechtsanwaltsordnung!).

c) Weiterhin folgt aus der Zukunftgerichtheit rechtlicher Gestaltung, daß in ihrem Rahmen das Recht gleichsam *hypothetisch* auf künftige, hypothetische Sachverhalte angewendet werden muß[10]. Insbesondere müssen künftige rechtliche Konfliklagen sowie künftige Ereignisse bedacht werden, welche die angestrebte Gestaltung gefährden („Störfälle"), beispielsweise Tod oder Insolvenz eines Beteiligten, Untergang oder Veräußerung des Vertragsgegenstandes. Treffend wird vom *Prognoseproblem* rechtlicher Gestaltung gesprochen[11].

---

[9] Beispielsweise muß ein Notar bei einem Grundstückskaufvertrag *rechtlich* sicherstellen, daß die Abwicklung Zug um Zug (lies § 320 BGB) erfolgt: Erst wenn Kaufpreiszahlung sichergestellt ist, darf das Grundstück auf den Käufer übertragen werden, und erst wenn lastenfreie Übertragung des Grundstücks sichergestellt ist, darf der Kaufpreis an den Verkäufer ausbezahlt werden. Aber eine bloß *wirtschaftliche* (und nicht geradezu sittenwidrige) Unausgewogenheit des Vertrages muß (und darf!) der Notar nicht beanstanden; und es muß (und darf!) den Notar gleichfalls nicht kümmern, wenn die Kaufvertragsparteien für Mieter des Grundstücks nachteilige (und nicht geradezu sitten- oder gesetzwidrige) Vereinbarungen treffen, etwa den Verkäufer verpflichten, sämtliche Mietverhältnisse unverzüglich zu kündigen.

[10] BYDLINSKI (Fn. 7); LANGENFELD (Fn. 1), S. 1 Rdn. 2; REHBINDER (Fn. 1), S. 43 f.

[11] LANGENFELD (wie vorige Fn.).

d) Noch viel weniger als bei richterlicher Rechtsanwendung gibt es bei rechtlicher Gestaltung *ein* „richtiges" Ergebnis. Im Regelfall bestehen Gestaltungsalternativen, die den Gestaltungszielen in unterschiedlicher Weise entsprechen, und deshalb ist die *Abwägung* der Vor- und Nachteile von Gestaltungsalternativen, das *„Denken in Alternativen"*, methodisch kennzeichnend für rechtliche Gestaltung[12]. Beispielsweise mag das Gestaltungsziel, eine Anschaffung auf Kredit zu tätigen, durch finanzierten Abzahlungskauf oder durch Finanzierungsleasing erreichbar sein, und die Vor- und Nachteile zivil- und steuerrechtlicher Art müssen gegeneinander abgewogen werden. Leasing (das heißt: Miete) hat insoweit den vielfach entscheidenden steuerlichen Vorteil, daß kein ergebnissteigerndes Aktivvermögen in Ansatz zu bringen ist, sondern allein ergebnismindernde Betriebsausgaben entstehen.

e) Das Leasingbeispiel zeigt eine weitere Besonderheit rechtlicher Gestaltung: Anders als der Richter, der über eine konkrete Rechtsfrage aus einem bestimmten Rechtsgebiet entscheidet, muß der Kautelarjurist bei der Gestaltung *sämtliche einschlägigen Rechtsfolgen aus sämtlichen einschlägigen Rechtsgebieten* bedenken. Bei der Vertrags- und Rechtsgeschäftsgestaltung ist neben dem Zivil- vor allem das Steuerrecht, aber etwa auch das Wirtschaftsverwaltungsrecht, beispielsweise das Kartellrecht, zu bedenken. Auch deshalb ist Kautelarjurisprudenz die hohe Schule praktischer juristischer Tätigkeit!

2. Jenseits dieser allgemeinen Charakterisierungen fehlt bislang eine gesicherte Lehre von der Struktur (Logik) der rechtlichen Gestaltung, die derjenigen der Rechtsanwendung (oben § 11) vergleichbar wäre. Im wesentlichen konkurrieren Ansätze, die methodisch an die (betriebswirtschaftliche) Planungs- und Entscheidungslehre angelehnt sind und rechtliche Gestaltung als Problemlösungs- bzw. -vermeidungsverfahren begreifen[13], mit dem von LANGENFELD[14] in den Vordergrund gestellten typologischen Ansatz. Gültig sind *beide* Ansätze, und sie ergänzen einander.

---

[12] BYDLINSKI, S. 610 f.; REHBINDER (Fn. 1), S. 44.
[13] So HÖHN, S. 31 ff.; HÖHN/WEBER (Fn. 1), S. 26 ff.; REHBINDER (Fn. 1), S. 6 ff.; WETTLING (Fn. 1), Rdn. 3 ff.; vergleiche auch BYDLINSKI, S. 611 f.
[14] Fn. 1, S. 28 ff.; zustimmend ZAWAR (Fn. 2), besonders S. 136 ff.

3. Rechtliche Gestaltung, verstanden als Verfahren der Planung und Entscheidung oder Problemlösung bzw. -vermeidung, vollzieht sich in Verfahrensschritten, die gedanklich (nicht freilich in der Praxis[15]) getrennt und wie folgt beschrieben werden können:

a) Der erste Schritt wird üblicherweise als „*Informationsgewinnung*" oder „*Problemerfassung*" bezeichnet und läßt sich in die Unterschritte der *Ausgangs- oder Ist-Station*, der *Ziel- oder Soll-Station* und des *Vergleichs* beider, um den *Gestaltungsbedarf* festzustellen, untergliedern.

Zunächst wird der derzeitige tatsächliche Sachverhalt ermittelt und - dies bereits mit Blick auf die (möglichen) Gestaltungsziele - rechtlich beurteilt[16]. Beispielsweise mag ein Unternehmen derzeit in bestimmter gesellschaftsrechtlicher Form mit ungünstigen steuerrechtlichen Folgen bestehen; oder es mag derzeit ein Bebauungsplan für den Innenbereich einer Gemeinde fehlen und daher der Antrag auf Erteilung einer Baugenehmigung für einen unerwünschten Gewerbebetrieb begründet sein (vergleiche § 34 Baugesetzbuch).

Sodann werden die Gestaltungsziele ermittelt. In erster Linie geht es dabei um die außerrechtlichen, etwa wirtschaftlichen oder politischen Sach- oder Primärziele („Erfüllungsplanung"), in den genannten Beispielen etwa darum, Steuern zu sparen oder den unerwünschten Gewerbebetrieb zu verhindern. Aber zudem sind Begleit- oder Sekundärziele zu bedenken. Sie beziehen sich insbesondere auf die Bewältigung von „Störfällen" sowie von unerwünschten Risiken einer rechtlichen Gestaltung („Risikoplanung"). Beispielsweise sollte die steuergünstigere Unternehmensformgestaltung nicht mit erhöhten Haftungsrisiken für die Unternehmer verbunden sein, oder der Bebauungsplan sollte nicht zugleich erwünschte Gewerbebetriebe verhindern. Nicht selten stellen sich bereits an dieser Stelle Zielkonflikte heraus, und die Ziele müssen gegeneinander abgewogen werden. Beispielsweise mag ein Erblasser Erbschaftssteuer sparen wollen, indem er unter Ausnutzung

---

[15] Hier müssen sie in der Regel „iterativ" mehrfach durchlaufen werden; näher BYDLINSKI, S. 611 f.; REHBINDER (Fn. 1), S. 6 f. mit Nachweisen..

[16] Dieser Schritt unterscheidet sich methodisch nicht von der Sachverhaltsermittlung und -beurteilung durch den Richter, LANGENFELD (Fn. 1), S. 1 Rdn. 2, siehe aber auch S. 45 ff. zur „kautelarjuristischen Hermeneutik".

schenkungssteuerrechtlicher Freibeträge sein Vermögens bereits zu Lebzeiten ganz oder zum Teil auf seine Erben überträgt (sog. vorweggenommene Erbfolge); das mag aber mit dem Ziel kollidieren, möglichst weitgehend die Verfügungsgewalt über das Vermögen zu behalten oder sonst für das Alter gesichert zu sein.

b) Ergibt sich aus dem Vergleich zwischen Ausgangslage und Gestaltungsziel(en) ein Gestaltungsbedarf, so folgt als zweiter Schritt die *„Problembearbeitung"*, die sich wiederum in die Unterschritte der Analyse und Bewertung der möglichen Gestaltungsmittel (*Mittel-Station*) sowie der Analyse und Bewertung möglicher Gestaltungshindernisse (*Hindernis-Station*) gliedern läßt.

Gestaltungsmittel sind im Zivilrecht Rechtsgeschäfte, seien sie mehrseitig (Verträge) oder einseitig (etwa gestaltende Willenserklärungen). Beispielsweise kann ein Unternehmen, um Steuern zu sparen, in eine Besitzpersonen- und eine Betriebskapitalgesellschaft aufgespalten werden (sog. Betriebsaufspaltung). Im öffentlichen Recht sind die Handlungsformen der öffentlichen Verwaltung (Verwaltungsakt, Plan usf.) Gestaltungsmittel. Beispielsweise kann, um unerwünschte Bauvorhaben im unbeplanten Innenbereich zu verhindern, ein Bebauungsplan beschlossen und in dessen Vorfeld eine sog. Veränderungssperre angeordnet werden (vergleiche § 14 Baugesetzbuch).

Das wichtigste Gestaltungshindernis ist - abgesehen von Hindernissen tatsächlicher Art, etwa fehlender Praktikabilität oder zu hohen Kosten - das zwingende Recht (ius cogens). Denn hiergegen verstoßende Gestaltungen sind nicht rechtsbeständig, sondern im Zivilrecht nichtig oder unwirksam und im öffentlichen Recht zumindest anfechtbar, so daß die Gestaltungsziele nicht erreicht werden können. Für die Vertragsgestaltung besonders bedeutsam ist das Gesetz zur Regelung des Rechts der Allgemeinen Geschäftsbedingungen (AGB-Gesetz), welches zwingende Mindeststandards an Vertragsgerechtigkeit enthält (lies §§ 9, 11 AGB-Gesetz). Allerdings ist es geradezu eine der bedeutsamsten Aufgaben der Kautelarjurisprudenz, Gestaltungsziele *trotz* scheinbar entgegenstehenden zwingenden Rechts zu erreichen. Beispielsweise kann nach den zwingenden Vorschriften der §§ 1205, 1206 BGB ein Pfandrecht an beweglichen Sachen rechtsgeschäftlich nicht begründet werden, ohne daß der Pfandgläubiger und Sicherungsnehmer zumindest

Mitbesitz erlangt; da aber im Rechtsverkehr ein dringendes Bedürf-
nis für besitzlose Pfandrechte besteht, ist in der kautelarjuristischen
Praxis die sog. Sicherungsübereignung entwickelt worden, und die
Sache wird dem Sicherungsnehmer, der sie dem Sicherungsgeber
leih- und verwahrungsweise beläßt, nach § 930 BGB übereignet.
Durch künstliche, wirtschaftlich sinnlose Gestaltungen kann zwin-
gendes Recht freilich nicht umgangen werden (§§ 134 BGB,
42 Abgabenordnung, 4 Abs. 2 Subventionsgesetz). Auch sind nicht
ernsthaft gewollte Scheingeschäfte und -handlungen unbeachtlich
(§§ 117 BGB, 41 Abs. 2 Abgabenordnung, 4 Abs. 1 Subventionsgesetz). Beispielsweise kann sich der Inlandsbesteuerung nicht entziehen, wer lediglich eine „Briefkastenfirma" im Ausland unterhält,
sondern es muß der wirkliche Sitz des Unternehmens ins Ausland
verlagert werden.

c) Wie bereits dargelegt, ergeben sich in der Problembearbeitung
nicht selten mehrere vertretbare Gestaltungsalternativen. Daher
muß in einem dritten Schritt, der „*Entschlußfassung*" oder *Ergebnis-
Station, eine* Alternative ausgewählt und ausgearbeitet werden.

Ein wesentlicher Unterschritt besteht dabei in der *Belehrung und
Beratung* über die rechtliche (nicht: wirtschaftliche!) Bedeutung und
Tragweite der jeweiligen Gestaltung (vergleiche für Notare § 17
Abs. 1 Beurkundungsgesetz)[17]. Die Belehrung muß sich insbesondere auf „Störfälle" und unerwünschte rechtliche Risiken beziehen,
um eine einwandfreie Abwägung zwischen Vor- und Nachteilen
der jeweiligen Gestaltung zu ermöglichen.

Im übrigen gilt bei der Ausarbeitung nach ständiger Rechtsprechung das Prinzip des „*sicher(st)en Weges*"[18]: Die Gestaltung soll
rechtsbeständig sein, unerwünschte rechtlichen Risiken sollen so
weit wie möglich ausgeschlossen und schädliche Folgen von
„Störfällen" so weit wie möglich begrenzt werden[19].

---

[17] Näher LANGENFELD (Fn. 1), S. 55 ff.; REHBINDER (Fn. 2), S. 9 f., 54 ff.

[18] Näher LANGENFELD (Fn. 1), S. 81 ff.; REHBINDER (Fn. 2), S. 23 f., 33 f.

[19] Beispielsweise besteht bei einem Grundstückskauf der sicher(st)e Weg, das Zug-
um-Zug-Verhältnis zu gewährleisten (siehe oben Fn. 9), darin, daß der Käufer
mit einer Auflassungsvormerkung (§ 891 BGB) gesichert und im übrigen der
Notar treuhänderisch beauftragt wird, den Kaufpreis auf seinem Anderkonto
entgegenzunehmen; sodann zu überprüfen und zu veranlassen, ob und daß das
Grundstück lastenfrei auf den Käufer übertragen wird; und sodann den Kauf-

4. Es wäre weder arbeitsökonomisch noch praktikabel, für jede rechtliche Gestaltung das soeben geschilderte Verfahren von Grund auf zu durchlaufen. Vielmehr gibt es in typischen Ausgangslagen typische Gestaltungsziele, zu deren Verwirklichung typische rechtliche Gestaltungen entwickelt worden sind[20]. Derartige Gestaltungstypen verarbeiten zudem den Reichtum bisheriger Erfahrung zu möglichen „Störfällen" sowie unerwünschten rechtlichen Risiken, die theoretisch zu erfassen die juristische Einbildungskraft überfordert. Wer beispielsweise ein gemeinschaftliches Ehegattentestament (lies § 2265 BGB) gestalten soll und noch nie etwas von der sog. Wiederverheiratungsklausel gehört hat, wird kaum auf die Idee kommen, daß sich der überlebende Ehegatte von der Bindungswirkung des Testaments (lies § 2271 Abs. 2 BGB) befreien kann, indem er sich wiederverheiratet und dann das Testament anficht, weil der neue Ehegatte als neuer Pflichtteilsberechtigter übergangen worden ist (lies §§ 2079 Satz 1, 2303 Abs. 2 Satz 1 BGB).

Daher ist es für die kautelarjuristische Praxis kennzeichnend und rechtlich wie methodisch legitim, daß sie sich an *Fallgruppen* und *Gestaltungs-, insbesondere Vertragstypen* orientiert. Praktischer Niederschlag hiervon sind Formularbücher, Checklisten und EDV-Textbausteine, die im Idealfall den Konsens von Fachleuten über angemessene Gestaltungen wiederspiegeln[21].

Beim Umgang mit derartigen Gestaltungstypen sind freilich die Regeln der allgemeinen Typuslehre zu beachten[22]: Es bedarf komparativen Denkens und einer wertenden Zuordnung des Falles zum Typus. Beispielsweise liegt dem gesetzlichen Scheidungsfolgenrecht der Typus der Einverdienerehe und der hier typischerweise angemessene Schutz des nicht Berufstätigen, insbesondere der Hausfrau

---

preis an den Verkäufer auszubezahlen. Freilich ist dieser Weg teuer! - Zum Verhältnis „sicher(st)er Weg" und „Kostengünstigkeit" LANGENFELD (Fn. 1), S. 84 f.; REHBINDER (Fn. 1), S. 29 f.

[20] Insofern kann auch das dispositive Gesetzesrecht als Gestaltungstypus verstanden werden, am deutlichsten bei den Vertragstypen des Besonderen Schuldrechts in Verbindung mit den „Störfallregeln" des Allgemeinen Schuldrechts.

[21] Näher LANGENFELD (Fn. 1), S. 76 ff., 79 ff.; REHBINDER (Fn. 1), S. 103 ff.; siehe auch WEBER (Fn. 1), S. 823.

[22] Näher LANGENFELD und ZAWAR (Fn. 14).

und Mutter der ehelichen Kinder, zugrunde; dies ist einer kinder-
losen Partnerschaftsehe zweier voll Berufstätiger nicht angemessen,
weshalb das Gesetz hier ehevertraglich abbedungen werden sollte;
und bei zwischen diesen Extremen liegenden Ehetypen kommen
ehevertragliche Teilkorrekturen des Gesetzes in Betracht.

Letztlich nötigt die Anpassung des Gestaltungstypus an den Einzelfall zu einem partiellen Rückgriff auf die soeben 3. geschilderte
allgemeine Methodik rechtlicher Gestaltung: Es müssen die Besonderheiten der Ausgangslage und der Ziele erfaßt und bewertet,
und es muß die Gestaltung unter Berücksichtigung zwingenden
Rechts an diesen Besonderheiten ausgerichtet werden[23]. Jedoch
bleiben Gestaltungstypen bei komplexen und sogar bei atypischen
Fällen zumindest als Prüfraster, vor allem für mögliche Störfälle
und rechtliche Risiken, von Bedeutung.

III. Fall 14 - Ehegattentestament mit Pflichtteils-Strafklausel

1. a) Die *Ausgangslage* ist durch das Fehlen einer Verfügung von
Todes wegen und damit durch die *gesetzliche (Familien-) Erbfolge*
gekennzeichnet.

Beim Tode des ersten Ehegatte (erster Erbfall) bedeutet dies, daß
dessen Vermögen - im wesentlichen der hälftige Miteigentumsanteil
an dem Eigenheim - an den überlebenden Ehegatten und an jedes
Kinder zu je 1/4 (§ 1931 Abs. 1 Satz 1, siehe auch Abs. 4, und
§ 1924 Abs. 1, 4 BGB) als Miterben in Erbengemeinschaft über-
geht (§ 1922 Abs. 1 BGB - sog. Universalsukzession). Erbengemeinschaft (§§ 2032 ff. BGB) bedeutet insbesondere, daß die
Verwaltung des Nachlasses den Miterben gemeinschaftlich zusteht
(§ 2038 Abs. 1 Satz 1 BGB) und nur alle Miterben gemeinschaftlich
über Nachlaßgegenstände verfügen können. Andererseits hat jeder
Miterbe das Recht, (auch gegen den Willen der anderen) die Auseinandersetzung des Nachlasses zu verlangen (§ 2042 Abs. 1 BGB).
Bei Grundstücken und Gebäuden bedeutet dies deren Zwangsversteigerung mit Teilung des Versteigerungserlöses (§ 2042 Abs. 2
mit § 753 Abs. 1 BGB). Der wirtschaftliche Anreiz hierzu ist vorliegend nicht gering: Einen Versteigerungserlös von 600.000,- DM

---

23 Ähnlich REHBINDER (Fn. 1), S. 52.

und somit einen auf die vererbte Miteigentumshälfte des Erstversterbenden entfallenden Betrag von 300.000,- DM unterstellt,
stehen jedem Kind 1/4 hiervon zu, immerhin je 75.000,- DM,
zusammen 225.000,- DM.

Wenn dann der zweite, längstlebende Ehegatte stirbt (zweiter
Erbfall), tritt - bezogen auf dessen Vermögen, bestehend aus
seinem ursprünglichen Eigenvermögen (ebenfalls einer Eigenheim-
hälfte) und dem vom zuerstverstorbenen Ehegatten Ererbten -
gleichfalls gesetzliche Erbfolge ein. Die Kinder werden insoweit
Miterben in Erbengemeinschaft zu 1/3 (erneut § 1924 Abs. 1, 4
BGB); dies gilt dann im Ergebnis - den ersten Erbfall mitgerechnet
- für das gesamte Elternvermögen.

b) Die Ausgangslage steht mit dem *Gestaltungsziel* (zwar nicht für
den zweiten, aber) für den ersten Erbfall in Widerspruch: Die
Kinder sollen dann noch nicht zum Zuge kommen und insbesondere keine Rechte in bezug auf das Eigenheim haben, etwa bei
einem etwaigen Verkauf mitreden oder gar den überlebenden Ehegatten durch Zwangsversteigerung aus dem Haus vertreiben können. Dieses Ziel dient der Alterssicherung und ist legitim, zumal
Kinder beim Tode der Elterngeneration typischerweise im Er-
werbsleben stehen und deshalb nicht auf die Erbschaft nach dem
erstversterbenden Elternteil angewiesen sind.

2. a) Das sich anbietende *Gestaltungsmittel* wird durch Privat-
erbrecht und Testierfreiheit gewährleistet und besteht in einer Verfügung von Todes wegen, durch welche die Ehegatten für den
ersten Erbfall einander zu Alleinerben einsetzen (§ 1937 BGB) und
die damit für den ersten Erbfall enterbten (vergleiche § 1938 BGB)
Kinder erst für den zweiten Erbfall als Schlußerben nach dem
längstlebenden Ehegatten einsetzen: das sog. Berliner Testament
(§ 2269 BGB[24]). Es kann eigenhändig (§§ 2247, 2267 BGB) oder als

---

[24] Die Vorschrift enthält eine Vermutung zugunsten der sog. *„Einheitslösung"*,
wonach der überlebende Ehegatte Allein- und Vollerbe wird (im Unterschied
zur sog. „Trennungslösung", wonach der überlebende Ehegatte nur als ggf. be-
freiter Vorerbe gem. §§ 2100 ff. BGB eingesetzt ist [näher EDENHOFER, in:
PALANDT, Bürgerliches Gesetzbuch, 56. Aufl. 1997, § 2269 Rdn. 2, 7], was vorliegend der von M und F gewollten unbeschränkten Verfügungsbefugnis des
Längstlebenden widerspräche). Als *gemeinschaftliches* ist das Berliner Testament
hinsichtlich wechselbezüglicher Verfügungen - insbesondere hinsichtlich der

öffentliches Testament zur Niederschrift eines Notars (§ 2232 BGB) errichtet werden; letzteres hat den Vorteil der Rechtsklarheit und -sicherheit, ersteres ist kostengünstiger.

b) Gleichwohl bleibt ein *Hindernis* für den Gestaltungswillen der Eheleute in bezug auf den ersten Erbfall. Denn nach § 2303 Abs. 1 BGB haben enterbte Abkömmlinge des Erblassers, insbesondere Kinder, einen gesetzlich *zwingenden* Anspruch auf den sog. Pflichtteil in Höhe der Hälfte des Wertes des gesetzlichen Erbteils, wodurch der Gesetzgeber übergangenen nächsten Angehörigen eine Mindestbeteiligung am Nachlaß garantieren will. Dies bedeutet, daß vorliegend im ersten Erbfall jedes Kind von dem überlebenden Elternteil Zahlung von 1/8 des Wertes des Nachlasses des erstversterbenden Elternteils, immerhin also je 37.500,- DM, alle zusammen insgesamt 112.500,- DM, verlangen können. Eine derartige Zahlungsverpflichtung kann das Gestaltungsziel wirtschaftlich gefährden: Fehlen Barmittel, so muß der überlebende Ehegatte das Eigenheim verkaufen oder ein Darlehen aufnehmen, dessen Last an Zins (vorliegend, bezogen auf den Gesamtbetrag und einen Jahreszinssatz von 10 % unterstellt, monatlich knapp 1.000,- DM) und Tilgung (vorliegend, bezogen auf den Gesamtbetrag und zehnjährige Laufzeit unterstellt, ebenfalls monatlich knapp 1.000,- DM) im Ergebnis doch zum Verkauf zwingen kann.

Ausräumen läßt sich dieses Hindernis (allein) durch einen notarieller Beurkundung bedürftigen Pflichtteilsverzichtsvertrag mit den Kindern (§ 2346 Abs. 2 BGB).

Sind die Kinder hierzu nicht bereit (was durchaus legitim sein kann, etwa um sich den Pflichtteilsanspruch für den Fall vorzubehalten, daß der überlebende Ehegatte das Erbe verschleudert!), bleibt nur die Möglichkeit, die Pflichtteilsforderung nach dem ersten Erbfall dadurch wirtschaftlich unattraktiv zu machen, daß das den Pflichtteil auf den ersten Erbfall fordernde Kind für den

---

Einsetzung der Kinder als Schlußerben des Längstlebenden - für den überlebenden Ehegatten bindend (§§ 2265, 2271 Abs. 2 BGB). Diese Bindungswirkung kann durch eine sog. *Wiederverheiratungsklausel* noch verstärkt werden (näher EDENHOFER aaO Rdn. 16 ff.), wenn das Vermögen „in der Familie bleiben" und die Schlußerbenstellung der Kinder gesichert werden soll; sie kann aber auch ausgeschlossen werden, so daß der überlebende Ehegatte volle Testierfreiheit auch zugunsten eines neuen Ehegatten hat.

zweiten Erbfall enterbt und dann gleichfalls auf den Pflichtteil verwiesen wird (sog. *Pflichtteils-Strafklausel*[25]).

3. Im *Ergebnis* wird Dr. N in etwa folgenden Kern[26] eines gemeinschaftlichen Testaments vorschlagen:

§ 1. Wir, die Eheleute M und F, setzen uns gegenseitig als Allein- und Vollerben ein.

§ 2. Nach dem Tod des Längstlebenden von uns sollen unser Kinder I, K und L zu gleichen Teilen Schlußerben sein.

§ 3. Wenn aber ein Kind auf den Tod des Erstversterbenden den Pflichtteil verlangt, so soll es auch auf den Tod des Längstlebenden enterbt sein.

4. Ein derartiges „Ehegattentestament mit Pflichtteils-Strafklausel" gehört zu den gesicherten *Typen* von Testamenten[27]: Es geht von einer typischen Interessenlage der Eltern aus, berücksichtigt die typischen Interessen der Kinder und stellt hierfür eine Gestaltungsmöglichkeit zur Verfügung, die derart typisch ist, daß sie teilweise - eben in § 2269 BGB - gesetzlich verfestigt ist und in der notariellen Praxis - insbesondere mit Blick auf die Pflichtteils-Strafklausel - unangefochten herrscht.

---

[25] Um zu verhindern, daß das den Pflichtteil auf den ersten Erbfall fordernde Kind ihn im zweiten Erbfall nochmals bekommt, weil (und soweit) das Vermögen des Erstverstorbenen in dem des Zweitverstorbenen enthalten ist, kann die Pflichtteils-Strafklausel durch auf den zweiten Erbfall gestundete Vorausvermächtnisse zugunsten der den Pflichtteil nicht fordernden Kinder verschärft werden (sog. *Jastrow'sche Klausel*); näher EDENHOFER, in: PALANDT (Fn. 24), § 2269 Rdn. 15 mit Nachweisen.

[26] Natürlich sind noch eine Fülle weiterer Fragen zu bedenken: Wer soll Erbe sein, wenn ein Kind stirbt, wenn alle Kinder auf den ersten Erbfall den Pflichtteil verlangen? usf. - Siehe noch unten Fn. 27.

[27] Eine professionelle Ausarbeitung des Typus findet sich etwa bei HANS NIEDER, in: (Hrsg.) GERRIT LANGENFELD: Münchener Vertragshandbuch, Bd. IV/2, 3. Aufl. 1992, Formular XVI 27 S. 810 ff.

§ 13. Rechtsetzung

Fall 15: Angenommen, der Bundesgesetzgeber wolle die Problematik der sog. „actio libera in causa" (siehe oben Fall 8) im Strafgesetzbuch regeln: Wie könnte dies geschehen? Zeigen Sie eine Methodik der Gesetzgebung auf!

I. „Gesetzgebungslehre"

1. Die Klage über schlechte - zu viele, zu unklare oder zu komplizierte - Gesetze ist so alt wie das Recht, und die Bemühungen um die Kunst, gute Gesetze zu machen, haben bedeutende Tradition[1]. Gleichwohl ist die „*Gesetzgebungslehre*" erst seit wenigen Jahrzehnten in den Blickpunkt der Rechtswissenschaft geraten, und sie wird nach wie vor in Ausbildung und Methodenliteratur vernachlässigt[2].

Ihr unterschätzter Status beruht zum Teil auf dem Mißverständnis, es gehe nur um formelle Parlamentsgesetze, mit deren Erlaß nur eine verhältnismäßig geringe Zahl von Juristen zu tun hat[3]. Tatsächlich ist Gesetzgebungs- „*Rechtsetzungs*lehre" bzw. „-methode"[4] und kann entsprechend auf den Erlaß von Rechtsverordnungen oder Satzungen, einer alltäglichen Aufgabe für viele in der Verwaltung tätige Juristen, angewendet werden. Zum Teil erklären sich die Widerstände[5] freilich auch aus der rechtspositivistischen Überlegung, Gesetzgebung beruhe in der Sache oft auf ethischen,

---

1 Hierzu BYDLINSKI, S. 618 f. mit Nachweisen der älteren Literatur in Fn. 17.

2 Unter den gängigen Methodenlehrbüchern behandeln (erneut) nur BYDLINSKI (S. 618 ff.) und HÖHN (S. 8 ff.) auch Gesetzgebung und Rechtsetzung. Eine Einführung geben die Überblicksaufsätze von HERMANN HILL, in: Jura 1986, 57 ff.; ULRICH KARPEN, Gesetzgebungs-, Verwaltungs- und Rechtsprechungslehre, 1989, S. 13 ff. (= Zeitschrift für Gesetzgebung 1 [1986], 5 ff.). Unter den Lehrbüchern ist besonders hinzuweisen auf HERMANN HILL: Einführung in die Gesetzgebungslehre, 1982; PETER NOLL: Gesetzgebungslehre, 1973; HANS SCHNEIDER: Gesetzgebung, 2. Aufl. 1991; je mit Nachweisen zur übrigen wissenschaftlichen Literatur. Für die Praxis maßstäblich sind (Hrsg.) BUNDESAKADEMIE FÜR ÖFFENTLICHE VERWALTUNG: Praxis der Gesetzgebung, 1984; HANSWERNER MÜLLER: Handbuch der Gesetzgebungstechnik, 2. Aufl. 1968.

3 So BYDLINSKI, S. 619.

4 So HÖHN, S. 10; KARPEN (Fn. 2), S. 14 f.

5 Näher hierzu HELMUTH SCHULTZE-FIELITZ: Theorie und Praxis parlamentarischer Gesetzgebung, 1988, S. 27 ff.

politischen oder wirtschaftlichen Erwägungen, die nicht „Sache des Juristen als solchen" seien[6].

2. Das trifft zwar im Ausgangspunkt zu. Doch allein der Umstand, *daß* seit je her maßgeblich Juristen an Gesetzen mitwirken[7], zeigt, daß es bei der Gesetzgebung durchaus Fragen gibt, die „Sache des Juristen als solchen" sind, insbesondere, wie ein Gesetzesinhalt methodisch richtig erarbeitet (*Gesetzgebungsmethodik*) und in eine methodisch einwandfreie Gesetzesform gegossen werden kann (*Gesetzestechnik*). Diese beiden Fragen bilden den Kern[8] der rechtswissenschaftlichen[9] Gesetzgebungslehre. Ihr geht es um die

---

[6] So eine vielzitierte Wendung des großen Pandektenlehrers BERNHARD WINDSCHEID: Gesammelte Reden und Abhandlungen, 1904, S. 100 (111).

[7] Näher BYDLINSKI, S. 621.

[8] Wie hier HILL, in: Jura 1986, 57 (60 ff.); HÖHN, S. 11 (ff.).
KARPEN (Fn. 2), S. 5 f., 18, ergänzt drei weitere Bereiche: die „*Gesetzgebungslehre*" *im engeren Sinne* der wissenschaftstheoretische Frage nach Status und Möglichkeit einer Gesetzgebungswissenschaft; die „*Gesetzgebungsanalytik*" als analytische Frage nach den Grundbegriffen und -vorstellungen von Norm, Gesetz und Gesetzgebung; und die „*Gesetzgebungstaktik*" als Frage nach dem äußeren Gesetzgebungsverfahren und seiner Steuerung und Beeinflussung (etwa durch Lobbies).

[9] Ob und inwieweit Gesetzgebungslehre *interdisziplinären* Charakter hat bzw. haben soll, ist umstritten; verneinend BYDLINSKI, S. 622; HELMUT SCHELSKY: Die Soziologen und das Recht, 1980, S. 34 (58 ff.); kritisch zum Nutzen derzeitiger sozialwissenschaftlicher Methodik NOLL (Fn. 2), S. 38 ff.; bejahend aber die überwiegende Auffassung, etwa KARPEN (Fn. 2), S. 16 f.; SCHULZE-FIELITZ (Fn. 5), S. 34 f. („Integrationswissenschaft"); je mit Nachweisen.
Abgesehen von der Selbstverständlichkeit, daß Gesetzgebung Lebenswirklichkeiten betrifft und deshalb auf die diesbezüglichen Fachwissenschaften angewiesen ist (Beispiel: Seuchenmedizin und Bundesseuchengesetz), müssen „gute" Gesetze auch „erfolgreich" oder effektiv sein (treffend SCHULZE-FIELITZ [Fn. 5], S. 31). Deshalb muß die sozialwissenschaftliche Rechtstatsachen-, insbesondere Effektivitäts- und Implementationsforschung Teil der Gesetzgebungslehre sein. Dies ist sogar in gewissen Grenzen rechtlich, nämlich von Verfassungsrechts wegen, geboten; siehe noch unten im Text.
Insgesamt ist die (rechts-) normative Gesetzgebungslehre auf eine empirische Gesetzgebungstheorie verwiesen, und beide werden durch Verfassungsrecht und Verfassungstheorie vereint, die letztlich den Standort der Gesetzgebungslehre in der Rechtswissenschaft verbürgen; ähnlich SCHULZE-FIELITZ (Fn. 5), S. 26 f. und öfter.

„relative Güte"[10] von Gesetzen im Verhältnis zu den ihnen zugrundeliegenden politischen, wirtschaftlichen oder ethischen Zielen.

3. Im übrigen wird die Aussage, Gesetzgebung sei nicht „Sache des Juristen als solchen", maßgeblich dadurch relativiert, daß im heutigen Verfassungsstaat das *Verfassungsrecht*, konkretisiert durch die Rechtsprechung des Bundesverfassungsgerichts, zu beachten ist. Es erhebt (neben materialen, insbesondere aus Grundrechten folgenden) auch methodische Forderungen in bezug auf die Art und Weise der Erarbeitung von Gesetzesinhalten (also die Gesetzgebungsmethodik) sowie in bezug auf deren Darstellung (also die Gesetzestechnik).

II. Gesetzgebungsmethodik

1. Gesetzgebungsmethodik betrifft das „innere"[11] Verfahren der Erarbeitung des Gesetzesinhalts, also das Willens- und Entscheidungsbildungsverfahren bei der Entstehung eines Gesetzes. Die herrschende methodische Analyse dieses Verfahrens[12] lehnt sich - ähnlich wie bei der rechtlichen Gestaltung (oben § 12 II 2, 3) - an die (sozialwissenschaftliche) Entscheidungstheorie an und versteht Gesetzgebung als ein Problemlösungsverfahren, das gedanklich (nicht freilich in der Wirklichkeit[13]!) in aufeinander folgende Verfahrensschritte untergliedert werden kann:

2. a) Am Beginn der Gesetzgebung steht der „*Problemimpuls*", die Feststellung des Ungenügens des derzeitigen Rechtszustands und

---

10 Der vielzitierte Begriff geht auf REINHOLD HOTZ, in: St. Galler Festgabe zum Schweizerischen Juristentag 1981, 1981, S. 297 ff.; DERS.: Methodische Rechtsetzung - eine Aufgabe der Verwaltung, 1983, S. 97 ff. zurück.

11 Im Unterschied zu dem „äußeren" Gesetzgebungsverfahren von der Gesetzesinitiative bis zum Inkrafttreten des Gesetzes, wie es rechtlich in Art. 76-78, 82 geregelt ist. Näher aus Sicht der Gesetzgebungslehre KARPEN (Fn. 2), S. 34 ff.; SCHNEIDER (Fn. 2), S. 55 ff., 77 ff.

12 Grundlegend NOLL (Fn. 2), S. 63 ff.; siehe weiterhin HILL (Fn. 2), S. 53 ff., 62 ff. sowie in: Jura 1986, 57 (60 ff.); HÖHN, S. 12 ff.; KARPEN (Fn. 2), S. 41 ff.

13 Zum „Entscheidungskreislauf", der ggf. mehrfach durchlaufen werden muß, vergleiche HILL, in: Jura 1986, 57 (60); nur phänomenologisch zutreffend, kategorial aber verfehlt die Kritik bei BYDLINSKI, S. 631.

die Forderung nach Rechtsänderung. Im Grundsatz kommen Problemimpulse aus dem *politischen* Raum; beispielsweise wurde der Zustrom von Asylbewerbern Anfang der neunziger Jahre weithin als brennendes politisches Problem empfunden, weshalb das Asylrecht durch verfassungsändernde Gesetzgebung wesentlich eingeschränkt wurde (lies Art. 16 a GG). Nicht selten entstammen Problemimpulse aber auch dem *Rechts*raum selbst. Im Vordergrund steht dabei das Verfassungsrecht, welches ausdrückliche Gesetzgebungsaufträge enthält - beispielsweise beruhen die Strafvorschriften gegen Angriffskrieg (§§ 80, 80 a StGB) auf dem Gesetzgebungsauftrag in Art. 26 Abs. 1 Satz 2 GG -, implizite Regelungspflichten begründet - beispielsweise gründet das heutige Recht des Schwangerschaftsabbruchs, §§ 218 ff. StGB, maßgeblich auf der in BVerfGE 39, 1 ff. und 88, 203 ff. postulierten und bis ins Detail ausgestalteten verfassungsrechtlichen Schutzpflicht des Staates gegenüber ungeborenem Leben - oder negativ zu (Änderungs-) Gesetzgebung zwingt - beispielsweise beruht das heutige Ehe- und Familiennamensrecht weitgehend auf der Rechtsprechung zur Verfassungswidrigkeit des älteren, entgegen Art. 3 Abs. 2 Satz 1 GG den Namen des Mannes bevorzugenden Rechts. Zunehmend kommen Vorgaben für die Gesetzgebung aber auch aus dem Völker- oder Europarecht; beispielsweise beruht das Produkthaftungsgesetz auf einer Richtlinie der Europäischen Gemeinschaft.

b) Der nächste Schritt kann - ähnlich wie bei der rechtlichen Gestaltung (oben § 12 II 3 a) - als *Problemerfassung* gekennzeichnet werden. Sie enthält die Unterschritte der Analyse der derzeitigen Situation („Ausgangslage") in tatsächlicher und rechtlicher Hinsicht; der Analyse der tatsächlichen und rechtlichen Ziele („Ziel-Station"); und des Vergleichs beider, um den Regelungsbedarf festzustellen. Auch von Verfassungsrechts wegen ist ein Mindestmaß an Problemerfassung, vor allem bezogen auf Tatsachenfragen, zwingend: Zwar steht dem Gesetzgeber ein Tatsachenbeurteilungs- und -prognosespielraum zu; dies entbindet ihn jedoch nicht davon, die relevanten Tatsachen in vertretbarem Umfange zu ermitteln (etwa durch Expertenanhörungen); und unvertretbare Tatsacheneinschätzungen können zur Unverhältnismäßigkeit und Verfassungs-

widrigkeit von Gesetz führen[14]. Augenfällig wird dies bei der
Regelung von Fachmaterien. Beispielsweise ist eine Regelung des
Umganges mit Embryonen in Medizin, Gen- und Biotechnik ohne
Fachkenntnisse auf diesen Gebieten schlechterdings nicht möglich,
und dem Erlaß des Embryonenschutzgesetzes[15] gingen denn auch
intensive Anhörungen von Experten dieser Gebieten (sowie des
Medizinrechts, der Moral und der Theologie) voraus.

c) Es folgt die *Maßnahmen- bzw. Lösungsfindung* als Kern des
„inneren" Gesetzgebungsverfahrens. Mögliche Maßnahmen bzw.
Lösungen („Lösungsvorräte") finden sich insbesondere in historischen oder ausländischen Regelungen; deshalb sind Rechtsgeschichte und Rechtsvergleichung unverzichtbare Hilfsmittel der
Gesetzgebung[16]. Daß beispielsweise das Bürgerlichen Gesetzbuchs
im Unterschied zum französischen Code civil keine deliktsrechtliche Generalklausel kennt, beruht auf einem Vergleich mit dem
französischen Recht und einer bewußten Entscheidung gegen die
französische Lösung. Lösungsvorräte werden aber auch dadurch
erweitert, daß Entwürfe diskutiert und *Alternativentwürfe* erstellt
werden. Berühmt und bis heute bedeutsam ist beispielsweise der
Alternativ-Entwurf eines Strafgesetzbuchs, den liberale Strafrechts-
professoren in der Strafrechtsreform vorgelegt haben[17]. Überhaupt
ist das Sammeln und Bewerten von Alternativen im Wege der
„konkretisierenden Komparation" kennzeichnend für die Maß-
nahmen- bzw. Lösungsfindung bei der Gesetzgebung[18].

Unter (rechts-)normativem Vorzeichen strukturiert der *Verhältnismäßigkeitsgrundsatz* die Maßnahmen- und Lösungsfindung: Das Gesetz muß zur Zielerreichung *geeignet* sein; hier kommt die Rechtstat-
sachenforschung ins Spiel. Es muß mit Blick auf Belastungen für
den Bürger das *mildeste effektive Mittel* sein; hier kommt die Suche

---

14 BVerfGE 50, 50 (51); 292 (334); 65, 1 (55); näher und mit Nachweisen HILL, in:
   Jura 1986, 57 (61).
15 Überblick bei HEIKE JUNG, in: JuS 1991, 431 ff.
16 Statt aller HILL, in: Jura 1986, 47 (61).
17 Allgemeiner Teil, 2. Aufl. 1969; Besonderer Teil, Straftaten gegen die Person,
   1970/71; Politisches Strafrecht, 1968; Sexualdelikte, Straftaten gegen Ehe, Familie und Personenstand, Straftaten gegen den religiösen Frieden und die Toten-
   ruhe, 1968; Straftaten gegen die Wirtschaft, 1977.
18 Grundlegend NOLL (Fn. 2), S. 126.

nach Alternativen ins Spiel. Und es muß im engeren Sinne verhältnismäßig, nämlich die Grenze der Angemessenheit oder Zumut-
barkeit wahren.

e) Damit ist der Schritt der (politischen) *Entscheidung* über die
gesetzgeberische Maßnahme erreicht. Methodisch vollzieht sie sich
durch Abwägung der Vor- und Nachteile der möglichen Maßnahmen, der auf dem Spiele stehenden Interessen und der Ziele,
vor allem wenn Zielkonflikte bestehen - wie beispielsweise bei dem
erwähnten Embryonenschutzgesetz zwischen Forschungsfreiheit
(nicht um ihrer selbst, sondern um Leib und Leben Kranker
willen!) einerseits, Menschenwürde- und Lebensschutz andererseits.
Derartige Zielkonflikte werden nicht selten im Wege des Kom-
promisses aufgelöst (und können dann bei der Rechtsanwendung
wieder aufbrechen).

f) Mit der Entscheidung und dem Erlaß des Gesetzes endet die
Gesetzgebungsmethodik aber nicht. Vielmehr ist eine nachfolgende
Wirkungs- und Erfolgskontrolle nicht nur in entscheidungstheore-
tischer Sicht[19], sondern auch von Verfassungsrechts wegen erforderlich: Nach der Rechtsprechung des Bundesverfassungsgerichts
besteht eine Verpflichtung des Gesetzgebers, Implementation und
Effektivität von Gesetzen zu *überprüfen* und gegebenenfalls Gesetze
nachzubessern[20]. Dies gilt insbesondere für Gesetze, denen eine
bestimmte gesetzgeberische Prognose zugrundeliegt. Soweit beispielsweise das neue Recht des Schwangerschaftsabbruchs davon
ausgeht, der Schutz des ungeborenen Lebens werde durch Beratung im strafrechtsfreien Raum besser als durch Strafdrohung
gewährleistet, ist der Gesetzgeber zur Überprüfung dieser Annahme und gegebenenfalls zur Rechtsnachbesserung verpflichtet[21].

III. Gesetzestechnik

1. Das gesetzestechnisch „gute" Gesetz steht unter dem Gebot der
Vermeidung von Anwendungsproblemen.

---

[19] Hierzu HILL, in: Jura 1986, 47 (63); KARPEN (Fn. 2), S. 45 f.; grundlegend
WOLFGANG ZEH: Wille und Wirkung der Gesetze, 1984.
[20] BVerfGE 50, 290 (335, 352); 73, 40 (94); 88, 203 (310).
[21] BVerfGE 88, 203 (309 ff.).

a) Gesetzestechnik und Rechtsanwendungsmethode sind also *wechselseitig* aufeinander bezogen[22]: Während diese die Problemfelder unklaren, lücken- oder fehlerhaften Rechts (usf., siehe 3. Kapitel) behandelt, versucht jene, derartige Problemfelder von vornherein zu vermeiden.

b) Die Methode hierzu ist als „umgekehrte Subsumtion" - besser: „*umgekehrte Rechtsanwendung*" - bezeichnet worden[23]. Hiernach geht der Rechtsetzer von denjenigen paradigmatischen Anwendungsfällen aus, die Anlaß (Problemimpuls) der Rechtsetzung gewesen sind und in bestimmtem, feststehenden Sinne geregelt werden sollen. Durch Abstrahierung und Generalisierung dieser Fälle wird ein vorläufiger Regelungsvorschlag („Normhypothese") erarbeitet. Diese Normhypothese wird sodann hypothetisch auf möglichst viele weitere Fälle mit dem Ziel angewendet, bislang nicht bedachte Fälle und Fallgruppen aufzudecken[24]. Deren sachgerechte Behandlung wird nicht selten zu neuen Problemimpulsen und neuen, differenzierteren Normhypothesen führen. Beispielsweise stellte der ursprüngliche Entwurf des Straftatbestandes des Computerbetrugs (nunmehr § 263 a StGB) nur das Verwenden „unrichtiger" oder „unvollständiger" Daten (bzw. Programme) unter Strafe; erst spät im Gesetzgebungsverfahren wurde erkannt, daß im wichtigen Anwendungsfall des sog. Bankomatenmißbrauchs durchaus „richtige" und „vollständige" Daten verwendet - etwa richtige, vollständige Geheimzahlen eingegeben - werden; deshalb wurde die Tatalternative der „unbefugten" Verwendung von Daten eingefügt[25].

2. Im übrigen ergeben sich rechtsnormative Maßstäbe für eine „gute" Gesetzestechnik in formeller Hinsicht aus dem rechtsstaatlichen Bestimmtheitsgebot, in materieller Hinsicht aus dem rechtsstaatlichen Gebot sach- und systemgerechter sowie nicht willkürlicher Regelung (Art. 3 Abs. 1, 20 Abs. 3 GG)[26].

---

[22] HÖHN, S. 9.

[23] Zuerst NOLL, S. 18, 290; siehe weiterhin BYDLINSKI, S. 641 mit Nachweisen.

[24] Treffend BYDLINSKI, S. 645.

[25] Näher Bundestags-Drucksache 10/5058 S. 30.

[26] Vergleiche zum folgenden SCHNEIDER (Fn. 2), S. 35 ff. - Für die hier vertretene positivistische Methodik weniger interessant sind die seit alters her tradierten allgemeinen Prinzipien der Gesetzestechnik, die einerseits „reichlich banal" (BYDLINSKI, S. 625) sind und andererseits derart unverbindlich-allgemeinen

a) Das *rechtsstaatliche Bestimmtheitsgebot* hat zwei Wurzeln, aus denen unterschiedliche Anforderungen an die Gesetzestechnik folgen[27]: *Objektiv* geht es um Gewaltenteilung; der Gesetzgeber, nicht der Rechtsanwender, soll über den „wesentlichen" Inhalt des Rechts bestimmt; deshalb sollen Gesetze mit fachjuristischer Präzision gefaßt werden. *Subjektiv* geht es um Vertrauensschutz; die von der Norm betroffenen und ihr unterworfenen Normadressat sollen den Norminhalt erkennen und ihr Verhalten hiernach ausrichten können; deshalb sollen Gesetze für Laien verständlich sein. Freilich genügt es, daß der Normadressat Tragweite und Anwendungsbereich von Gesetzen durch Auslegung oder anhand gefestigter Rechtsprechung, letztlich also mit fachjuristischer Hilfe, ermitteln kann. Damit wird doch die Handhabbarkeit des Gesetzes für Rechtsanwender und Fachjuristen zum entscheidenden Maßstab der Gesetzestechnik[28].

Charakter haben, daß sie eine rechtswissenschaftliche Gesetzgebungslehre zu diskreditieren geeignet sind. Gleichwohl eine kurze Zusammenfassung der tradierten Prinzipien (näher BYDLINSKI, S. 625 f.; KARPEN [Fn. 2], S. 46 ff.):
- das *Ökonomieprinzip*. Zur Erzielung der kürzestmöglichen Regelung müsse Kasuistik vermieden, Allgemeines „vor die Klammer gezogen" und die Verweisungstechnik benutzt werden;
- das *Adäquanzprinzip*. Eine den Erfordernissen der Rechtsanwendung adäquate Regelungstechnik müsse zwischen rechtsstaatlichem Präzisionsgebot und allgemeiner Verständlichkeit abwägen. Dieser Komplex „Sprache des Gesetzes" wird bis hin zu Stil- und Grammatikregeln vertieft (vergleiche hierzu HÖHN, S. 26 ff.; auch SCHNEIDER [Fn. 2], S. 247 ff.; je mit Nachweisen);
- das *Prinzip der systematischen Ordnung*. Es müsse ein inneres, insbesondere logisch und teleologisch widerspruchsfreies System bestehen, und das äußere System müsse übersichtlich sein.
Weiterhin wird das (nicht eigentlich mit der Gesetzestechnik zusammenhängende) *Prinzip adäquater Kundmachung* (siehe Art. 82 GG) genannt.

[27] Statt aller BVerfGE 78, 374 (383 ff.); ständige Rechtsprechung.
[28] Wie hier HÖHN, S. 27; anders („Vorrang für den Bürger als Normadressaten") BYDLINSKI, S. 633 f.; differenzierend HILL, Jura 1986, 57 (63 f.) und KARPEN (Fn. 2), S. 47 (dieser mit der Unterscheidung zwischen „allgemeinen Materien" und „Juristengesetzen"). - Das hiermit angesprochene „Adressatenproblem" (hierzu bereits JULIUS BINDER: Der Adressat der Rechtsnorm und seine Verpflichtung, 1927) hat zu dem kuriosen Vorschlag geführt (zuletzt HARALD KINDERMANN, in: [Hrsg.] DERS.: Studien zu einer Theorie der Gesetzgebung, 1982, S. 258 [260]), *zwei* Gesetzesfassungen zu erlassen: eine allgemeinverständliche für den Bürger und eine rechtstechnisch-präzise für den Rechtsstab.

Andererseits zwingt das Bestimmtheitsgebot zwar zur Präzision, nicht aber zu starr-kasuistischen Regelungen. Vielmehr dürfen mit Rücksicht auf die Eigenart des zu ordnenden Lebenssachverhalts und des Normzwecks unbestimmte Rechtsbegriffe oder Generalklauseln verwendet werden, um der Vielgestaltigkeit des Lebens sowie den Besonderheiten des Einzelfalles Rechnung tragen zu können[29]. Von Verfassungs wegen ist also eine „Regelung auf mittlerer Abstraktionshöhe" - etwa unter Benutzung der Regelbeispielstechnik (lies beispielsweise § 243 Abs. 1 StGB) - geboten[30].

b) Neben dem Bestimmtheits- ist der Gleichheitsgrundsatz der wichtigste Maßstab für die Gesetzestechnik. Hiernach ist wesentlich Gleiches gleich, wesentlich Ungleiches ungleich zu behandeln, und es gilt insgesamt das Verbot willkürlicher, weil sachfremder, Regelung.

Daraus folgen einerseits *Differenzierungsverbote*, insbesondere, wenn der Gesetzgeber aus einem selbstgewählten System ausbrechen oder eine vom Gesetz selbst statuierte Sachgesetzlichkeit verlassen will[31] und so Norm- oder Wertungswidersprüche drohen. Knüpft beispielsweise das Lohn- und Einkommensteuerrecht grundsätzlich an die wirtschaftliche Leistungsfähigkeit des Besteuerten an, so ist es nicht angängig, Alleinerziehende stärker als gleich leistungsfähige verheiratete Erziehende zu belasten[32].

Andererseits kann der Gleichheitsgrundsatz auch *Differenzierungsgebote* begründen. Beispielsweise können Verleger nicht unterschiedslos verpflichtet werden, kostenlose Pflichtexemplare der verlegten Werke an staatliche Bibliotheken abzuliefern, da dies bei mit großem Aufwand und in kleiner Auflage hergestellten Werken eine unzumutbare wirtschaftliche Belastung darstellen kann[33]. Im übrigen dürfen Gesetze freilich typisieren und pauschalieren, insbesondere wenn Massenerscheinungen zu regeln sind wie etwa im Sozialrecht (Beispiel: pauschale Bedürftigkeitsgrenzen)[34].

---

[29] Statt aller BVerfGE 41, 214 (319 f.); ständige Rechtsprechung.

[30] Näher HILL, in: Jura 1986, 57 (65).

[31] BVerfGE 67, 70 (84 f.); ständige Rechtsprechung.

[32] BVerfGE 61, 319 (342 ff.).

[33] BVerfGE 58, 138 (150 f.).

[34] Näher HANS JARASS/BODO PIEROTH: Grundgesetz, 4. Aufl. 1997, Art. 3 Rdn. 20a mit Nachweisen.

IV. Fall 15 - mögliche gesetzliche Regelung der sog. „actio libera in causa"

1. Vorab: Ein bedeutsames Mittel, Erkenntnisse der Gesetzgebungslehre in die Praxis umzusetzen, besteht in sog. *legistischen
Richtlinien*, Prüffragen und „Checklisten" der Regierungen, Ministe-
rien und Parlamente[35]. Für die Bundesrepublik Deutschland ist
insoweit der Beschluß der Bundesregierung vom 11.12.1984 mit
„Prüffragen" zur Notwendigkeit, Wirksamkeit und Verständlichkeit
von Rechtsetzungsvorhaben des Bundes bedeutsam[36]. Ziel des
Beschlusses ist es, das Recht zu vereinfachen und Überreglementie-
rung zu vermeiden; Hintergrund hiervon ist die These, daß es zu
viel Recht gebe („Normenflut", „Verrechtlichung"), was problematisch und dem entgegenzuwirken („Deregulierung") sei[37].

Zum Problem der sog. „actio libera in causa" (oben Fall 8) ergibt
sich in Anwendung des Beschlusses etwa folgender Weg zu einer
bundesgesetzlichen Regelung[38]:

---

[35] Näher BYDLINSKI, S. 632; KARPEN (Fn. 2), S. 23; SCHULZE-FIELITZ (Fn. 5),
S. 22; vertiefend HARALD KINDERMANN: Ministerielle Richtlinien der Gesetzestechnik, 1979.

[36] Abgedruckt bei HILL, in: Jura 1986, 57 (66 f.); vergleiche weiterhin die Gemeinsame Geschäftsordnung der Bundesministerien, Besonderer Teil (GGO II - in
den einschlägigen Auszügen abgedruckt bei SCHNEIDER [Fn. 2], S. 394 ff.); siehe
auch die österreichischen Legistischen Richtlinien (1979) und die schweizerischen Richtlinien der Gesetzestechnik (1976).

[37] Es ist freilich durchaus fraglich und umstritten, ob es wirklich eine Normenflut
gibt und ob Verrechtlichung zumindest in bestimmten Bereichen überflüssig
oder gar schädlich („Kolonialisierung der Lebenswelt", etwa im Familien- oder
Sozialrecht) sei. Die Gegenthese lautet, daß die Bewältigung immer komplexerer
Lebensverhältnisse oder versagender wirtschaftlicher oder gesellschaftlicher
Steuerungsmechanismen ein Mehr an Recht erfordert. Auch ist Deregulierung
häufig wenig mehr als eine Bemäntelung des Abbaus rechts- oder sozialstaat-
licher Errungenschaften: in privates Belieben gestellte Armenhilfe statt Rechts-
anspruchs auf staatliche Hilfe zum Lebensunterhalt?

[38] Das Problem ist derzeit (Ende 1997) im legislatorischen Fluß. Nach einer von
der Bundesregierung mitgetragenen Bundesratsinitiative soll der Strafrahmen
des § 323 a StGB bei schwerwiegenden Rauschtaten auf drei Monate bis zehn
Jahre erhöht werden (Entwurf eines ... Strafrechtsänderungsgesetzes - § 323 a
StGB, Bundesratsdrucksache 123/97, Bundestagsdrucksache 13/9349). Weiterhin könnte es sein, daß das Problem Rauschtaten im Rahmen der Über-
arbeitung des strafrechtlichen Sanktionensystems angegangen werden wird.
Konkrete Initiativen zu §§ 20, 21 StGB liegen aber bislang noch *nicht* vor.

2. a) Die erste Prüffrage nach der Notwendigkeit eines Gesetz-
gebungsvorhabens („Muß überhaupt etwas geschehen?") fällt weitgehend mit dem Schritt der Problemerfassung zusammen. Die
„gegenwärtige Sach- und Rechtslage" ist, wie oben Fall 8 gezeigt,
seit der den Problemimpuls darstellenden Entscheidung BGHSt 42,
235 ff. dadurch gekennzeichnet, daß bei verhaltensgebundenen
Delikten nur wegen Vollrausches (§ 323 a StGB) bestraft werden
kann, wer ein solches Delikt im Zustande der Schuldunfähigkeit
begeht, auch wenn er sich vorsätzlich in diesen Zustand versetzt
hat, um das Delikt zu begehen. Dies ist ein „Mangel", nämlich
ungerecht, weil material kein Schulddefizit besteht; auch beschreibt
der Vollrauschtatbestand Unrecht und Schuld in den Fällen der
actio libera in causa nicht zutreffend, da sich der Vorwurf nicht auf
das Sichberauschen bezieht; und es ist material schwerlich einseh-
bar, daß nicht verhaltensgebundene Delikte anders als verhaltensgebundene behandelt werden sollen.

b) Wie BGHSt 42, 235 (241 f.) zeigt, kann die Rechtsprechung
dem Mangel nicht ohne gesetzliche Grundlage abhelfen. Daher gibt
es im Grunde auch keine „Alternative" zu einer gesetzlichen Regelung. Freilich bestehen *inhaltliche* Alternativen zur Problem-
bewältigung:

Naheliegend ist es, den richterrechtlichen Rechtszustand vor
BGHSt 42, 235 ff. wiederherzustellen und die „actio libera in
causa" jedenfalls in der Vorsatzvariante gesetzlich zu verankern.
Ein Vorbild hierfür findet sich in Art. 12 schweizerisches Strafgesetzbuch[39].

Allerdings zeigt die Rechtsvergleichung, daß (vor-)verschuldete
Schuldmängel durchaus strenger behandelt werden könnten: In
vielen Rechtsordnungen kann sich der Täter auf einen die Schuldfähigkeit beeinträchtigenden Defektzustand bereits dann nicht
berufen, wenn er den Zustand schuldhaft (auch nur fahrlässig!)
herbeigeführt hat (und es ist nicht erforderlich, daß dies zum
Zweck oder auch nur im Bewußtsein geschah, in diesem Zustand

---

[39] Die Vorschrift lautet: „Die Bestimmungen der Art. 10 und 11" - über Unzu-
rechnungsfähigkeit bzw. verminderte Zurechnungsfähigkeit - „sind nicht anwendbar, wenn die schwere Störung oder die Beeinträchtigung des Bewusstseins
vom Täter selbst in der Absicht herbeigeführt wurde, in diesem Zustand die
strafbare Handlung zu verüben."

eine Straftat zu begehen!)[40]. Eine solche Regelungsalternative dürfte
aber weder rechtlich noch politisch-kulturell konsensfähig sein:
Rechtlich werden Bedenken aus dem verfassungsrechtlichen
Schuldprinzip hergeleitet[41], und die kulturelle Verwurzelung des
Alkoholkonsums in Deutschland ist ebenso notorisch wie die poli-
tische Zurückhaltung bei der Reglementierung dieses Bereichs.

c) Die Prüffragen, ob der *Bund* handeln und ein *Gesetz* erlassen
werden muß, beantworten sich aus Art. 74 Abs. 1 Nr. 1, 103 Abs. 2
GG: Von der konkurrierenden Gesetzgebungskompetenz für
„Strafrecht" hat der Bund umfassend Gebrauch gemacht und so
(entgegenstehendes Landesrecht beseitigt und) eine Sperre für den
künftigen Erlaß von Landesrecht errichtet (Art. 31, 72 Abs. 1 GG).
Aus Art. 103 Abs. 2 GG folgt - wie BGHSt 42, 235 (241 f.) zutreffend erkannt hat - die Notwendigkeit eines (formellen Par-
laments-) Gesetzes. Es steht auch nichts entgegen, *jetzt* zu handeln,
weil es nur um eine Rechts- und Gerechtigkeitsfrage geht, die viel-
erforscht ist und nicht weiter erforscht werden muß. Daher ist auch
eine *Beschränkung der Geltungsdauer* („Regelung auf Probe") nicht
angezeigt.

d) Die Prüffrage nach dem *erforderlichen Regelungsumfang* wirft vor
allem die Sachfrage auf, ob und inwieweit neben der vorsätzlichen
actio libera in causa auch die fahrlässige geregelt werden sollte, wie
dies der spanische Reformgesetzgeber getan hat (Art. 20 Nr. 1
Satz 2 spanischer Código Penal 1995[42]); zumindest sollte - ähnlich
wie in § 16 Abs. 1 Satz 2 StGB und im Anschluß an BGHSt 42,
235 (236 f.) - klargestellt werden, daß die Strafbarkeit wegen fahr-

---

[40] So ist die Rechtslage im common law, in den skandinavischen Rechtsordnungen
sowie im französischen und italienischen Recht (wo die vorsätzliche actio libera
in causa sogar Straf*schärfungs*grund ist: Art. 91 Abs. 2 Codice penale). Auch § 15
Abs. 3 StGB-DDR hatte einen vergleichbaren Inhalt.

[41] Vergleiche BGHSt 42, 235 (241): „auch unter Präventions- und Gerechtigkeits-
gedanken nicht zu rechtfertigende Einschränkung des § 20 StGB".

[42] Die Vorschrift lautet: „El trastorno mental transitorio no eximirá de pena cuan-
do hubiese sido provocado por el sujeto con el propósito de cometer el delito o
hubiera previsto o debido prever su comisión" („Vorübergehende Bewußtseinsstörung schließt Strafe nicht aus, wenn der Täter sie in der Absicht, die Straftat
zu begehen, herbeiführte oder deren Begehung vorhersah oder hätte vorher-
sehen müssen").

lässiger Begehung unberührt bleibt[43]. Zudem fragt sich, ob und inwieweit die in der Literatur vielfach für mißglückt gehaltene[44] Vorschrift des § 323 a StGB reformiert werden sollte, etwa indem das Erfordernis einer Schuldbeziehung zwischen Rausch und Rauschtat eingefügt oder der Strafrahmen bei schwerwiegenden Rauschtaten erhöht wird[45] - was freilich aus wissenschaftlicher Sicht ein schiefer Ansatz ist.

Insgesamt läßt sich in etwa folgender - an die schweizerische und spanische Rechtslage angelehnter - Regelungsvorschlag machen[46]:

§ 21 a StGB. ¹§§ 20, 21 finden keine Anwendung, wenn der Täter die krankhafte seelische Störung oder die tiefgreifende Bewußtseinsstörung vorsätzlich und mit dem Vorsatz herbeigeführt hat, die Tat zu begehen. ²Die Strafbarkeit wegen fahrlässiger Begehung bleibt unberührt.

e) Die Regelung lehnt sich eng an die hergebrachten Grundsätze an, bedient sich der gesetzlichen Terminologie und ist deshalb für die Rechtsanwender (insbesondere Strafgerichte) ohne weiteres *praktikabel.* Ihre *Bürgernähe* ist nicht zu bezweifeln, da ihr Gerechtigkeitsgehalt ohne weiteres einleuchtet (und im Gegenteil ist es vielen Bürgern unverständlich, daß sich alkoholische Berauschung strafmildernd oder -ausschließend auswirken kann!). Zwar leidet die *Verständlichkeit* der Regelung darunter, daß nur abstrakte Begriffe verwendet werden; jedoch hätte eine Beispielstechnik (mit Hervorhebung des Hauptfalles: Sichberauschen mit alkoholischen Getränken oder Betäubungsmitteln) kein Vorbild in §§ 20, 21 StGB.

f) Die abschließende Prüffrage nach *Kosten und Nutzen* ist einfach zu beantworten: Besondere Kosten entstehen nicht, und es gibt einen Nutzen an (Prävention und) Gerechtigkeit.

---

43 Freilich ist damit noch nicht das Problem fahrlässiger verhaltensgebundener Delikte gelöst; vergleiche hierzu BGHSt 42, 235 (239 unten).

44 Vergleiche KARL LACKNER/KRISTIAN KÜHL: Strafgesetzbuch, 22. Aufl. 1997, § 323 a Rdn. 1 mit Nachweisen und dem Fazit, „keine der möglichen Deutungen (füge sich) widerspruchsfrei in den allgemeinen dogmatischen Systemzusammenhang ein".

45 Siehe oben Fn. 38.

46 Ähnliche Vorschläge haben JOACHIM HRUSCHKA und ULFRIED NEUMANN gemacht; zusammenfassend und mit Nachweisen KAI AMBOS, in: NJW 1997, 2296 (2298).

Sachregister